ライブラリ 経営学コア・テキスト=5

コア・テキスト
組 織 学 習

安藤　史江

新 世 社

編者のことば

　経営学は常識の学問である。経営学はいまや現代人にとっての基本的なリテラシーの一部である。最新ニュースのほとんどに企業や組織がからみ，この世のほとんどすべての問題は，経営の問題として読み解くことができる。経営学はまさに現代社会の常識なのである。

　経営学は常識の学問である。経営学は科学であり，個々の理論やモデルが正しいかどうかはデータと事実が決める。しかもその検証作業は，一部の研究者たちだけの占有ではない。広く一般の人々も日々の実践の中で検証を繰り返し，その結果生き残った経営理論だけが，常識として広く世の中に定着していく。

　経営学は常識の学問である。経営学は常識にもかかわらず，学問としての体系をもっている。そこが普通の常識とは異なる。体系的に学び，体得することができる。実際，現代ほど学問として体系的な経営学の教科書が渇望されている時代はない。高校生から定年退職者に至るまで，実に多くの人から「経営学の良い教科書はどれか」と質問される。

　それでは，良い教科書の条件とは何か。第一に，本当に教科書であること。予備知識のない普通の人が，順を追って読み進めば，体系的に理解可能な本であること。第二に，学問的に確からしいことだけが書かれていること。もちろん学問には進歩があり，それまで正しいとされていたものが否定されたり，新しい理論が登場したりすることはある。しかし，ただ目新しくて流行っているというだけで根拠もなく取り上げるビジネス書とは一線を画する。そして第三に，読者がさらに学習を進めるための「次」を展望できること。すなわち，単体として良い本であるだけではなく，次の一冊が体系的に紹介され，あるいは用意されていることが望ましい。

　そのために，このライブラリ「経営学コア・テキスト」が企画された。経営学の「核となる知」を正しく容易に理解できるような「良い教科書」群を体系的に集大成する試み。そのチャレンジに，いま21世紀を担う新世代の経営学者たちが集う。

高橋　伸夫

はしがき

　本書は，この二，三十年，国内外で急速に研究者および実務家の関心を集めるようになった組織学習論に関する入門的なテキストです。

　大学の学部生や大学院生の方々が主な読者対象です。同時に，組織学習論に関心をもつ社会人や実務家の方々，これまでの研究内容に新たに組織学習論の視点を取り入れたい，もしくは，これから改めて組織学習論の研究に着手したいと考える研究者の方々にとって役立つ書となることを目指しています。

　組織学習論は，これまで数多くの研究成果が活発に発表されていながら，他の研究分野と比較してもその体系化が十分に進んでいるとはいえない状態が続いていました。そのため，初めて組織学習論に取り組もうとすると，どこから学習・研究に着手してよいか当惑することが少なくありませんでした。

　もちろん，学問に関しては，必ずしも決まった学習コースが存在するわけではありません。したがって本来は，それぞれの関心の赴くままに学習や研究を深めていけばよろしいわけです。実際，これまでの研究のほとんどは，体系化を目指してというよりは，その時々の各々の研究関心に基づいて自由奔放に展開されてきたといっても過言ではないでしょう。しかし，それはそれとして，全体像を把握したいという強いニーズが厳然として存在していたことも事実です。そして，そうした要望は筆者の元にもたびたび寄せられ，それが本書を執筆する直接の契機となりました。

　筆者は以前にも，拙著『組織学習と組織内地図』（白桃書房，2001）という研究書で，実証研究を導くまでのサーベイ部分として，未熟ながら組織学習論の体系化に挑んだことがあります。その際は，ジャングルのようになっている組織学習研究を，その研究前提や手法の違いから大きく3つにグループ分けし，それぞれのグループがどのように発展する中で次第に枝分かれしていったのか整理してみました。

　しかし，今回は切り口をまったく変えて，「鳥の目，虫の目，魚の目」とい

う3つのアプローチに基づいて，それぞれ異なる整理の仕方を試みました。具体的には，まず第Ⅰ部で組織学習論の定義や基本的な考え方を説明したうえで，第Ⅱ部で主に「鳥の目」から組織学習論の現在の全体像を概観することを試みています。そして第Ⅲ部では，主に「虫の目」から細部を見ようと，組織学習サイクルをサブサイクルに分け，各サブサイクルに属するトピックスについての代表的な議論を紹介し，その深まりを追っています。最後の第Ⅳ部では「魚の目」からより長期的な時間軸を対象に過去や現在を踏まえたうえで，これから組織学習論がどの方向に向かうのか，もしくは，どうあろうとしているのか，未来からのシグナルを感じ取ろうと努めています。

　本書で試みたように，組織学習論の体系化はこれぞ絶対という一つのものしか存在しないわけではなく，いかなる切り口からでも自由に構築しうるものと考えます。読者の方々にはぜひ，本書を一つの参考，一つの足掛かりと捉えたうえで，各自，思い思いに組織学習論の世界を楽しみ，新たな境地を切り拓いていっていただければ，そして，本書が少しでもその一助になることができればと願っております。

　本書の執筆にあたっては，授業や研修，講演などの機会を通じて知己を得た実務経験豊富な社会人・実務家の方々，学会や研究分野を超えて情報交換や共同研究をさせていただいた多くの研究者の方々との交流が，大変ありがたい貴重な機会となりました。筆者の本務校である南山大学にも，赴任当初から変わらず，充実した研究環境をご提供いただきました。感謝申し上げます。

　また，本書の執筆という非常に挑戦的な機会をくださった，東京大学大学院経済学研究科の高橋伸夫先生，新世社の御園生晴彦様には，心から厚くお礼申し上げます。高橋先生とゼミの学生さんには，ゼミで本書の草稿を輪読していただき，内容に関する貴重なコメントや率直なご要望等を頂戴しました。年齢を重ねれば重ねるほど，本人が望むと望まざるとにかかわらず，率直かつ建設的な意見をいただける機会，すなわち良質の学習機会は，どうしても減ってしまう傾向があるように思います。その点，信頼できる方々からのこうしたアドバイスやご意見は，草稿の修正の方向性を明確にし，その質を少しでも高めようとするうえで，非常にありがたいものとなりました。

　実は，本書の執筆に着手してから完成までの非常に長い期間，さまざまな研

究者の方々から，洋書でもほとんど存在しない組織学習論の体系的なテキスト
をまとめるなど，非常に困難で不可能に近いのではというお言葉やご心配を数
多くいただきました。実際に，予想していた以上の大変さに直面したわけです
が，企画段階から脱稿，出版まで，高橋先生と御園生様には実に辛抱強く，か
つ温かくご指導・ご助言いただけたことで，まだまだ不十分な点も多々あるこ
とは重々承知しておりますが，このたび何とか一つの形にすることができまし
た。感謝の言葉もございません。

　最後に，大変なことも多いものの，筆者が充実した毎日を過ごしながら仕事
に取り組むことが可能になっているのは，やはり家族の存在や理解，協力があ
ってこそと実感しております。この場をお借りし，家族に感謝の意を表するこ
とをお許しいただければと思います。

　　　2019年　葉月の足音を感じながら

　　　　　　　　　　　　　　　　　　　　　　安藤　史江

目　次

第Ⅰ部　組織学習論とは　　1

第1章　組織学習論を学ぶ　　3

1.1　組織学習論との出会い ———————————————— 4
1.2　「学習」が持つ意義と魅力 ———————————————— 6
1.3　組織学習の定義を考える ———————————————— 9
1.4　本書の目的と構成 ———————————————— 23
　●演習問題　26

第2章　サイクルで捉える組織学習　　27

2.1　どのように組織学習を始め，進めればよいのか ———————— 28
2.2　組織学習プロセスの性質・特徴 ———————————————— 29
2.3　数々の組織学習サイクル ———————————————— 34
2.4　組織学習サイクルの失敗・成功とは ———————————— 43
2.5　不完全な学習サイクルは本当に問題か ———————————— 49
　●演習問題　51

第Ⅱ部　組織学習メカニズムの全体像を把握する　　53

第3章　組織の学習効果を高めるには　　55

3.1　学習の基本は繰り返し ———————————————— 56
3.2　学習心理学から学ぶ個人レベルの学習曲線 ———————————— 57

3.3	社会科学における学習曲線	63
3.4	学習率の違いを生み出す要因	72
3.5	学習曲線はU字を描く	77
	●演習問題　78	

第4章　組織の学習活動に伴うジレンマ　79

4.1	「進歩すること」の2つの意味	80
4.2	学習曲線の限界	81
4.3	学習メカニズムからみた適応学習の功罪	86
4.4	組織は拡張競争からどこまで自由になれるか	94
4.5	悲劇をただ見守るべきか，救いの手を差し伸べるべきか	101
	●演習問題　102	

第5章　学習のジレンマを克服するために　103

5.1	限られた資源や能力だからこそ	104
5.2	2種類の組織学習	105
5.3	高次学習を実現する必要条件	111
5.4	いかに2つの組織学習のバランスをとるか	119
5.5	両利きの経営を目指して	122
	●演習問題　125	

第Ⅲ部　フェーズ別のマネジメントを学ぶ　127

第6章　第1フェーズ：知識の獲得　129

6.1	組織メンバー個人の学習活動から始まる組織学習	130
6.2	個人における経験と学習との関係	131
6.3	誰の経験から学ぶのか	134
6.4	どのような経験から学ぶのか	141
6.5	より豊かな知識を獲得するには	146

●演習問題　*151*

第7章　第2フェーズ：知識の移転　*153*

7.1　得に知識を他者と共有する ———————————— *154*
7.2　知識移転とは ———————————————————— *156*
7.3　知識の移転しやすさ、しにくさ —————————— *163*
7.4　知識移転のマネジメント ————————————— *170*
7.5　知識移転は次のステップへの重要な架け橋 ———— *176*
　　●演習問題　*177*

第8章　第3フェーズ：情報の解釈　*179*

8.1　組織の知識になるということ ——————————— *180*
8.2　２種類の組織観 ———————————————————— *181*
8.3　組織学習の核となる解釈モード —————————— *188*
8.4　解釈のマネジメント ——————————————— *198*
　　●演習問題　*202*

第9章　第4フェーズ：組織の記憶　*203*

9.1　知識を組織で蓄積・記憶する —————————— *204*
9.2　組織の記憶とは ———————————————————— *205*
9.3　組織の記憶に関する難しさ ———————————— *214*
9.4　記憶のマネジメント ——————————————— *221*
9.5　「組織的な即興」への昇華 ————————————— *226*
　　●演習問題　*229*

第Ⅳ部　組織学習論のこれから　　231

第10章　組織学習論のこれから　　233

10.1　組織学習論を「魚の目」で捉える ———————————— 234
10.2　過去から現在へ ———————————————————— 235
10.3　トリプル・ループ学習のために ———————————— 241
10.4　組織学習論にとっての出現する未来 ———————— 246
　　　●演習問題　247

文献案内 ————————————————————————— 249
参考文献 ————————————————————————— 251
索　引 —————————————————————————— 259

本文イラスト：PIXTA

vii

第 I 部

組織学習論とは

第1章　組織学習論を学ぶ
第2章　サイクルで捉える組織学習

第1章

組織学習論を学ぶ

　この章では，経営学の中ではこれまであまり馴染みがなかった，しかしその内容の重要性から近年，実務家や研究者の間で関心が高まっている「組織学習論」という分野の基礎知識を学びます。より具体的には，組織学習の定義や研究目的，誰を学習主体と捉え，どのような成果が得られれば組織学習が成立したとみなすのかなど，組織学習論を論じるうえで欠かせない視点を提供します。

○KEY WORDS○
学習が持つ意義，定義，
学習主体，学習の対象，学習目的，
鳥の目・虫の目・魚の目

1.1 組織学習論との出会い

○ 組織学習論という分野の登場

本書は，組織学習論の基礎を体系的に学ぶことを目的としたテキストです。

もっとも，組織学習論という名称を初めて聞くという方や，どのような内容を対象としているのか皆目見当もつかないという方も少なくないでしょう。

実際，経営学を学ぼうとする人々が最初に接すると想定されるのは，経営管理論や経営戦略論，経営組織論，マーケティング，経営財務論など，一般にも比較的よく耳にする科目です。また，それよりさらに学習が進めば，国際経営論や流通論，生産管理論，経営情報論，イノベーション・マネジメントなど，この「ライブラリ 経営学コア・テキスト」を構成する他の応用的な諸科目との出会いもあると考えられます。

しかし，これまでそうした科目群の中に，独立した一つの科目として組織学習論が並び入ることは，まずありませんでした。歴史をさかのぼれば，この研究領域の誕生は 1960 年代頃からとそれなりに古いといえます。にもかかわらず，現在までの長きにわたり，少なくとも国内では，経営組織論や経営戦略論などの 1 トピックとしての位置づけに留まっていたのです。

そのため，これまでは，いざ組織学習論を学ぼうとしても，組織学習論における重要なトピックスやキーワードを体系的かつ網羅的にまとめたものはもちろん，部分的に取り上げたものすら，日本語によるテキストではみつけることが困難でした。

ところが，国際的にみると，組織学習論への関心・注目は 1990 年前後に急速に高まり，その後も順調に発展し，広く普及していきます。企業をはじめとする多くの組織が現在抱えている問題を理解し，より良い形での解決策を見出そうとするうえで，その内容が不可欠であると考えられたためです。さらにいえば，今この瞬間を乗り切るだけに留まらず，今後の社会をよりしなやかに生き抜くための本質的な知恵にもあふれていると捉えられたためでもあります。

○ 「組織学習」が関係する典型的な例

　それにしても，「組織学習」とはいったい何なのでしょうか。具体的にどのようなことを指すのか，まるでイメージできない，という方も少なくないに違いありません。そこで，組織学習が関係すると考えることができる典型的な例を取り上げてみましょう。

　たとえば，不祥事を起こした企業や組織のトップたちがマスコミを前に謝罪会見を開くといった場面を，誰しもこれまでに一度や二度は目にしたことがあるのではないでしょうか。ところが，その結果は大きく2つに分かれるのが一般的です。一つは，これまで強い怒りや批判を表明していた顧客や世間たちが，その会見によって意外なほどすんなりと納得したり，逆にその組織やトップの姿勢を高く評価したりするようになるというもの。そして，もう一つは，せっかく会見を開いたにもかかわらず，むしろ逆効果で火に油を注ぐ結果に陥ってしまう，いわゆる「炎上」状態になる，というものです。

　両者の違いは，その会見におけるトップの姿勢や組織としての対応の違いから生じると考えられます。実際，自分の組織の非を最初は認めず，隠蔽工作に走って，後からそのことが発覚して取り繕うことに必死になる組織や，時代遅れの価値観という認識がないまま，自分の組織の正当性を強気で主張する組織は，軒並み炎上しています。こうした組織に対して，私たちがよく口にする言葉は，「全然学習していない」あるいは「最近，他社で似たような事例があったのだから，少しは学習したらいいのに」です。組織として正しく学習しさえすれば，こんな失敗は免れたのに。新しいものを学習しようという姿勢に欠けていたから，あの組織が競争に敗れたのも当たり前だ，というわけです。

　こうした感想はまさしく，組織の成功や失敗が必要な事柄を正しいタイミングで正しく学習できるかどうか，すなわち「組織学習」できるかどうかにかかっていると，意識的にしろ無意識的にしろ，私たちが捉えていることを如実に示すものです。そして，そうした場面で私たちが批判の目を向けるのは，個人もそうですが，それ以上に組織に対してであることが少なくありません。正しいことを正しいといえる組織文化でなかった，過去の失敗とその教訓を組織で共有する仕組みがなかった，意思決定が一部の有力者に握られ不透明だった，

など，頭に浮かんでくるさまざまな理由の多くは，組織に帰結しうるものです。

つまり，私たちは，組織に属する個人と同様に，もしくはそれ以上に，「組織」に「学習すること」を期待していると理解することができます。だからこそ，本来，それ自体は生き物でないはずの「組織」がどのような仕組みで「学習」しうるのか，どうすれば「組織」としてより効果的な「学習」ができるのか，という点に取り組み，解明を試みようとする組織学習論が，一躍脚光を浴びることになったと考えられるのです。

1.2 「学習」が持つ意義と魅力

○ 学習し続けることの必要性

では，なぜ私たちは組織に「学習」することを期待するのでしょうか。答えは簡単です。「学習すること」は，私たち生物が日々呼吸することと同じくらい必要で，意義あることと信じられているからです。

学習し続けることの必要性や意義は大きく 2 つに分けられます。1 つ目は，そのポジティブな側面に注目し，組織が学習することは成功や発展につながると考えられることです。実際，組織学習に関してこれまで蓄積された国内外の多くの論文や研究書は，「望ましい組織学習が行われた結果，組織の成功や発展に欠かせない競争優位性の維持や獲得が叶った」，「優れた戦略や組織構造を確立できた」，「豊富な組織資源を獲得し，その絶妙な組み合わせから高い業績をあげることができた」，「顧客をはじめとするステークホルダーと良好な関係を築けた」など，組織学習と組織成果との間に何らかの正の関係性が認められると論じています。

組織が存続・発展するためには，自らを環境に適合させることが必要不可欠になります。何らかの大きな環境変化が起きてから慌てて対応するという受動的な形もありますが，やはりより望ましいのは，たとえわずかでも環境から発せられる変化のシグナルを能動的に察知し，必要とされる意思決定や行動の先

取りや実行をすることでしょう。組織による学習は，そのために必要なより多くの知恵を組織に授ける助けになると考えられるわけです。

　学習し続けることのもう一つの必要性や意義は，ネガティブな観点からのものです。成功や発展は望まない場合でも，組織が学習し続けなければ，存続することすら難しくなるという現実がそこにはあります。不確実性が高く，激しい競争が展開される環境において，周囲が熱心に学習する中，自分の組織だけが学習することをやめてしまえば，たとえ自分の組織の能力に変わりがなかったとしても，競合他社との相対的な能力の低さによって，ことごとくビジネス・チャンスを逃し，すぐに競争から脱落してしまうことでしょう。

　それは，今現在，他社に誇れるような圧倒的な技術や優れた資源，高い能力があったとしても，同じことです。それらはいずれ陳腐化，すなわち役に立たなくなってしまう恐れがあります。そのときに備えて，きちんと学習し次の手を用意しておかなければ，仮に変化のシグナルやそれに対応すべき行動を的確に知覚できたとしても，自らの能力の低さが足枷となって身動きがとれないことも十分に起こりえます。そうなれば，その先に待ち受けているのは「淘汰」しかありません。

　学習はするかしないかだけではなく，いかに適切なタイミングで適切な内容を学習するかも非常に重要になります。たとえ真面目に自らの主要事業に取り組み，改善や学習を積み重ねているつもりの組織でも，それがその時点のその組織にとって不適切なものであれば，期待する効果をあげることは難しくなります。見当違いの勉強法を続けている生徒や学生が，いくら本人は努力しているつもりでも，期待するようには成績があがらず，むしろ下がっていくことすらある，というのと同じです。

　つまり，ポジティブな意味でもネガティブな意味でも，組織にとって適切な学習をし続けることは，その存続・発展において必須事項であると考えられるがゆえに，私たちは組織や人に「学習すること」を期待するのです。

◯ 学ぶこと自体が持つ魅力

　一方で，組織や人は必要があるから学習する，というのは，必ずしもパーフ

7

ェクトな答えではありません。確かに，学習にはそうした一種，義務的な側面があることは否めません。しかし，それと同時に，学ぶという行為自体に大きな魅力があることも見過ごすべきではないでしょう。知らなかったことを学ぶ面白さ，そこからもたらされる満足感や自己の成長実感は，何物にも代えがたい学習による魅力です。

　私たちは誕生してから今現在まで，日々何かを学び続けています。生まれたての頃は，自分を取り巻くすべてのことがおそらく未知に近い状態です。それが，少し成長すれば多くの人にとって意識せずともできる，首を自力で持ち上げられるようになること，寝返りを打つこと，1人で立ち歩行すること，そういった動作一つひとつを順に体得していきます。

　仮に，そうした本能や生まれつきに属するものを学習と呼ぶことに抵抗を感じるとしても，言語や生活習慣の習得，何が社会的にみて望ましくて何が望ましくないのかの基準の理解などは，明らかに学習の成果として理解してよいものでしょう。習得速度や到達程度には個人間で違いが生じるものの，自らの経験や他者からの教えを通じて試行錯誤した結果，身に着くものだからです。

　こうした学習は，年齢的に幼く未熟なうちだけの専売特許ではありません。大人になっても，もっといえば命ある限り生涯にわたって，学習対象や学習内容を変えながらも延々と続いていくものです。もちろん，大人の学習活動にはより大きな個人差が生じる傾向がありますし，そもそも意識的に学び続けている大人ばかりではありません。しかし，一つの学習目標を達成しても，それで満足することなく，次々に新しい学習目標を打ち立て，それに向かって邁進していく大人もいることは事実です。学習には少なからず苦しさや辛い思いが伴うことがありますが，なぜ常に学び続けようとするそうした人々がいるのでしょうか。

　その理由として，先に紹介した，学習の結果良いことを期待できる，もしくは悪いことを避けられるからというのは，間違いなくあるでしょう。期待する成果があがれば，具体的な「ご褒美」を獲得できる可能性が高まるからです。競争優位性の獲得などは，組織にとってまさにそうしたご褒美の最たるものです。業績の向上や顧客満足の高まりなども同様です。また個人，たとえば幼い子供や企業の従業員の場合，学習の成果に対して，よくやったと親や上司が褒

め，喜ぶ姿をみせるだけでも立派なご褒美になることも多々あります。

　一方で，それらは所詮，他者から与えられる報酬，いわゆる「外的報酬」にすぎません。そして，そうした外的報酬がなければ人は学習しないのかと問われれば，決してそうではないことを，私たちは経験的にも感覚的にもよく知っています。

　何の得があるかわからなくても，否，むしろ何の得もないことがわかっていても，ただ好奇心を満たすためだけに調べてみる，試してみるという行動をとることが，人にはよくあります。誰も褒めてくれなくても，誰の役に立たなくても，ただできるようになりたい一心で未知の領域に挑戦することがあるのです。

　もちろん具体的な成果も大事には違いありません。しかし，こうした学習活動に共通するのは，学習者本人にとって学習の過程が，その成果以上により意義あるご褒美として働いていることです。これは，「外的報酬」に対する「内的報酬」に該当すると考えられます。これまで知らなかったことを知る，少しずつでも自分にできることが増えていく，自身の視野の広がりを実感できる瞬間があるなどは，学習に取り組むことでもたらされる無上の喜びといえます。そして，具体的な成果が伴うほど，その面白さは強まり，次第に底なしになっていくという好循環が起こることになります。

　必要性も重要です。しかし，それだけで多くの人の心を捉えることは難しいと考えられます。それ自体に魅力があるからこそ，人や組織は学習し続け，また他者にも同様に学習し続けることを期待すると考えられるのではないでしょうか。

1.3　組織学習の定義を考える

○ 議論前に確認が必要な 3 つの項目

　ここからは，いよいよ単なる「学習」の議論から抜け出して，本書で主眼を

| 図表 1.1　重要になる 3 つの観点 |

◆　学ぶのは，誰か

◆　組織学習の成立とは，どのような状態か

◆　研究目的は，問題解決（処方箋的）か事実把握（記述的）か

おく「組織学習」についての議論に移っていきましょう。議論の出発点はやはり，「組織学習」をどう定義づけるかとなります。

　これまで説明してきたように，「組織」が「学習すること」を組織学習の定義としてしまえば，何の問題もないようですが，事はそれほど単純ではありません。組織といったときにどのレベルや範囲を指すのか，学習することといったときにその結果を指すのかプロセスを指すのか，などの点に関して，組織学習の研究者の間ですら，いまだ十分な合意がとれていないのが現状だからです。

　もちろん，研究というのは基本的には，それぞれの研究者の研究関心や立場に基づいて自由に展開されるべきものです。その観点に立てば，「組織学習とは何ぞや」という点について全員の合意が必要なわけでもなければ，それぞれの研究内容を無理に統合することが必要なわけでもありません。それでも，それぞれが思い描く組織学習のイメージにあまりに大きな開きがあり，かつ，その事実を互いが認識しないまま議論が展開されるとしたら，少々注意が必要です。互いの議論が噛み合わないまま，時間や労力だけが無駄に消費され，何の建設的な成果も得られないという事態が起こりうるからです。

　こうした問題を少しでも改善するために，これまでに豊富に，しかし自由奔放な形で蓄積が進んできた先行研究を整理する試みは時々行われています。それらの整理の仕方は，いわゆるレビュー論文をまとめる研究者次第で多様に存在しえますが，組織学習に関する議論を行う際，少なくとも互いが事前に確認しておいたほうがよいと考えられる 3 つの点があります。それが，図表 1.1

で示した「学ぶのは誰か」「どういう状態を学習の成立とみなすのか」「研究目的は問題解決なのか事実の把握なのか」という3点です。以下，それぞれどのような違いがあり，それが組織学習の議論にどのような影響を及ぼしうるかについて，順に詳しくみていくことにしましょう。

○ 誰が学ぶのか

まず，「学習するのは誰なのか」という問題から取り上げます。「組織」が学習するというからには，主語が「組織」であることは自明のように思われるかもしれません。「あの組織は学習しない」というときには，誰か特定の人物を指しているわけではなく，組織そのものを指すことが多いことは，前述した通りです。しかしながら，組織それ自体が生き物ではない以上，想定する学習者いわゆる「学習主体」に対しては，意見が分かれることが多いのです。大きくは，3つの立場が存在します。

〈1〉組織メンバーである「個人」が学習する

組織は生き物ではありません。したがって，学習活動を進めるうえで不可欠と考えられる，思考のための「脳」も行動のための「身体」もありません。そう考えれば，組織が学習する，という表現は一種のメタファーにすぎず，実際に学習するのは組織を構成するメンバー個人である，と捉えるのが，第1の立場です。

各組織メンバーには組織とは異なり，脳も身体もあります。彼らが内外環境と能動的に，もしくは受動的にでも関わりながら，組織活動の維持に必要な情報収集を行い，新たな知識や技術を獲得します。行動した結果が当初の目標に届かない場合には，その打開策を考え，必要であれば彼ら自身が行動の修正も行います。より良い事業への転換や新製品開発の具体的な成果，その結果としての業績の向上もすべて，そうした行動や意思決定が功を奏することによって実現するものといえます。つまり，組織メンバー個人の学習なくして，組織学習の成立はありえない，と捉えられるわけです。

ただし，それでは組織学習と呼ぶ必要性はなく，単に個人学習と呼べば済む

11

ことになります。そこで編み出されたのが，個人は個人でも，単なる個人ではなく，組織の一員として組織目標を共有する個人が，組織のために行う学習活動のみを組織学習と呼ぶ，という説明でした。

この定義に基づけば，たとえ人並み外れて熱心な学習活動を展開する個人がいたとしても，その学習内容が組織目標や組織の事業内容とまったく関係のないもの，たとえば登山や絵画など，個人の純粋な趣味として帰せられるものであれば，組織学習とは呼ばないことになります。また，一見，組織目標と密接に関係しているようでも，組織の価値観に反して行われた学習や，組織が求めていない学習，個人の自己満足で行われる学習も，組織学習とはみなさないことになります。

加えて，「組織」学習というからには，個人で学習したことをその個人のみに留めるのではなく，組織内の他のメンバーや部署に広く伝達・共有することも必要条件とされました。組織メンバー個人による組織のための学習には，実はさまざまなものが入ります。新たな技術の習得や社内の勉強会への積極的な参加なども，組織メンバー個人による組織のための学習の一つに数えることは可能です。しかし，そうした学習成果が個人の業務遂行を円滑にするためだけにしか活用されず，組織で広く共有されない場合には，やはり個人による学習の域を出ないと判断されることになったのです。

上記の諸条件をクリアする必要はありますが，この立場に基づく人々は，組織メンバーである個人がこうした条件を満たした形で学習することを組織学習とみなして，議論を展開していくことになりました。

〈2〉 擬人化された「組織」が学習する

それに対して，組織メンバー個人が実際の学習活動に果たす役割にはあえて注目せず，組織学習という本来の表現通り，まとまった1つの学習主体としての組織が学習することこそ組織学習であるとするのが，第2の立場です。

「法人」という言葉があります。これは自然人以外のもの，たとえば企業や学校などの組織に対して，それぞれの事業活動を円滑に行いやすくするために，法律によって人と同じ権利能力を認めたものです。学習するのは決して個人ではなく，あくまでも組織であり，その学習のみを組織学習と捉えるという考え

方は，基本的に法人に対するこうした考え方と同じものと受け止められます。

確かに，組織には脳も身体もありません。しかし，組織メンバーが学習活動の拠り所とする組織目標や価値観，ルーティン，制度は各組織に特有のものです。組織ルーティンとは，組織で繰り返し利用される仕事の進め方や情報処理の仕方などのことを指します。たとえば，ある人物が同じ業種内で転職をし，新たな職場でまったく同じ業務を担当したとしても，A社での学習活動とB社での学習活動とでは大きな違いが出ることでしょう。一見，同じ業種や業務でも，仕事の進め方の手順やプライオリティ（優先順位），慣習，組織資源の配分方法や権力構造などは，各組織で異なるのが通常だからです。

多くの場合，そうした違いはそれぞれの組織が辿ってきた歴史の違い，蓄積してきた経験の違いを反映していると考えられます。そして，歴史や経験の違いは，各組織を特徴づける知識や技術，中心的な価値観，組織アイデンティティにも影響を与えます。それらは，たとえ組織メンバーが異動や退職，死亡などで部分的に離脱し，新たなメンバーに入れ替わったとしても，大きく損なわ

> ## コラム　個人の成果か組織の成果か
>
> 組織学習に関して比較的よく議論になるのは，学習の結果得られた成果は個人によるものか組織によるものか，という問題です。青色発光ダイオード（LED）の職務発明をめぐる訴訟は，その典型例と考えられます。青色発光ダイオードは，2014年にノーベル物理学賞を受賞したカリフォルニア大学の中村修二教授が日亜化学工業株式会社に在籍中，発明・実用化したものです。
>
> しかし，その発明の対価として支払われた報奨金は2万円というわずかなものでした。中村氏は発明者としてのより正当な権利を主張しますが，日亜化学工業側は青色発光ダイオードの開発は中村氏個人の貢献のみで可能になったわけではないという姿勢を崩しませんでした。実際，日亜化学工業はこの開発のために約3億円をつぎ込んでいたうえ，中村氏の留学費用も賄っていました。また，中村氏以外の多くの社員の努力があったからこそ，つまり，組織的な努力があったからこそ，この開発が成功したと考えていました。
>
> 第一審では，日亜化学工業側に中村氏に対して200億円の支払いを命じる判決が出ましたが，結局，2005年に日亜化学工業から中村氏に8億円の支払いをすることで，両者は表面上，和解しています。

れることなく，他のメンバーや将来に受け継がれていきます。まさに，組織の
DNA というべきものです。だからこそ，私たちは不祥事が起きたときに，誰
か 1 人の個人に原因があると考えるより，組織の体質やシステム，組織文化に
問題があったのだという捉え方をするわけです。

　このような性質をもつ組織を擬人化して学習主体と捉えれば，組織メンバー
個人を学習主体とみなした場合にクリアする必要があった諸条件についても，
それが成立しているかどうかに，もはや神経をとがらせる必要はありません。
もちろん，組織メンバー個人に焦点をあてれば一人ひとりに能力や個性の違い
という多様性があり，決して一枚岩ではありえません。しかし，この考え方で
は，その程度の多様性は，基本的には所属する組織に内包・統合されてしまう
のです。

〈3〉個人と組織の「関係性」が学習する

　第 3 の立場は，個人と組織を二項対立の構図で捉えるのではなく，両者の相
互作用や関係性に注目するものです。

　組織学習が成立するうえで，組織メンバーである個人と組織は互いに影響を
与え合っています。実際問題としては，どちらが欠けても組織学習は成立しな
いことでしょう。こうした関係を表現したのが，図表 1.2 です。

　この図では，組織と組織メンバー個人は互いに影響を与え合う存在です。も
ちろん，両者の関係は完全に対等というよりは，組織による影響力のほうが圧
倒的に強いのが実際です。しかし，組織メンバーは自分たちの学習成果を通じ
て，組織に対して，その学習環境が優れたものか否か，どのような点に不足が
あって期待するような成果につながらないのかを知らしめると考えられていま
す。つまり，「子は親の鏡」ということわざのように，組織メンバーの学習行
動やその成果は，組織の実態や現状を映し出す「鏡」として機能することで，
組織に大きな影響を与えうるというわけです。

　組織の中には，組織メンバーから発せられる組織学習のためのシグナルにま
ったく気づかなかったり，気づいてもあえてそれを無視したりするものもあり
ます。しかし，シグナルに敏感に反応し適切な対処を講じる組織，シグナルを
正しく読み取るだけでなく，さらに有意義なメッセージが得られるよう，組織

図表 1.2　個人と組織の相互作用

個　人	個人と組織の相互作用	組　織
■知覚，認知スタイル ■曖昧さへの耐性 ■家族や文化的なスタイル ■教育，訓練 ■経験 ■仕事や組織に関する個人的な選好	■社会的な影響 ■学習やモデリング ■社会化のプロセス ■適合圧力（行動・認知とも） ■コミュニケーションのパターン ■グループ・ダイナミクス	■創業者のスタイル ■歴史的な発展 ■CEO の継承 ■支配的連合体の継承 ■産業の性質 ■タスクや技術の性質 ■不確実性の性質やレベル ■採用や選好

（出典）　Shrivastava & Schneider（1984）Figure 2

メンバーの学習を促進しうる制度や仕組みづくりに勤しむ組織のほうが，基本的には活発な組織学習を展開でき，期待する成果に辿り着きやすくなると考えて，差し支えないでしょう。

　なお，制度や仕組みは，それらが十分でなければ改善すればよい，現在存在しなければ作ればよいため，組織にとっては比較的操作性が高いものと位置づけられます。それに対して，組織の奥深くに埋め込まれている組織文化やシステムは，操作性はかなり低く，実現の難易度も高いのですが，組織と組織メンバーの相互作用的な学習で変えていくことさえできれば，イノベーティブな成果も期待させるものと考えられています。

　システムに着目する重要性が指摘されるようになったのは，比較的最近のことです。私たちは，複雑すぎる問題に直面した際，自分の限られた能力でも十分に理解できそうな水準にまで単純化や細分化をしようとします。しかし，それでは解決しなかったり，誤った意思決定をしてしまったりすることが少なく

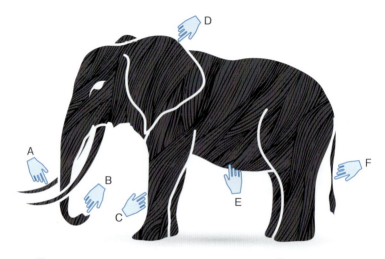

図表 1.3　部分の理解だけでは全体を掴めない

Aさん：これは槍だ！　　Dさん：これはうちわだ！
Bさん：これはホースだ！　Eさん：これは壁だ！
Cさん：これは木の幹だ！　Fさん：これはロープだ！　→　？

ありません。私たち分析者の都合で切り出した部分的な構成要素は，決して独立して存在するわけではなく，切り出されなかった他の構成要素とも相互に密接に絡み合って物事を為しているからです。

　こうした問題を象徴するものとして，初めて対面する象という生き物を理解するために複数の盲人が協力する，という有名なエピソードがあります。図表1.3のイラストにあるように，各人が同じ象を撫で，互いに得られた情報を交換・共有し，それらを統合することで象というものを理解しようとするわけですが，その結果は惨憺たるものでした。各情報には一つも誤りがなく，正しく象の特徴を掴んでいながら，浮かび上がった象の姿はおよそ本物とはかけ離れたものだったというのです。

　このように，要素や部分に分解することがむしろ逆効果となるようなシステ

ムに働きかけるには，そこで日々影響を与え合っている組織と組織メンバーの関係性こそが重要になるのは間違いありません。そのため，この立場の論者は，両者の関係性こそが学習する，という捉え方をするのです。

○ 学習成立の基準は何か

次に，「どういう状態を組織学習の成立と捉えるのか」という学習の対象に関わる問題を取り上げます。これも，組織として学習成果が得られたらそういえるでしょう，と，一見議論の余地もない問題にみえますが，何をもって学習成果と捉えるかに対して意見が分かれているのです。

〈1〉知 識 の 変 化

学習成果として最も一般的な回答は，「知識の増加」ではないでしょうか。世間的には，学習という言葉は「勉強」という言葉と相性がいい，もしくは同一と捉えられがちです。そして，勉強といえば知識を増やす，能力を高めるために行うというイメージが伴います。

学生であれば，自分が履修している科目をより理解し，その知識を増やすために勉強するでしょう。企業に勤める社会人であれば，技術をはじめ，業務遂行に必要となる知識，顧客や競合他社などの外部環境に関する知識，人間関係や組織のマネジメントの仕方などの内部環境に関する知識などを学ぼうとするでしょう。組織メンバー個人，組織を問わず，組織目標を実現するために増やすべき知識の例は際限なく挙げることができます。

実際，組織学習に対する初期の有名な定義の一つには，「行為と結果の関係についての組織の知識を発展させるプロセス」というものがあります。もともと保有している知識が発展してこそ，学習と呼べるという考え方です。これは一見もっともらしい説明ですが，では知識が発展するとはどういうことかについては，曖昧なままです。もともと持っていた知識の量が増えること，知識の種類が増えること，知識のレベルが変わることなど，さまざまなものが考えられますが，その点については統一されていないのです。

〈2〉行動の変化

「行動の変化」こそが学習の成果だとする立場もあります。

たとえば，一度大きな失敗をした人物が二度とその失敗をしないために，再発防止に向けた知識を必死で蓄えたとします。しかし，それでもその人物が似たような場面で再度同じ失敗を繰り返してしまったとしたら，私たちは，その人物の知識量の変化に関係なく，「あの人は学習しない人だ」と評することでしょう。同様に，泳げない人が泳ぎ方の本を読んでその知識を増やしたものの，実際に泳いでみたらやはりまったく泳げないままであるとき，その人物が水泳に関して学習したことは事実でも，それでその人物の学習が成立したとは，なかなか評価し難いものがあります。

つまり，知識が増えてもそれが行動の変化と結びつかなければ，学習とはみなせない可能性があるのです。やはり初期の組織学習研究を紐解くと，そこでは，組織目標と組織成果に乖離が生じているとき，その乖離を埋めるために修正行動を起こすことを組織学習と捉えており，知識の変化そのものへの言及はありませんでした。

それに対して，明示的に観察可能な行動変化があれば，それに伴い，知識も変化している可能性が高いと考えられます。たとえば，組織が顧客に対するアプローチを変えた場合，何の学習も発生しないまま行動変化だけ起きた，と捉えるよりは，顧客に関わる情報を新たに獲得し，より適切なアプローチ方法を学習したからと捉えたほうが自然にみえます。知識の変化は行動の変化があってこそ，学習成果とみなせるというわけです。

〈3〉認知の変化

これらに対して，知識や行動の変化では学習成果は測れない，「認知の変化」が伴うことが必須であるとする立場もあります。人や組織は真に学習していなくても，表面的かつ一時的に行動を変えることも稀ではないというのがその理由です。

たとえば，親に怒られた子供が，少しの間でも反省したそぶりをみせて謝ったら，お説教から早めに解放されたという経験をしたとしましょう。すると，その子供は次に怒られたときも，たとえ自分のしたことが悪いとはまったく思

っていなかったとしても，早々に謝ってその場をやり過ごそうとするかもしれません。それは一種の「学習」です。

　こうした行動の変化を学習と認めることに抵抗を持つ人は少なくないことでしょう。やはり理想としては，誤った考え方を根本から改め，それに基づく行動変化があってこそ，学習成果として捉えたいところです。

　また近年，多くの組織が女性活躍推進を謳い，そのための制度の導入や女性管理職や女性役員の登用などのさまざまな行動変化が確認されています。しかし一方では，実際の考え方は何も変わっていない，単なるアリバイづくりにすぎないという批判もよく耳にします。そうした批判は，掲げられた方針と明らかに矛盾する言動や取り組みが組織内に散見されるとき，強まる傾向があります。つまり，行動変化だけでは学習が起きたとはみなせないことが少なくないのです。

　こうした認知および行動変化が組織学習とどのような関係にあるか，組織学習研究に関する優れたレビュー論文を著したファイオール=ライルズ（C. M. Fiol & M. A. Lyles, 1985）は，図表 1.4 のように表現しています。

　彼らは，行動面の変化が大きいが認知面の変化が伴っていない B 点は，変化ではあっても組織学習ではないとする一方で，行動面の変化は少なくても，認知面での変化も認められる C 点は組織学習であると定義しました。つまり，より理想的な形としては認知面の変化があって行動面の変化も認められることですが，少なくとも認知面に変化があることは，組織学習の成立にとっての絶対条件であると主張したのです。

　なお，認知面の変化とは，組織としての物の見方や世界観，組織行動の拠り所となる価値観やロジック，物事の因果関係の捉え方などに変化が生じることを指します。

〈4〉 ルーティンの変化

　最後に紹介するのは，ルーティンの変化こそ，学習成果として捉えるべきだという考え方です。やはり組織学習に関する優れたレビュー論文を著したことで知られるフーバー（G. P. Huber, 1991）は，「情報処理を通じて，学習主体の潜在的な行動の範囲が変化したとき，その主体は学習した」とみなせる，と

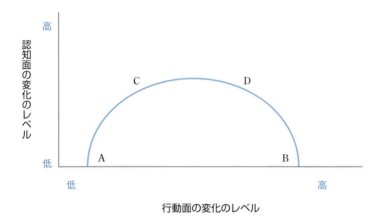

図表1.4　学習における認知・行動変化の関係

（出典）　Fiol & Lyles（1985）Figure 1

主張しました。

　一見すると非常にわかりにくい主張であるため，少しかみ砕いて説明しておきましょう。学習の結果，私たちの物事の認知の仕方に大きな変化が生じたとします。しかし，それはすぐに行動変化に直結するとは限りません。認知面の変化と行動面の変化という形で表面化するまでの間には，タイムラグがあるのが一般的だからです。結果として，短期的もしくは表面的には，行動変化は観察されないことになります。

　しかし，その時点でまったく学習が生じていないかといえば，それは誤りといえます。認知面の変化は潜在的な行動変化をもたらします。まだ観察できる仕事の進め方自体に変化はなくても，学習者の頭の中では，より良い進め方のシミュレーションが何通りも試されているかもしれません。何も行動していないようにみえても，潜在的には次の一歩に対する模索が始まっている可能性は大いにあるのです。幼虫が成虫になる前にサナギになる時期を経るようなものと捉えることもできるでしょう。

そこで，いつか表面的な変化として顕在化するこうした潜在的な変化は，組織学習とみなそうとフーバーは提案したのです。なお，潜在的な行動範囲の変化に該当するものとして挙げられたのは，存在に関する捉え方，認知する対象の広がり，認知の仕方の入念さ・精密さ，認知の徹底さに関する変化の4つです。このうち，どれか1つでも該当すれば，組織学習が成立したことになると説明されました。

　もちろん，潜在的な行動変化に限らず，認知的な変化に基づく顕在的な行動変化があれば，それは明らかに組織学習の成立とみなします。認知面の変化に伴い，何らかの組織ルーティンの変化が認められれば，それは学習成果であるとするこの考え方は，学習の発露に伴うタイムラグの問題を解決し，認知面の変化を学習成果と捉えるよりはわかりやすかったため，現在のところ非常に有効な考え方として高く評価されています。

○ 何を目的として，組織学習研究を行うか

　議論前に確認が必要な3つ目は，「研究目的は問題解決なのか事実の把握なのか」という「組織学習の目的」に関する点です。前者は，組織学習を通じて問題解決を図り，組織に良い結果をもたらす処方箋を探ろうとするもの，後者は組織学習現象とそのメカニズムを客観的に描き出そうとするものです。

〈1〉良い結果のための処方箋を探る

　組織学習を展開するからには，その成果として，組織にとってより望ましい「結果」を獲得したいと願うのは，ごくごく自然なことです。そこで，どうしたらその理想的な状態が実現するのか，必要な前提条件は何か，組織学習の促進要因は何で，抑制要因は何か。こうしたテーマを追究しようとする動きが生じます。

　たとえば，「学習する組織（Learning organization）」という言葉を世に広めたセンゲ（P. M. Senge, 1990）による議論は，その代表例です。学習する組織論では，優れた組織は組織メンバーが継続的に学習し，その土壌が整っている組織である，という理想的な状態を明示したうえで，その状態に少しでも近づ

くために必要な条件や，「わざや実践（art & practice）」を探究します。優れた組織で実践されている取り組みや充足されている条件などに関する事例分析や，実践者同士が互いに気づきを得るための対話の場の用意などを通じて，組織運営に悩む人々に具体的な手がかりを与える役割を果たします。

　実践者に非常に歓迎されたこのアプローチですが，重要な注意点があります。ここでは議論の関心上，学習の成果をすべて良いもの，望ましいものという前提で扱いがちです。しかし，組織学習論が理論的基盤とする学習心理学では，望ましい学習だけでなく，望ましくない学習もあることを明確にしています。学習心理学においては，学習とは「経験によって生じる比較的永続的な変化」と定義されるものであり，そこには必ずしも結果の価値判断を含みません。学習成果の箇所で，悪いことをした子供が反省しているそぶりをみせれば，親の説教から早めに解放されることを「学習」する場合もあるという例を挙げました。このように，学習が望ましくない成果を生む場合もある，というのが正しい理解の仕方ですが，このアプローチではそのことが忘れ去られがちになるのです。

　この議論に関連し，学習といえば意識的に行うものと思われがちですが，無意識の学習もあることを申し添えておきます。ある意図で行った組織学習にもかかわらず，肝心の結果は獲得できずに，副作用のような意図せざる結果だけが得られるということはよくあります。そして，こうした無意識の学習のほうが組織に多大な影響力を持つことも，比較的よくあることなのです。

　問題解決を図り，良い結果を得るための処方箋を探ることを研究目的とする場合には，したがって，学習本来が持つとされる性質の一部にしか目を向けていない可能性があるということを忘れないことが重要になるといえるでしょう。

〈2〉 組織学習のメカニズムを記述する

　一方，記述的に組織学習メカニズムを明らかにしようとする研究目的・スタンスもあります。このスタンスでは，学習心理学における学習の定義に則り，学習の成果に善悪の評価はつけず，ただ変化が生じたか否かのみで学習の成立を測ります。

　主要関心は，組織学習プロセスとはどのような現象か，どのような性質を持

つのか，といった点を詳細に描き出すことにあります。また，新たに要素を投入したり，もともと存在していた要素の投入量を変化させることで，組織にどのような変化や影響が生じるのかをみることなども，好まれています。

ここでは，基本的に組織学習は，秩序と無秩序のような一見相反する要素をマネジメントする中で生まれてくる組織現象という理解がされています。そうした組織の状態を指して，「一種独特の知的なシゾフレニア（a peculiar intellectual schizophrenia）」と表現する研究も存在するくらいです。そうしたパラドキシカルな要素をどうバランスさせれば，思い通りのプロセスになりうるのか，シミュレーションを通じて仮想実験する手法などが比較的好まれます。また，分厚い記述により，そのメカニズムを明らかにする手法もよくとられます。

一方で，研究目的が事実や現象の解明にあることから，どうしても記述は中立的なものになります。そのため，組織学習に取り組むからには，良い結果が得られなければ意味がないと考える人々にとっては，なんとも物足りないアプローチとして受け止められがちです。結果的に，実務家の人気はやはり処方箋的なアプローチに集中することになります。

1.4　本書の目的と構成

◯　本書における組織学習の定義

ここまで紹介した，議論前に確認しておくべき3つの項目を組み合わせるだけでも，多様な組み合わせが生まれます。本書は組織学習論のテキストであるため，基本的には，組織学習論の研究史上，大きな貢献があったり，多大な影響力を持つ研究については積極的に取り上げていきます。しかしながら，これからさまざまな研究成果を紹介し，組織学習論に関して議論を進めていく中で，本書の考える出発点を示し，読者と共有しておくことはそれなりに必要といえるでしょう。

そこで本書では，ありうる多様な組み合わせの中から，①組織学習の学習主

体をシステム全体，②認知の変化に加えて，潜在的な行動の範囲の変化も含む，組織ルーティンの変化がみられれば学習の成立，③記述的に組織学習メカニズムを描くという研究目的，というものを採用することにします。すなわち，組織学習を「組織と個人を包含するシステム全体における組織ルーティンの変化」と定義し，それが起こるメカニズムを記述的に描き出す研究を，本書としてより重視する研究成果として位置づけたいと考えます。

○ 本書の構成

本書は4部10章構成です（図表1.5）。

本章（第1章）および第2章で構成する第Ⅰ部「組織学習論とは」では，主として組織学習論という分野にこれまで馴染みのなかった読者に向けて，学習の出発点・導入としての，基本的な考え方や用語の解説を行っています。

そして，第Ⅱ部「組織学習メカニズムの全体像を把握する」（第3章～第5章）では，現在に至るまでに組織学習論に対する研究関心がどのように推移してきたか，その発展の歴史的経緯を踏まえながら，組織学習メカニズムの全体像の把握を行います。

ビジネスの成功にあたり必要な視点としてよく取り上げられるものに，「鳥の目，虫の目，魚の目」があります。鳥の目とは物事を鳥瞰的に捉えること，虫の目とは物事を分析可能な単位に落とし込んだミクロの視点を持つこと，魚の目とはトレンドなどの世の中の流れを時間軸で捉えることをいいます。主としてシステム全体における組織ルーティンの変化を取り上げる第Ⅱ部では，このうち，「鳥の目」的な解説を試みることになります。

続く，第Ⅲ部「フェーズ別のマネジメントを学ぶ」（第6章～第9章）では，組織学習メカニズムを構成し，その成立を支えているサブプロセスごとに，それぞれの特徴や重要と考えられている点を深く掘り下げていきます。つまり，第Ⅲ部では「虫の目」的に各トピックスの理解に努めることにします。

本来，それぞれのフェーズは互いに密接に関わりあっているため，一時的にでも部分に分解することは，先に紹介した盲人たちのエピソードのように，組織学習の全体メカニズムを歪めて理解してしまう危険性も孕みます。しかし，

図表1.5 本書の構成

　ミクロ的に物事を理解することから得られる重要な情報は確かに存在するうえ，第Ⅱ部でその全体像を鳥瞰的に把握済みであることから，その心配も不要といえるでしょう。

　最後の第Ⅳ部「組織学習論のこれから」（第10章）では，発展を続ける組織学習論がこれからどういう方向に進むのか，もしくは進んでいくべきなのかを考えます。既に，いくつかの方面ではその萌芽的な兆しが表れているともみられており，今後を読み解く力をつけることを目指します。すなわち，ここでは「魚の目」的な視点から，その紹介・解説を行います。そして，この章をもって，物事の本質を正しく読み解くのに必要とされる3つの視点「鳥の目，虫の目，魚の目」という総合的な視点を完成させることで，組織学習論の全体像を正しく理解することを目指していきます。

演 習 問 題

1.1　あなたは，どのような状態を組織学習が成立したと捉えますか。具体的な事例を挙げながら，自分なりの組織学習の定義を考えてみましょう。

1.2　組織学習論の知見が活用できるのは，どのような場面だと思いますか。身の回りの出来事からビジネスに至るまで，可能な限り幅広く，自由に考えてみましょう。

第 2 章

サイクルで捉える組織学習

　この章では，組織学習プロセスが基本的にはサイクルを描くことを確認します。そのアプローチは大きく2つに分かれ，サブプロセスに分けて組織学習プロセス全体を理解しようとするものと，学習主体が移り変わる形で組織学習プロセスを理解しようとするものとがあります。また，組織学習プロセスの成功・失敗を判断する場合に用いられる，完全な組織学習サイクルと不完全な組織学習サイクルという考え方についても学びます。

○KEY WORDS○

組織ルーティン，安定−不安定，サブプロセス，
学習主体の移り変わり，4I フレームワーク，
完全な組織学習サイクル，不完全な組織学習サイクル

2.1 どのように組織学習を始め，進めればよいのか

　この章からは，いよいよ組織学習論を学ぶうえで基本となる諸概念や考え方を紹介していきます。「組織」が「学習すること」が期待されていること，そして，その理由については，第1章で説明しました。では，実際にその期待に組織が応えるとして，どのように組織学習に着手し，進めていけばいいのでしょうか。

　第1章の例を再び取り上げてみましょう。謝罪会見を炎上させてしまった組織（ここではZ社としましょう）はさすがに懲りて，今度こそ正しい組織学習を展開することで組織の評判を取り戻し，組織を立て直そうと考えます。その場合，どこから着手すればよいのでしょうか。

　一つ考えられるのは，他社の研究です。自社と似たような経験をしながら炎上を免れた組織は，どのような対応をしたのか，その一方で自社と同様に炎上してしまった組織はどうだったのかについて情報収集をして，自社の対応と照らし合わせてみる。そうした学習活動の結果，自社に欠けていた姿勢や対応が明らかになれば，次回，同様の事態に直面したときに自社として行動すべきことが自ずと明確になってきます。あとは，その発見を実行に移すだけです。

　また，自社体制の見直しも，組織学習の効果的な出発点となるかもしれません。炎上することで，既に，自社の問題点は外部からさまざまな指摘を受けて明らかになっているはずです。その中には，指摘されてもなお自社では何が問題なのかわからないような根本的な組織病理から，問題だとわかっているものの大きな抵抗勢力があり解決が難しいもの，大きな問題すぎてどこから手をつけてよいか皆目見当がつかないものまで，多々あることでしょう。それらを整理し，可能な限り最善の攻略方法を考えていくとき，既に組織学習は始まっていると捉えることができます。

　このように，組織学習の進め方としてはさまざまなパターンが考えられますが，それでもこの例から一つ読み取れることがあります。それは言葉としては同じ組織学習でも，それによって実現しうる学習成果のレベル，もしくは実行

の難易度にはかなりの違いがあるということです。より具体的にいえば，1つ目に挙げた他社研究はそれほど難しいことではないと考えられますが，2つ目に挙げた自社体制の見直しは，他社研究よりはるかに難しいことでしょう。

こうした難易度の異なる組織学習を，理論的にはどう扱っているのでしょうか。明確に区別して扱っているのか，基本的には同じメカニズムを持つものとして扱っているのか，以下，有名な諸理論の紹介を通じて紐解いていきます。

2.2　組織学習プロセスの性質・特徴

○ 組織学習の難易度と組織ルーティンの変化のパターン

実は，組織学習の難易度は，組織ルーティンの変化のパターンで説明することがある程度可能です。第1章で述べた通り，組織学習とは潜在的および顕在的な組織ルーティンの変化と定義づけられますが，その変化のパターンは，図表2.1で表すように，大きく3つあると考えられます。

〈パターン1〉

パターン1は，既存のルーティン，すなわち既存の行動様式，価値観はそのままに，必要な新たなルーティンを単純に追加するものです。外からみれば，新たに追加されたものがある分，全体としての組織ルーティンには変化が生じます。しかし，既存のルーティンのみに焦点をあてれば，そこに大きな変化はありません。したがって，このパターンの組織学習が最も容易と捉えることができます。

このパターンは，知識の習得にたとえるとわかりやすいと考えられます。経験や学習を通じて新たな知識を得ようとするとき，学習量に比例するように知識量が増えていく実感が得られることがあります。そして新たな知識は既存の知識を否定したり矛盾したりすることなく，純粋に積み重ねられていきます。たとえば，積み重ねの科目といわれる算数の場合，足し算，引き算を学んだ後，

図表2.1 組織ルーティンの変化のパターン

〈パターン1〉
新たな組織ルーティンの単純な追加

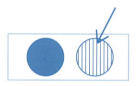

〈パターン2〉
新たな組織ルーティン導入に伴う既存ルーティンの修正

〈パターン3〉
既存ルーティンの置き換えとしての新たな組織ルーティン

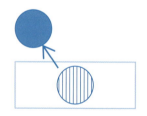

　掛け算や割り算を学んでも，互いに矛盾することなく，さらに新たな知識を学ぶ際の大切な土台となっていきます。
　Z社の例でいえば，他社の情報収集をする組織学習はこのパターン1に当たります。新たに獲得したその情報は，少なくとも収集の段階ではZ社の既存の知識や組織ルーティンの否定や矛盾を引き起こすものではないからです。このパターンの組織学習については，主に第3章で詳しく取り上げることとしま

す。

〈パターン2〉

　パターン2は，新たなルーティンの導入が既存ルーティンに修正を求めることになるものです。物事の因果関係が複雑に入り組んでおり，きれいに境界線を引けないとき，あるいは，むしろ新たな組織ルーティンが密接に既存ルーティンと関係するときに，このパターンが生じます。修正が伴う分，パターン1よりも難易度は高くなります。

　たとえば，顧客満足度の向上のために営業部が行った提案が，組織図的には他部署に当たる製造部にまで影響を及ぼすことはよくあることです。製造部から承認や理解を得る程度で済む場合もあれば，製造部のこれまでの仕事の進め方の見直しまで求めなければならない場合もあります。相互関係が密であるほど，関係性のどこかで生じた部分的な変化は，全体の変化を必要とすることが多くなるのです。

　いわゆる「改善」「漸進的な変化」とも呼ばれ，Z社の例でいえば，他社の情報収集の後の計画・実行段階，学んだことを自社の今後にどのように活かしていくか試行錯誤することが，これに該当します。見方を変えれば，このパターンの組織学習は，組織が存続・発展を図るうえで，ごくごく日常的に行っている必要不可欠なものと位置づけられるでしょう。本書では第3章に加え，第4章でこのパターンの組織学習を詳しくみていきます。

〈パターン3〉

　残るパターン3は，一般に「変革」「急進的な変化」と呼ばれるような組織ルーティンの大きな変化です。その際には，新たな組織ルーティンが既存の組織ルーティンと矛盾・衝突することが多く，その衝突を乗り越えて新たな組織ルーティンを含む組織ルーティン全体を変えていかなければならないため，最も難易度が高いものとなります。

　矛盾・衝突が生じるのは，既存のルーティンが既に時代遅れになっていたり，妥当性を欠いたりすることで，組織目標を実現するうえで直接・間接に障害になり，組織にとって有益というよりむしろ有害な存在となってしまっているた

めです。この問題を解決するには、既存のルーティンを取り除いたり、破棄したりすることから始めなければなりません。容器のメタファーで考えれば、容器が不要なものでいっぱいになっていれば、そこに新たなものを入れる余地がないため、一度その容器を空にすることが必要というわけです。また、パソコンのメタファーを用いて、既存のデータの「削除」、もしくは新たなデータの「上書き」をする、という説明がなされることもあります。

パターン3の組織学習は、組織を取り巻く環境変化が急速であるほど、またその程度が大きいほど、組織の存続・発展のためには必要になると考えられています。また、過去に大きな成功体験をした組織ほど、たとえ既存の組織ルーティンが機能不全を起こしていても、組織内外に存在する制約のためにそれを捨て去ることが難しくなることから、あるタイミングではどうしても必要になる組織学習でもあります。

先のZ社の例では、自社体制の見直しがこのパターンに該当します。しがらみ、心理的な抵抗、自社能力の限界を乗り越えて実現する必要があるため、実現の難易度は非常に高いものの、やり通し、成果を手にした際の組織へのインパクトは大いに期待できます。そのため、この組織学習へ寄せる実務家の関心は高くなります。主に第5章で解説します。

○ 組織学習プロセスの性質

こうした難易度の差はあれども、すべての組織学習プロセスには共通の変化が生じます。それは、安定から不安定、秩序からカオス（混沌）への移行です。

組織学習に着手する前の組織は、どちらかといえば「安定」状態にあります。長年、内外環境に適応するように組織活動を行い、物事の捉え方や仕事の進め方に関する価値観や行動様式を組織内で共有し、組織ルーティンを形成してきました。ところが、内外環境が急激に変化し、既存の組織ルーティンが十分に機能しなくなると、組織内の安定は崩れ始め、混沌とし始めます。その状態を何とかしようとして発動されるのが、組織学習プロセスと位置づけられます。

組織学習プロセスが発動しても、組織はすぐに安定を取り戻すことはできません。むしろ、一時的には不安定の程度が高まることになります。その影響が

最も小さいと考えられる**パターン1**ですら，組織に新たな異物をもたらすため，それを組織として取り込む見通しが立つまで，組織内部は混沌とすることでしょう。まして，**パターン2**，**パターン3**と，新たな組織ルーティンが既存の組織ルーティンに及ぼす影響が大きくなるほど，組織の不安定さや混沌の程度は増すことになります。

　しかし，組織内で拡大した不調和や混乱にめげずに，組織学習プロセスを推進していくと，すべての組織ではありませんが，新たな組織ルーティンが既存の組織ルーティンと融合したり，必要な置き換えに成功したりし始める組織が徐々に現れます。それが不安定から安定に向かう転換点となります。こうした考え方は，社会心理学者のレヴィン（K. Lewin, 1951）による主張を彷彿とさせるものです。レヴィンは，集団の意識の変化は「解凍（unfreeze）−再形成（reshape）−凍結（freeze）」という3つのフェーズを経ると説明しました。組織ルーティンの変化も，同様の変化を辿ると考えられます。

　具体的には，不安定から安定に向かう転換点に辿り着くと，組織では新たに成立した状態の強化や標準化の動きが活発になります。たとえば，新たに確立した組織ルーティンの精緻化，それを組織全体に普及させ，浸透させるための制度づくりや訓練，より効果的な運営方法に関する検討などが行われるでしょう。つまり，転換点を経た後もパターン3の組織学習はともかくとして，パターン1やパターン2の組織学習が必要なくなるわけではないのです。したがって，より正確には，不安定から安定に一直線に進むのではなく，いったん安定を目指しては揺り戻しのように少し不安定化し，また安定に向かっては再度揺り戻しに直面してまた不安定化する，というジグザグの経路を辿ると表現できます。

　実際，ヘドバーグ＝ニストローム＝スターバック（Bo L. T. Hedberg, P. C. Nystrom & W. H. Starbuck, 1976）は，こうした状況を「シーソーの上でのキャンプ（Camping on seesaws）」に喩えています。一度宮殿を建設するとなかなか取り壊せませんが，テントであれば必要に応じていつでも気軽に畳んだり張り直ししたりできます。そのため，彼らは，組織とはテントのような存在であるべきだが，テントを張る地面自体も実はシーソーのように不安定だというのです。そして，そうした状態にあっても，組織が組織目標を追求し，存続・発展

を続けるためには，絶妙なバランスをとりながら行ったり来たりの組織学習を繰り返す必要があるとしています。

2.3　数々の組織学習サイクル

◯ サブプロセスから捉える組織学習サイクル

　安定から不安定，不安定から安定に向けて組織学習を繰り返す，という前述の考え方から明らかなように，組織学習は一度限りで終了するものではなく，組織が存続する限り，繰り返し遂行していくべき活動です。その意味で，組織学習プロセスは基本的には，図表2.2で描くように，サイクルを描くものとして捉えられています。

　図表2.2は，第1章でも紹介したフーバー（G. P. Huber, 1990）の整理に基づくものです。ここで，この組織学習サイクルを構成するのは，4つのサブプロセス，「知識の獲得（knowledge acquisition）」，「情報の分配・移転（information distribution）」，「情報の解釈（information interpretation）」，「組織の記憶（organizational memory）」です。

　このモデルでは，組織が自らにとって必要な知識を組織の内外から新たに獲得する（①）ことから組織学習は始まると考えます。Z社の事例で挙げた，他社の対応に関する情報収集はまさにこれに該当します。また，炎上する中で自社の問題点を明確に認識することも，新たな知識の獲得に当たります。

　獲得された知識は，しかるべきタイミングで組織内の別の場所に分配・移転されていきます（②）。Z社の事例を用いれば，他社に関する情報収集の結果，もしくは外部からの指摘で明らかになった自社が取り組むべき問題や注意点は，それを実行に移すうえでは，どうしても社内の関係部署，もしくは全社に広く伝達することが必要になります。それがなされない限り，第1章の個人学習と組織学習の違いの箇所で説明したように，下手をすれば個人学習で終わってしまい，「組織」の学習にならない恐れもあるからです。

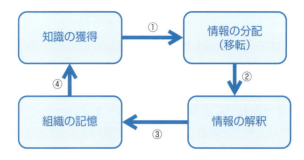

図表2.2 サブプロセスからみた組織学習サイクル

(出典) Huber (1990) をもとに作成

　伝達された知識は，組織としての正統性を得るべく，必ず意味づけの洗礼を受けることになります（③）。具体的にいえば，組織の知識はそれが客観的にみて正しいからではなく，自分たちの組織にとってふさわしいか，役に立つかといった，各組織独自の価値基準で解釈されます。その価値基準に適ったものだけが組織の知識として採用されるのであり，組織の中で無数に行われる学習活動すべてが，「組織」の学習として認定されるわけではないのです。したがって，仮に Z 社内で自社体制の見直しにつながりうる真に優れた案があっても，それが組織の既存の価値基準に合わないと判断されると，適合すると考えられたより劣ったものが選ばれるという悩ましい事態も起こります。組織学習の有り様は，組織の自浄作用がきちんと機能しているかにかかっているといわれるのは，そのためです。

　その後，組織の正統性を無事に獲得できた新たな知識が実行され，何らかの結果を得ると，それに関連する知識や組織ルーティンの蓄積が始まります（④）。それは，組織の記憶となり，次に新たな組織学習サイクルを回す際，すなわち，新しい知識を獲得する際のガイドラインや土台となるのです。

◯ 学習主体から捉える組織学習サイクル

一方，学習するのは誰か，すなわち学習主体に着目して，組織学習サイクルを描き出そうとする試みもあります。その代表的な例として，ここでは，マーチ=オールセン（J. G. March & J. P. Olsen, 1976），およびキム（D. H. Kim, 1993）による学習サイクル・モデルを紹介します。

〈1〉マーチ=オールセンによる学習サイクル・モデル

このモデルでは，時間が経過し，組織学習が進行するのに伴い，次々に学習活動を行う主役が交代していく様を描き出している点が特徴的です。

具体的には，図表2.3 で示すように，組織メンバーである「個人の信念」が変化することから組織学習プロセスは開始します。たとえば，何らかのきっかけで，これまで顧客に提供していたサービスの質，もしくは提供の仕方に組織メンバーの一人が疑問を持った場合，それは個人の信念の変化にあたります。

その結果，その組織メンバーの行動に変化が出ると，それが「個人の行為」の変化となります。先の例でいえば，自分の担当する顧客へのサービスの提供の仕方を見直すことや，自分が直接対応していなければ，直接対応する部署に働きかけて物事を改善しようと試みる，などの行動変化が考えられます。

そうした個人の行為の変化が，うまくいくと「組織の行為」の変化をも可能にすることがあります。たとえば，日本の農産物はいずれも形が整い，きれいに大きさなどが揃った規格品ばかりが店頭に並んでいますが，それは虫食いの痕がある，形が歪んでいるなどの規格外品を消費者が好まないためとよくいわれます。しかし，そうした理由のために自社で生じる廃棄物があまりにも多いことに衝撃を受けた組織メンバーが，消費者の受け止め方を把握するために実態調査をし，実は規格外品でもよいと思う消費者が想定よりはるかに多いことを明らかにしたら，組織もこれまでの方針や行動を見直すかもしれません。もし，その調査結果がもう一歩進んだもので，規格外品を大量に廃棄する企業は環境に対する意識が低いと悪評を招いているとわかれば，より積極的な行動転換を起こすことすらあるでしょう。

組織のこうした行動変化は，「環境の反応」を変える刺激にもなりえます。

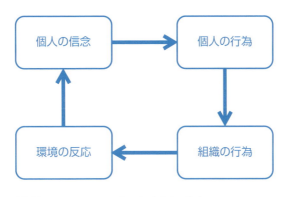

図表2.3 マーチ=オールセンの学習サイクル・モデル

（出典）March & Olsen（1976）をもとに作成

直前の例を用いると，いわゆるリーディング・カンパニーが環境重視の姿勢を打ち出した場合，それに共感する消費者が増えて世の中の雰囲気が変わったり，それを目の当たりにした他社の追随が起こったりして，市場全体に変化が生まれるかもしれません。それは再び，別の「個人の信念」に影響を与えていく，という形で，組織学習が成立するのです。

〈2〉キムによる学習サイクル・モデル

次に確認するのが，キムによる学習サイクル・モデルです。キムのモデルは，基本的にはマーチ=オールセンの学習サイクル・モデルを基盤にしつつも，マーチ=オールセン，フーバーのモデルに共に欠けている，組織学習のパターン，すなわち実現難易度の違いを表現しようとしているところに，大きな特徴があります。

そのために，キムのモデルでは，「(組織で)共有されたメンタルモデル（Shared Mental Model）」と呼ぶ概念が導入されています。メンタルモデルとは，「ある状況や物事に対する見方」，もしくは世界観とも呼ばれるもので，あえていえば，「組織の信念」にあたるものです。具体的には，組織で共有され

たメンタルモデルを経由して生じた「組織の行為」の変化は，パターン3の組織学習が生じた結果得られたもので，それらを経由することなく生じた「組織の行為」の変化はパターン1，もしくはパターン2の組織学習に該当します。

こうした「組織」の学習を支えるのは，マーチ=オールセンのモデルに従えば，組織メンバー個人の信念や行為の変化，いわゆる組織メンバー個人による学習です。そこで，これらを統合的に図示する試みが行われました。それが図表2.4です。複雑になりすぎてかえってわかりにくくなっていることは否めませんが，前述のように，パターン3とそれ以外の組織学習が根本的に異なることを明らかにした点は大きな貢献であるとされています。

それぞれの組織学習を辿ってみると，パターン3の組織学習では，マーチ=オールセンのモデル通り，まず個人の信念が変化し，個人の行為が変化します。一方，そうした複数の個人の信念の変化が積み重なると，それにつれて，組織の信念である共有されたメンタルモデルにも直接影響を与える可能性が高まります。そして，その結果として，必ずしも容易ではないにもかかわらず，共有されたメンタルモデルが実際に変化すると，それは組織の行為を不連続的に変化させることに役立つというわけです。

一方で，パターン1およびパターン2は，ほぼマーチ=オールセンのモデルのままと考えてよいでしょう。個人の信念の変化が個人の行為の変化を経由して，組織の行為を変化させ，環境の反応を変化させる，という流れはそのままだからです。あえて違いに言及すれば，個人の信念と個人の行為をつなぐものとして，個人の学習が描かれています。これは，第6章で詳しく取り上げる，コルブ（D. A. Kolb, 1984）による個人の経験学習サイクルを活用したものです。

キムのモデルでは，難易度の高いパターン3は大きな組織学習サイクル，難易度が相対的に低いパターン1とパターン2は小さな組織学習サイクルとして表現されましたが，実際は，大小というより，組織学習レベルの深さと捉えたほうがより正確です。詳しくは，第5章で改めて解説します。

◯ よりダイナミックな統合モデルへ

ここまで，サブプロセスに分けて理解しようとするものと，学習主体の移り

図表2.4 キムの統合型学習サイクル・モデル

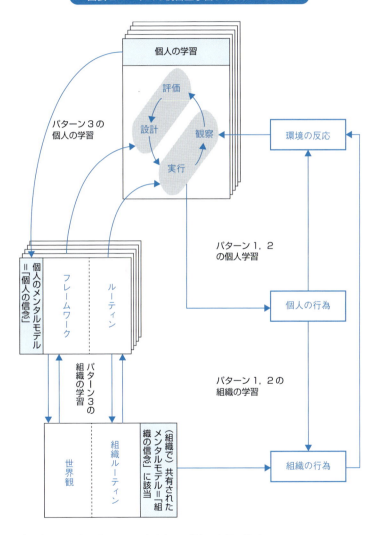

（出典）Kim（1993）Figure 7 をもとに，筆者が加筆・修正

変わりを描こうとするものの2つの組織学習サイクル・モデルを解説してきました。

ところが，研究が進むにつれ，双方の視点を統合する必要性が認識されるようになりました。その代表的なモデルが，クロッサン＝レイン＝ホワイト（M. M. Crossan, H. W. Lane, R. E. White, 1999）によって提唱された4Iフレームワークです。そこでは，組織学習サイクルの学習主体の変化を明確に示すと同時に，サブプロセスの流れも表現されています。そして，当然ながら，組織ルーティンの変化のパターン，すなわち実現の難易度に関しても盛り込まれています。彼らの論文は2009年に過去10年間に最も引用された論文として，アメリカ経営学会（Academy of Management）から表彰されており，以後の組織学習研究に大きな影響を与えることになりました。図表2.5が，その4Iフレームワークです。

まず学習主体には「個人」と「組織」に加え，その中間レベルとして「グループ」が用意され，組織をより多層的に捉えようとしています。一方，サブプロセスは，このフレームワークの名称の由来となった4つのI，「Intuiting（洞察・直観）」，「Interpreting（解釈）」，「Integrating（統合）」，「Institutionalizing（制度化）」とされています。

そのうえで，このモデルでは，まず個人レベルでの洞察や直感から組織学習サイクルは始まります。洞察から生まれた個人の新たなアイディアは，他の組織メンバーと対話したり組織的な解釈が加わったりするうちに，他のメンバーと共有され，次第に個人学習の域を超えたグループレベルの学習活動へと変わっていきます。そうしたグループレベルの学習は同時にいくつも組織内で発生しえますが，組織として統合されたとき，ようやく組織レベルの学習とみなされます。その結果が目覚ましいものだと，組織内での記憶・定着が図られ制度化の動きが起こります。そして，いったん制度化されれば，それは組織メンバーの価値観や行動に影響を与え，再び個人レベルの洞察や直感が喚起されるという流れをとるのです。

図表2.5をよくみると，Feed forwardという個人レベルから組織レベルに向かう横方向の流れと，Feedbackという組織レベルから個人レベルに向かう縦方向の流れの2つがあることがわかります。前者にはパターン3に分類され

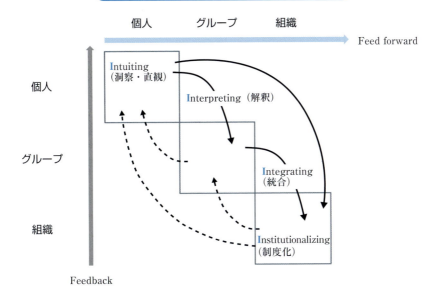

図表2.5　クロッサンらによる4Iフレームワーク

（出典）Crossan et al.（1999）Figure 1 をもとに，筆者が加筆・修正

る組織学習が多く，後者には**パターン1**や**パターン2**に分類される組織学習が多くを占めるとされます。つまり，先に述べたように，このモデルは組織ルーティンの変化のパターンに関する議論まで含んでいるわけです。

　なお，このフレームワークの最大の貢献は，限られた組織資源をめぐって常に組織内の各所で綱引きが繰り広げられており，その結果として，相互作用を持つ大小さまざまなダイナミックな動きが併存していることを表現している点であるとされています。実際，一つの組織で組織学習が一度に一つしか発生しない，ということはありえません。複数の組織学習がそれぞれ組織内では競争相手となって限られた資源を奪い合ったり，必要に応じてときには協力しあったりして，それぞれの目的を遂げようとしているのが実状です。

　また，組織学習は一方通行的に起こるものではなく，必要に応じて行きつ戻

りつしながら進むものでもあります。結果として，進行中のあるグループレベルの学習が別の組織レベルの学習に影響を与えることもあれば，再び個人レベルの学習に戻ることもあります。もちろん，同じレベルに留まり続け，少しも広がっていかない組織学習もあるでしょう。そういった点も，このモデルでは表現しえるのです。

○ 内外環境が組織学習サイクルに与える影響

ここまで，代表的な組織学習サイクル・モデルをいくつか紹介してきました。多少の違いはあっても，かなり多くの共通点があることが感じ取れたのではないでしょうか。

具体的には，組織学習は，「組織」の学習といいながら，基本的には組織メンバー個人の学習から始まると想定されていることが多いこと，その個人が自分の職場を始めとして，組織内の他者を少しずつ巻き込みながら，自分の学習成果の共有化を図ることで，ようやく組織学習と認められること，組織内の他の学習成果との競争を勝ち抜き，組織としての正統性を獲得することで初めてその学習成果が組織の成果として日の目をみること，その結果，記憶された一連の学習成果は次なる組織学習の基盤となっていくことが，共通した理解と位置づけられます。

しかし，組織を取り巻く外部環境や組織特性は多様です。そうした違いは，本当に組織学習サイクルに影響を与えないものなのかという疑問が生じます。それに対しては，「同じサイクルを想定していて構わない」というのが，現時点での答えとなります。

確かに，大きな環境変化や不確実性の高い状況に身を置く組織は，安定した環境の組織と比較すると，学習活動の緊急度や期待する学習成果のレベルが高くなると予想されます。掲げる理想（目標）と現実のギャップがより大きく知覚されるからです。また，組織のライフサイクルが変われば，保有する資源や生存可能性，組織の効果を評価する基準も大きく変わります。創業まもない初期には，保有する資源や正統性の点で制約を抱えやすいものですが，長い歴史がある組織では，組織の慣性が強まって柔軟性を失うなど，直面する問題も変

わってきます。当然，それに伴い，必要な組織学習の内容やレベルも変わるでしょう。

　こうした違いは，各組織の個性やその時点での能力を反映したものです。そのため，それによって組織学習サイクルの回転期間が長期化したり，後述する不完全な組織学習サイクルが起きる可能性が高まることはあるかもしれません。しかしながら，組織学習サイクルの基本構造である，組織メンバー個人を通じた知識獲得，知識の他部署への伝達，組織としての解釈に基づく正統性の付与，再利用を目的とした記憶，はどれも組織学習にとって必要不可欠なサブプロセスです。したがって，内外環境がどのような状況下でも，組織学習サイクルの構造自体が大きく影響を受けることはないと考えられるのです。

2.4　組織学習サイクルの失敗・成功とは

◯ 価値基準で評価しようとする難しさ

　組織学習では，良い学習成果，悪い学習成果という捉え方は基本的に避けて，中立的な議論を心がける傾向があることは，第1章で既に述べました。その理由は，学習心理学での学習の定義を踏襲しているからというのが一つですが，その他には，良い悪いがその時々の主観的な判断だからというものもあります。

　ある時期に良いと評価されたものでも，後の世から振り返ると正反対の評価になることがあります。また，結果的に成功したとなると，その過程がたとえ無茶苦茶でも無条件に評価されるのに，その反対に失敗に終わった場合には，途中でいくら成果をあげても評価されないことが少なくありません。

　そのような現実が生じてしまうのは，私たち人間が限られた合理性しか持たないことと深く関係しています。自分自身では最善を尽くし，収集可能なあらゆる情報を駆使して総合的に考え，ベストの選択や意思決定をしたつもりでも，それは非常に限定されたものです。そもそも，私たちの物事の捉え方や価値基準は，各自が所属する文化やコンテクスト（文脈）から大きな影響を受けてい

ます。どこにいるか，誰といるか，所属する社会で何を良しとするかなどから否が応でも影響を受けるものです。しかもそれはまったく絶対的なものではなく，時代や状況の変化とともに平然と移り変わります。正義一つとっても，各時代や国ごとに異なることからもそれは明らかです。

こうした理由から，組織学習の結果を成功・失敗と判定するのは基本的に好まれないのですが，その一方で，学習の成功・反対という表現は学術的な世界でも比較的よく登場します。両者の違いはどこにあるのでしょうか。

後者が最も典型的にみられる場面は，学習活動を展開する前に設定した数値目標を基準とした際，その目標と得られた結果との間に乖離があるときです。乖離の方向が目標を上回っていれば成功，下回っていれば失敗とみなします。また，パターン3の組織学習を目指していたものの，実現したのはパターン2の組織学習だった，といった場合にも，失敗したという判断がなされがちです。ただし，組織で複数の目標を設定することもよくあることなので，学習レベルと同時に数値目標も掲げており，それがクリアされていれば，部分的に成功とみなされるかもしれません。

こうした説明からもうかがえるように，組織学習の成功・失敗に関する一般的な判断は決して客観的なものとはいえません。どうしても成功という結果を得たかったなら，初めから目標を低めに設定しておけばよいだけだからです。そこで，組織学習論では，この問題の解決策の一つとして，この状態であれば失敗例とみなしてもよいだろうという共通認識を用意しました。それが「不完全な組織学習サイクル」です。

◯ 不完全な組織学習サイクル

組織学習サイクルは，一巡することで組織学習が成立する，という考え方に立っています。言い換えれば，組織学習はそれを構成するそれぞれの要素間が適切に連結して初めて，効果を発揮すると考えられています。

これは裏返せば，それぞれの連結がうまくいかないとき，たとえば要素間が切断されているときには，有効な組織学習は成立しないと解釈されてきたということでもあります。このメタファーとしてよく採用されるのが，伝言ゲーム

です。伝言ゲームでは，どれだけ多くのプレイヤーがそのゲームに参加していても，全員が情報を正しく伝えれば最後尾の人は正しい情報を獲得できます。それに対して，その途中で誰か一人でも，もしくは何人もの人が情報を歪めたり，情報を伝える努力をやめてしまったりすれば，最後尾の人は決して正しい情報を得ることはできません。

　このように連環に何らかの問題が生じた状態を，適切に連環が成立している「完全な組織学習サイクル」と区別して，「不完全な組織学習サイクル」と呼びます。そして，このような状態こそが，組織学習の失敗に該当すると解釈することにしたのです。

　不完全な組織学習サイクルは，サイクル内のどの連結部分でも発生しえます。マーチ=オールセンのモデルを用いて，それを具体的にみていくことにしましょう。

① 役割制約的な学習

　まず図表 2.6 の①は，「役割制約的な学習（role-constrained learning）」と呼ばれ，個人の信念と個人の行為の間の連結がうまくいっていない状態です。個人として何か知覚しても，組織メンバーとしての役割や標準的手続きに何らかの制約があると，個人は新しい知識に反応して自分の行動を変化する，ということをしなくなります。

　その理由の一つは，慣性が働くためです。慣性とは，そこに留まろうとする力，もしくは性質のことを指します。慣れ親しんだ仕事の進め方や価値観に逆らうことは，多大なエネルギーを必要とする大変なことです。そこで，新しいことを知覚しても，余程の情熱や信念がある人以外は，なかなか自分の行動を変えたりはしないのです。

　保身的な動機から，個人の信念と行為の連結が途切れることもあります。新たな気づきを得ても，それが組織にとって不都合な事実であった場合，それを口にし，実際に行動を起こすことで，組織から何らかの不利益を被るのではないかという恐れがあれば，個人は動きません。組織の誰もがそこに組織の問題があると十分に知覚していながら，気づかなかったふりをする，ということは，残念ながら頻繁に観察される現象です。こうした残念な現象を，組織にとって

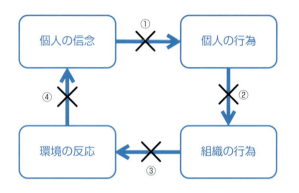

図表2.6　マーチ=オールセンの不完全な学習サイクル・モデル

（出典）March & Olsen（1976）および Hedberg（1981）をもとに作成

の「裸の王様現象」と呼ぶこともあります。こうして役割制約的な学習が発生することになるのです。

② 傍観者的学習

　個人の行為と組織の行為の間での連結，すなわち②の位置での連結の不具合は，「傍観者的学習（audience learning）」と呼ばれます。

　組織メンバーである個人が学習の結果，新たな知識を獲得し，その知識に基づいて意を決して自らの行動を変えても，それを組織が受容しなかったり，他人事と捉えて組織とは無関係という傍観者的な立場をとれば，「個人の行為」と「組織の行為」の間のリンクはあっさりと切断されてしまいます。よくあるケースは，組織内に変化に対する強い抵抗が存在する，組織内に政治的な状況やいびつなパワー関係がある，というものです。つまり，組織メンバー個人が直接の原因となって発生する役割制約的な学習に対して，傍観者的学習は組織が原因で発生するものと捉えることができます。

　ごく普通の組織メンバーが持つ組織内でのパワーはごく小さなものです。優れたアイディアや正しい行為であれば，その良さは自ずと誰にでも伝わり理解

されると私たちは考えがちですが、実際にはそこからが勝負であることが少なくありません。組織内の政治や抵抗に勝ち抜く方策まで周到に準備して臨まないと、いかに優れたアイディアでも、組織内に存在する多種多様な提案や出来事の中で、あっけなく淘汰されてしまうのです。

その点、学習した個人が大きなパワーや権限を持つ場合、たとえば経営トップや、これまで多くの実績をつみ、それを武器に組織に強力な働きかけができる個人であれば、たった1人による学習でも、その行為の変化は組織の行為変化に直結する可能性があると考えられています。

③ 迷 信 的 学 習

組織の行為と環境の反応は常に密接な関係にあるわけではありません。組織の行為の変化によって環境の反応が変わることは確かにありますが、その一方で、組織の行為の変化とは別の原因によって、もしくは組織とは無関係の偶然の産物として環境の反応の変化が生じる場合も多々あります。そうした見せかけの関係に惑わされ、捉え方を誤ると生じるのが、③の「迷信的学習（super-stitious learning）」です。

典型的な例として、ある経営改革手法を導入した企業が急激に業績を伸ばしたとき、それをみた競合他社が一斉に追随を開始することが挙げられます。新たな手法と業績との間に真の関係性がある場合は良いのですが、実は見せかけのものである場合があります。たとえば、取り組みを実践した時期がたまたま景気の上向く時期と重なっていた、過去にさまざまな取り組みを試しており、その経験の積み重ねがようやく今になって実りをもたらした、などが真の理由だとすると、見誤った因果関係は、追随者に組織学習の失敗をもたらします。「迷信」により、「組織の行為」と「環境の反応」の間の有効なリンクが切れてしまうのです。

しかも、迷信的学習の最大の問題は、いったん誤った因果関係の理解が広く拡散・普及してしまうと、改めて誰もその真偽を確かめないことです。にもかかわらず、繰り返し利用されたり追随する者が絶えなくなったりするため、歪んだ情報だけがそこに残り、本来なされるべき正しい組織学習が阻害されてしまうのです。

④ 曖昧さのもとでの学習

最後の④，「環境の反応」と「個人の信念」との間の連結の不具合は，「曖昧さのもとでの学習（Learning under ambiguity）」と呼ばれます。これは，環境の反応がわかりにくく，どのような解釈も可能になるとき，起こりやすい不具合です。

組織は多数の組織メンバーで構成されています。そのため，基本的には所属する組織の共有価値のもとで束ねられているとはいえ，細かくみれば，組織メンバーの数だけ，多種多様な価値観や環境認識能力が存在することになります。

たとえば，近年の「働き方改革」や「女性活躍推進」の動きは，「組織の行為」の変化から影響を受けた「環境の反応」の変化と捉えることができますが，その反応をどう解釈するかはそれぞれの組織メンバー個人によってさまざまです。

これまで，女性と男性の間に存在する処遇差や深夜残業を当たり前のことと捉えて，何の疑問も抱かなかった個人が，環境の反応変化を受けて初めて自分

コラム　キムによる3つの学習の不具合

先に説明したキムは，マーチ=オールセンが主張したこれら4つの学習の不具合に加え，さらに以下のような3つの不具合がありえると主張しています。

1つ目は，学習自体は発生したものの，その場限りでその学習を後に活用できるような状態にしておかないために，いつか組織から忘れ去られてしまう「状況的な学習（situational learning）」です。

2つ目は，ある特定の部署での学習のように組織が部分的には学習し，傍観者的学習のような淘汰は受けずに組織内に残るものの，その学習内容が組織全体として共有されることはまず起こらない「断片的な学習（fragmented learning）」です。

そして，3つ目は，絶好の機会が到来しているにもかかわらず，組織全体が学習するにはかなりの時間が必要とされることが予想されるとき，そのビジネス・チャンスを逃さないために，あえて全体の整合性を考えずに行う「機会主義的学習（opportunistic learning）」と説明しています。

この議論はマーチ=オールセンのモデルを基盤として展開されているため，両者の主張は，組織学習サイクルのどこかが途切れれば，不完全な組織学習であり失敗とみなせる，という点で共通しているのです。

の思い込みに気づくことができれば、「環境の反応」と「個人の信念」のリンクは成立します。しかし、同じ変化に直面しても、処遇差は当然のことだ、残業しなければ仕事が終わらないなど、これまでの信念をまったく変えようとしなければ、両者の連結は決して起こりません。

　曖昧さのもとでの学習の発生を防止するには、個々人の理解能力や解釈に左右される隙もないほど、環境の反応の変化が単純明快であることが重要になります。あるいは、組織メンバー全員は無理でも、せめて組織にとって重要な役割を果たす個人だけには、両者の連結が実現するようなサポートを施すことが求められます。

2.5　不完全な学習サイクルは本当に問題か

　このように、組織学習サイクルを途切れなく、もしくは情報を歪めることなく、何回も回転させていくことが、組織学習的の観点からみた成功と長らく捉えられてきました。一回転するごとに、学習成果が組織に蓄積されると考えるため、同じ学習期間でも回転数が多いほど、少ない場合と比較して多くの学習量を獲得できるとも理解されてきました。

　ところが、完全な組織学習サイクルが成功、不完全な組織学習サイクルは失敗、とするこうした考え方にも、近年、疑問や異論が出されるようになってきました。主な2つを紹介します。

〈1〉 完全な組織学習サイクルがもたらす病理

　1つ目は、完全な組織学習サイクルが招く病理もある、とする考え方です。確かに、短期的には個人・組織・環境が連結して変化が起こるほうが、効果的な組織学習を可能にするかもしれません。しかし、長期的には視野狭窄や近視眼という問題を引き起こす危険性を孕んでいることが指摘されるようになったのです。詳しくは第4章で説明しますが、一つの事柄にあまりに精通しすぎると、その副作用として、多様で柔軟な発想や行動がとれなくなる「学習のジレ

ンマ」が生じやすくなることがわかってきたのです。

　また，個人・組織・環境の関係性があまりにも強固な場合，短期的にも問題が起こることがあります。たとえば経営トップが誤った判断や不適的な行為を行っても，それは容易に組織の行為を変化させてしまいます。つまり，この場合は，本来起こるべきだった「傍観者的学習」が起こらなかったがために，組織全体が誤った方向に進んでしまうわけです。

　同様に，環境の変化と個人の信念との連結に不具合があると発生する「曖昧さのもとでの学習」も，見方を変えれば，それだけ多様な解釈が組織で生まれたことになります。その状態は確かに短期的には混乱を招くだけですが，長期的には組織学習のレベルを高める，すなわちパターン３の実現を容易にするかもしれません。「右向け右」という号令に対し，全員が一斉に右を向く組織は，大きな環境変化のもとでは脆弱な組織になることはよく知られたことだからです。

〈2〉不完全な組織学習サイクルが支えるダイナミズム

　このような完全な組織学習サイクルにも問題があるという捉え方に対して，より積極的に，不完全な組織学習サイクルを肯定する立場もあります。不完全な組織学習サイクルこそ組織にとって自然な形であり，むしろ組織のダイナミズムを支えている，すなわち創造性の源泉となっている，という考え方です。

　先に紹介した4Iフレームワークが，まさにこの考え方に基づく代表例です。個人からグループ，組織への学習の連結が途切れ，傍観者的な学習が発生しているようにみえるときでさえ，その水面下では，なぜグループのアイディアが組織から受容されなかったか，どこをどのように改善すると今度は評価されるかについての学習サイクルが，個人とグループの間で大変な勢いで回転しているかもしれません。

　もちろん，これを部分的な学習であり，キムのいう「断片的な学習」（本章コラム参照）と捉えることも可能です。しかし，真にインパクトのある非連続的な変革は，断片的な学習が積み重なり，それが閾値を超えたときに初めて形になるとするならば，不完全な組織学習サイクルにこそ，無限の可能性があるとみなすこともできるのかもしれません。

初期の考え方のように，組織学習サイクルは順行すべきものという捉え方を
すると，たとえ一時的であれ逆行することは，どうしてもマイナスに受け取ら
れがちです。しかし実際には，進むばかりが能ではありません。進むのが難し
い場合，いったん逆行して障害となった問題を解決したり，アイディアや提案
を実行する際に必要となる，より大きな力をつけて戻ってきたりすることは，
むしろ評価すべきことといえます。それこそが長期的な存続・発展を可能にす
る組織のダイナミズムを担保すると考えられるからです。

演 習 問 題

　2.1　組織学習が起こったと考えられる事例を一つ取り上げ，それがどのような
サイクルを描いて成立したか，そのステップを一つひとつ辿ってみましょう。それ
は，本書で紹介した組織学習サイクル・モデルのうち，どれと最も適合的だったで
しょうか。理由を明確にして，まとめておきましょう。

　2.2　反対に，意図したようには組織学習が起こらなかった事例を探してみまし
ょう。その際，組織学習サイクルのどの部分に問題があって，学習障害が起きてし
まったと考えられるのか，分析してみましょう。

第 II 部

組織学習メカニズムの
全体像を把握する

第3章　組織の学習効果を高めるには

第4章　組織の学習活動に伴うジレンマ

第5章　学習のジレンマを克服するために

第3章

組織の学習効果を
高めるには

　この章では，特に実務家にとって組織学習サイクルを回す主目的の一つである，学習効果についての考え方を学びます。その際の重要な概念として位置づけられたのが，学習曲線です。時間の経過，努力量や経験量などの蓄積が，学習成果とどのような関係性を持ちうるのか，一見同じような学習活動を展開しているにもかかわらず，個人や組織でその学習成果に違いが生じるのはなぜか，などの問題について考えていきます。

○KEY WORDS○
右下がりの学習曲線，進歩率・学習率，
ライトの 80%曲線，ばらつき，
経験曲線，U字型の学習曲線

3.1 学習の基本は繰り返し

　この章からは，組織学習論への関心やその重点がどのように変遷し，今現在どのような地点に辿り着いているのかについて，順を追って確認していきます。そのうえで，組織学習プロセスの本質や，そのメカニズムを鳥瞰的に捉えることを目指します。

　何か新しい仕事，しかもどちらかといえば苦手な仕事を任されたとき，思うようにこなせず，職場の上司など，その仕事を与えた相手に「難しくてできません」「なかなか結果が出ません」といった泣き言や愚痴をいったことはありませんか。そのようなとき，相手から返ってくる言葉は，「それは，まだまだ努力が足りないということ」「一回読んでわからなかったら，わかるまで百回でも読め」など，さらなる練習や学習を促すものであることがよくあります。

　同様に，何か壁に突き当たったとき，どう解決してよいか見当もつかず困り果てていると，「悩んでいる暇があったら，とにかく動き回れ」「立ち止まっていたら，時間だけ無駄に過ぎて何も掴めないまま」という，一種の根性論のような助言や指導を受けることがあります。知識やスキルの向上のためには，それに関する学習活動や作業をひたすら繰り返し，積み重ねることが基本との考え方があるためです。

　それは個人から組織に転じても同じことです。大ヒット商品を世に送り出した組織では，天からの授かりもののように，何も行動せずただ考えていただけで，その商品を作り出せたわけではありません。もちろん，直接のアイディア自体は突然舞い降りてきた可能性もあります。しかしそれ以前には，数えきれないほどのアイディアが想起・提案されては没になることを繰り返しているでしょうし，少なくともアイディアを実際に形にして製品として市場に届けるまでには，必ず，数えきれないほどの試作品が作られ，繰り返し改善・改良が施されているはずです。ある大ヒット商品では試作品を何万個も作ったとされますが，それも決して誇張とはいえないでしょう。

　特定の作業を繰り返す，同じ製品を作り続けていると，時間の経過ごとに，

数値的に測定できる形で，その努力の成果が明確に表れてくることがあります。実際，時間を横軸に，生産コストや不良品率を縦軸にとって，それらの数値をプロットして線でつなげると，そこには右下がりの滑らかなカーブが描けることが少なくありません。このカーブは「学習曲線（learning curve）」と呼ばれています。こうした改善の効果は，学習の結果もたらされると考えるためです。積み上げれば積み上げるほど進む学習は，第2章でいえば，**パターン1の学習**に当たります。組織学習論への関心はここから始まります。

3.2　学習心理学から学ぶ個人レベルの学習曲線

○ 動物実験による学習曲線の発見

もともと学習曲線の存在が議論の対象になったのは，学習心理学においてであり，その最初の研究は，人間の記憶研究で有名なドイツの心理学者エビングハウス（H. Ebbinghaus, 1885）だとされます。しかし，エビングハウスはその著書『記憶について』において，学習曲線に当たるものを描いてはいるものの，「学習曲線」という表現を用いてはいません。学習曲線という表現を用いた初期の研究で著名なものとしては，アメリカの心理学者ソーンダイク（E. L. Thorndike, 1898；1911）による動物実験を挙げることができます。

ソーンダイクは，問題箱（puzzle box）と呼ぶ箱の中に空腹のネコを入れ，外に餌を置きました。箱の中に用意されたペダルを押せば，ネコは外に出て餌を食べることができますが，最初はなかなかうまくいきません。このうまくいかない状態を「誤反応」と呼びます。それに対して，試行錯誤の結果，ネコが何らかのきっかけでペダルに到達し，外に出ることができた場合を「正反応」と呼びます。

この実験を繰り返していくと，最初は正反応が出現するまでに長い時間を要したものが，次第に短くなっていき，その裏返しの現象として誤反応が少なくなります。この結果を，試行回数を横軸に，正反応に至るまでの時間を縦軸に

図表 3.1　典型的な学習曲線

とりプロットしてみると，初期に大幅に時間短縮が起きた後，連続的かつ緩やかに時間短縮を続ける，下に凸の右下がりの曲線が描けることがわかりました。図表 3.1 で描いたこの曲線こそ，「学習曲線」と呼ばれるものです。

　ソーンダイクはこの結果について，ネコが試行錯誤（trial and error）することで経験を蓄積し，その過程で構築した刺激と反応の結びつき（連合）の中から，より強度の大きい，すなわち，より効果的と考えられる反応レパートリーを引き出したために生じたものであると解釈しました。

　このソーンダイクの研究は，行動の観察こそが心的過程を研究する唯一最善の方法という立場をとる行動主義心理学に分類されます。しかし，行動という部分だけを取り出しても，行動は人の心理や認知と大きく結びついているため，両者を都合よく切り離すことはできません。したがって，この研究から導かれた結論は，問題の構造や全体性を一つのまとまりとして把握すること，特に人の知覚による影響を重視するゲシュタルト心理学の立場をとる研究者からは，多くの批判を受けることとなりました。

　とはいえ，この研究結果が学習心理学全体に大きな影響を及ぼしたことは疑

いがありません。オペラント条件づけの研究で有名なスキナー（B. F. Skinner, 1948）の研究も，ソーンダイクの研究から大きな影響を受けたといわれています。

○ 人間への研究対象のシフト

動物実験から始まった学習曲線の研究はその後，人間を対象にして実施されるようになりました。多くは技能や言語習得に関するもので，その典型的な研究といえば，ピーターソン（J. Peterson, 1917）によるキャッチボールの技能習得の研究を挙げることができるでしょう。

ピーターソンは，キャッチボールを200回行った際，受け止めそこなって失敗したエラー数と，その反対に，連続してキャッチした数を記録し，練習を通

図表3.2　個人の技能に関する学習曲線例

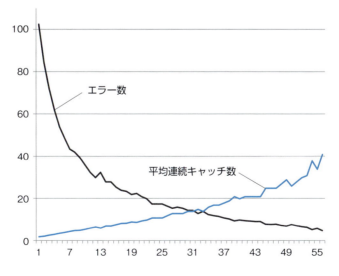

（出典）　Peterson（1917）Table Ⅳをグラフ化

じて両者の結果がどのように変化するのかについて分析を行いました。その結果を表したのが，図表3.2です。

図表3.2から明らかなように，ソーンダイクの実験と同様の結果が得られます。具体的には，試行を重ねるほど，その失敗数は初期に大きく減少し，その後も緩やかに減少を続けること，すなわち，下に凸の右下がりのカーブを描くことが確認されました。また，失敗に関するそうしたカーブとは対照的に，成功の指標である連続キャッチ数は，失敗数に変化が少なくなる後半になって急速に上がり出し，右上がりのカーブを描くことも示されました。

これは学習効果にはタイムラグがあり，すぐに目覚ましい成果が現れるというより，むしろある程度学習活動が積み重なってから，後半頃にその成果がじわじわと出てくることを示したものであると理解することができます。実際，数学や語学などの勉強に関して，多くの時間を費やしても最初のうちはなかなか理解できず，成績にも結びつかないというエピソードはよく耳にするものです。合わせて，それでも諦めずに続けていると，突然あるとき，霧が晴れるかのように視界が開け，すべてがわかるようになる瞬間が訪れたという話も聞きます。そうした一連の現象が生じているとき，個々に目を向けるのではなく全体として捉えてみると，そこには右上がりの学習曲線に近い状態が出現していると考えられるのです。

こうした結果から，最初は失敗数の減少，誤反応の減少で測られることが多かった学習成果は，成功が出現する頻度や，安定的に成功が確認されるまでの時間など，より多面的に測定されるべきものであるとの考えが導かれることになりました。

◯ さまざまな形状の学習曲線

このように，動物に限らず，人間の諸行動に関しても確認された学習曲線ですが，その形状は一つに限られません。何を両軸にとるかによって，学習曲線は右下がりに描けたり，右上がりに描けたりします。同様に，失敗数のように初期に急速に減少するものもあれば，連続キャッチ数のように最初はゆっくりとしか変化しないものの，ある臨界点を超えると急速に変化するというパター

図表 3.3 さまざまな学習曲線

〈時間の経過とともに成功率が高まるケースに関して〉

（A）Ｓ字型の学習曲線

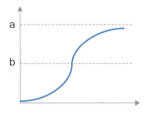

（B）プラトー状態になる学習曲線

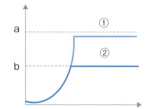

（C）ジグザグ型の学習曲線

ンをとるものもあります。

　対象や実験条件の違いにより，さまざまな形状がありえる学習曲線ですが，横軸に時間，縦軸に学習成果をとった場合，その基本パーツは3つです。1つ目は，まるで乾いた布が水を急激に吸収するように，学習活動の初期に学習成果が急激に高まりますが，後半はそれほど急激な変化はなく，緩やかに上昇を続けていくという，上に凸の曲線を描くものです。2つ目は，先に紹介したように，学習当初はなかなか成果があがらないものの，ある時期を超えると，急激に成果が得られるようになるという，下に凸の曲線を描くものです。そして，3つ目は，時間がたっても学習成果にあまり変化のない，横軸に平行する直線を描きます。学習曲線は，こうしたパーツを組み合わせて構成されると考えられますが，よく知られているのは，図表3.3のような3つのタイプです。

　1つ目の（A）は，S字型の学習曲線と呼ばれます。これは2つ目のパーツ

と1つ目のパーツの組み合わせと理解できます。最初は2つ目のパーツにあるように，なかなか学習成果が現れませんが，時間が経過し，学習が積み重ねられていくと，学習成果は飛躍的な高まりを示すようになります。ただし，その勢いはずっと続くわけではありません。ある時点からその効果は，微増という形をとって逓減していきます。なお，描くカーブはS字にはなりませんが，1つ目のパーツと2つ目のパーツの順番が入れ替わった学習曲線も，大きくはこのタイプに分類されるものといえます。

　2つ目の (B) は，プラトー状態になる学習曲線と呼ばれます。これは2つ目，もしくは1つ目と，3つ目のパーツの組み合わせです。ある時点までは，時間の経過とともに学習成果が高まっていきますが，一定レベルに達するとその後はほとんど変化せず，プラトー（高原）状態に達します。プラトー状態に達するのが，縦軸のaの水準，すなわちその組織や人が目標とする最終到達地点に近い場合（①のグラフ）は問題ありません。むしろ，(A) のグラフと比べて，求める水準に早い時間で達したことになるからです。しかし，たとえば (A) の2つ目のパーツと1つ目のパーツの切り替わり点に当たる，bの水準でプラトー状態に陥ったとすると（②のグラフ），それは大きな問題です。求める学習成果にはるかに届かないで停滞し，時間だけが経過していくことになるからです。

　3つ目の (C) は，プラトー型と上昇を繰り返すジグザグ型を描く学習曲線です。たとえ，(B) の状態に陥っても，そこで完全に停滞してしまうのではなく，何らかの工夫によって持ち直し，再び学習成果をあげていきますが，またしばらくするとプラトーに直面して再度停滞する，ということを繰り返す学習の仕方です。最終的に，目指す水準に到達するまで，その繰り返しは続きます。

　こうしたバリエーションはあるわけですが，結局はどれも同じにみえるという人もいるかもしれません。実際，組織でよく好まれる，時間の経過とともに経験や訓練の蓄積が増え，失敗や不良品率が徐々に減少するパターンの学習曲線のほとんどは，

　　　$RT = aN^{-b}$

> **コラム** **必ずしも努力量に比例しない学習曲線**
>
> 　努力すればするほど，期待する成果に近づくとよくいわれます。実際，努力しなかった人と努力した人を比較すれば，後者のほうがより優れた成果を生み出しやすいことは疑いもありません。
>
> 　しかしその一方で，同じような努力を重ねても，比較的早い時期に成果を生み出せる，いわゆる「飲み込みの早い」人（ファスト・スターター）と，初めのうちはなかなか成果に結びつかず，結果が出るまである程度の時間を要する人（スロー・スターター）が存在するのも事実です。そして世の中は，圧倒的に後者が多いと考えられています。さらには，図表 3.3 の（C）のグラフのように，成長を実感できる時期と停滞する時期が交互に訪れる人も少なくありません。
>
> 　もちろん，どの形状の線を描くかは，常に同じではなく，課題の性質や課題に類似した経験量，学習者のもともとの得意不得意などで異なると考えられます。自分では努力しているつもりなのに，期待する効果が得られないと焦りを感じる場合は，さまざまな学習曲線の存在を思い浮かべて，より長期的な見通しを立てると，気持ちが少し楽になるかもしれません。

の式で表すことができると考えられています。RT とは反応時間を，N は練習量を表します。また，a と b は課題によって変わる定数とされています。この式はかなりの普遍性を持っており，学習のベキ（冪）法則（power law of learning）を示すと説明されています。

3.3　社会科学における学習曲線

◯ ライトによる学習曲線研究

　このように，もともと個人を対象に蓄積されてきた学習曲線の研究が，経営学の分野でも大きな関心を持たれるようになったのは，ライト（T. P. Wright, 1936）による研究がきっかけでした。

　カーチス-ライト社の主任技師のライトは，1922 年から，航空機の累積生産

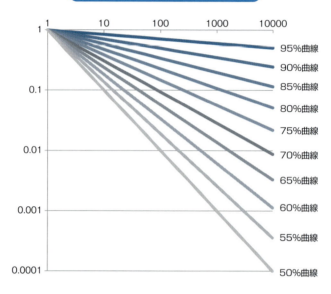

図表 3.4 ライトの対数線形モデル

（出典）Wright（1936）および高橋（2001）をもとに作成

量に伴う生産コストの変化を研究していましたが，研究が進む中で，累積生産性が増加するのに伴い，原材料費に占める労賃の比率が大きく低下する傾向に気づきました。そこで，ライトは労働コストに研究の的を絞り，累積生産量と直接費である労働コストを対数化したうえでそれぞれ両軸とし，その関係性をプロットしてみました。なお，労賃はインフレなどの影響を強く受けると考えられたため，その測定尺度としては単位当たり直接労働時間を用いています。すると，非常に興味深い発見がありました。図表 3.4 で表すように，プロット図がほぼ直線を描くことがわかったのです。

　より具体的には，生産量が 2 倍になるごとに，1 機当たりの直接労働時間は一定の割合で低下していました。ライトの研究ではその値を 20％と想定して議論が進められましたが，こうした割合は「進歩率（the progress ratio）」と

名づけられました。進歩率が20%とは，生産量が2倍になるごとに，1機当たりの直接労働時間が基準値の80%になるということです。そのため，この曲線は80%曲線とも呼ばれました。一方で，基準値からみた実際の直接労働時間の割合は，「学習率（the learning rate）：ϕ」と定義され，進歩率と学習率の間には，1－学習率＝進歩率という関係が成り立つとみなされました。

ライトが主張したこの関係を一般化すると，

$$Y = k\,X^{n}$$

という関数として表すことができます。YとはX番目のユニットを生産するのに要した直接労働時間を，kは1つ目のユニットを生産するのに要した直接労働時間を意味します。また，Xは累積生産量を，nは学習指数（＝$\log \phi / \log 2$）のことを指します。

やや難しい話が続くようですが，この式はどこかでみた気がしませんか。実は，前述の心理学における学習曲線の式と，基本的に同じ構造をしているのです。生産を続けていくと，労働者の熟練が進んだり，組織の作業手続きが標準化されたり，工程間の段取り時間が短縮されるなど，製造現場における改善が進みます。その結果，単位当たりの直接労働時間が減少していくのです。なお，ライトが示したこの基本モデルは，その特徴から対数線形（log-linear）モデルとも呼ばれました。

一つひとつの事例を詳細に取り上げれば，実際のところ，学習曲線はさまざまなパターンを描きうることでしょう。しかし，学習心理学においてもそうであったように，そのほとんどはこの基本モデルを拡張することで説明可能だと考えられています。そして理論的にも実証的にも説得力があると考えられた，ライトによる対数線形モデルは，研究者だけでなく実務家の強い関心を集めることになったのです。

◯ 研究対象の変遷・拡大

中でも，ライトの学習曲線に強い関心を示したのは，第二次世界大戦中のアメリカ政府でした。軍事用の航空機や船舶の製造に必要なコストや時間を計

画・予測するうえで，この考え方が非常に有用なツールになると捉えたためです。したがって，その目的上，戦争当時は，これに関連する研究およびデータはアメリカ国内において軍事機密扱いとされていました。

　その後，戦争が終結し 1950 年代に入ると，徐々にその研究成果は公開されるようになります。当初は軍事的応用に限っていた研究対象も，次第に，工作機械などの産業レベルのものへと拡大されていきました。それでもまだ，この時期の主な研究関心は限定的なもので，コストを統制する際と，それに基づくスケジュール管理・購買管理などといった計画を策定する際に用いるくらいでした。

　その傾向が大きく転換したのは，経済学史研究者のホランダー（S. Hollander, 1963；1965）による，デュポン社のレーヨン工場に関する研究であるといわれています。当時，プリンストン大学にいたホランダーは，約 30 年分にわたる豊富な資料をもとに生産性の向上と関係のある要因の検討・分析を行いました。その考察は，従来の研究のように生産コストのみに関心を限定することなく，技術変化や資本投資，人のマネジメントなど，より幅広く総合的な観点から進められました。その結果，技術的な変化は資本投資と密接に結びついており，新たな設備の導入に投資するよりも既存の設備を交換して使用するほうが，技術変化にとって重要性が高いこと，小さな技術変化のほうが大々的な技術変化よりも，生産性の向上に有用であることなどが主張されました。

　この研究は直接，学習曲線を研究対象としたものではなかったため，発表当初からしばらくの間は，学習曲線に関する諸研究において，ほとんど引用されませんでした。しかし，この研究を一つの境として，学習曲線に関する研究の対象や視点は飛躍的に拡張します。成果指標として生産コストや直接労働時間のみを取り上げることから脱却し，人間行動や技術変化との関係を積極的に模索するのが当たり前になっていくのです。

　グリーンバーグ（L. Greenberg, 1970）による，石油産業や鉱業での事故発生率と組織学習との関係についての研究はその一例です。そこでは，生産性と事故発生率は負の相関を持つこと，経営側が経験を積むほど，失敗や事故の発生は減少するという関係が見出せることが明らかになりました。他にも，製品の故障率やそれに伴うクレームの数を組織学習の成果指標とする研究や，ホテ

ルの倒産率と組織学習との関係を検討する研究も登場するなど，次々に新しい成果指標が試されるようになっていきました。

　研究対象も変化していきました。前述のように，その出発点は航空機や造船などの軍事産業だったわけですが，次第に工作機械や家電などの民間の製造業に移行し，後者に関する研究のほうが圧倒的に多くを占めるようになりました。また，直接労働時間が測定しにくいことを理由に，当初は労働集約型の産業のみが対象でしたが，すぐに石油精製や基礎化学などの資本集約型の産業に対しても学習曲線は積極的に適用されるようになりました。そして今や，製造業だけでなく，病院組織やホテル，ピザのフランチャイズ，郵便サービスなどのサービス産業も立派な研究対象になっています。学習曲線研究が着実にその守備範囲を広げてきたことがわかります。

◯ 学習率，学習のスピードのばらつき

　組織における経験の蓄積が，組織の誤反応の減少や正反応の増加に役立つとしても，その学習率学習スピードには本来，ばらつきがあって当然です。産業の違いや企業間・組織間での違いはもちろんのこと，一つの企業内でもすべての部署やチームで同じ学習率が観察されるはずはありません。一個人を対象に考えてみても，コラムで述べたように学習当事者のもともとの得意不得意がありますし，作業の性質が異なれば，同じ個人でも学習率は変わってくることでしょう。

　こうしたばらつきの存在は，感覚的にいっても容易に理解可能なことと考えられますが，単なる感覚で終わらせることなく，データで明示した初期の代表的なものに，ハーシュ（W. Z. Hirsch, 1952；1956）による研究があります。一つの工場内で複数の製品を製造したり，各製品を作るうえで複数の工程があったりすることは，ごく一般的なことです。ハーシュはある大手工作機械メーカーの工場を対象に，こうした複数の製品および工程別の学習率（この場合，正確には進歩率）の違いを算出しました。

　より具体的には，半自動タレット旋盤や織機など計7種類の新たな機械製品に対して，それぞれの部品の製造（machining）工程と組立（assembling）工

程における学習率に違いがあるか比較したのです。その結果，製品間と工程間，ともに学習率のばらつきが認められ，また，組立工程の学習率は平均すると部品製造工程の2倍近くも進歩が速いことが明らかになりました。

　この現象に対する最も説得ある理由と考えられたのは，部品製造と比較して組立のほうが組織としての経験の蓄積が少なかったためではないか，というものです。世の中に送り出される新製品は，製品としてこそ新しいものですが，そこに使われている部品のすべてが新しい部品であるとは限りません。むしろ，別の製品や前のモデルに使用していた部品を可能な限り活用することのほうが多いでしょう。つまり，新製品の組立工程に関しては，学習経験がほとんど蓄積されていない状態だったとしても，その新製品の部品の製造に関しては，ある程度学習経験が蓄積された部品もあるということになります。

　ライトによる対数線形モデルでの学習曲線では，それほど時間が経過しておらず経験の蓄積がまだ少ない初期ほど，学習曲線の右下がりのカーブを急速に下る，すなわち学習率が高くなると理解されています。縦軸に学習成果をとったグラフでいえば，上に凸のグラフが描けることになります。このことから，経験蓄積がより少ないと解釈される組立工程のほうが，たとえ一部にしろ既に経験蓄積がある部品製造工程より，高い学習率を示したのだと結論づけられたのです。

○ 学習率に関する「パラレル・ワールド」の出現

　製品間や工程間，組織間，産業間などで学習率にばらつきが生じるのは自然なことですが，意外にも，そうした事実が半ば忘れられていたような時期もありました。

　ライトの80％曲線の発見は，航空機の製造コストや直接労働時間の予測をするうえで非常に便利な考えとして政府から注目されたことは前述した通りです。しかし，そのうち，そのあまりの便利さから，当初の研究背景はいつしか忘れ去られ，軍事産業以外の多くの製造業にも共通して使える，単なる「予測ツール」として扱われるようになってしまったのです。

　特に，学習率80％という数字が過度に強調され，一人歩きし，たとえ最初

の1機，1製品に投入される労働量が異なったとしても，平均すれば学習率はいつでもほぼ80%になるという歪んだ解釈，いわゆる「ミス・リーディング」が起こりました。そして，それを前提とした多くの実務研究や業界分析が行われるようになったのです。

　この傾向を助長したのが，有名なコンサルティング会社であるボストン・コンサルティング・グループ（BCG）といわれています。当時，副社長を務めていたコーンレイ（P. Conley, 1970）は，学習曲線は直接労働時間に限らず，企業の大部分のコストに応用できると考えました。経験の蓄積である生産量が倍増すれば，生産コストだけでなく，販売やマーケティングなど企業の付加価値活動のあらゆるコストがそれぞれ一定の固定した比率で下がる，したがって，それに伴い，総コストもその固定比率で低減していくと主張したのです。

　そのうえで彼は，だからこそ，競合他社に先駆けて生産量を増やすことが重要であると説きました。彼の理屈によれば，競合他社より多くの生産量をあげれば，競合他社より早く学習曲線を下り，結果的に製造に関わる総コストを抑えることが可能になります。そのため，まずは赤字も顧みず生産量の蓄積に励み，総コストを抑えることでコスト・リーダーシップの価格戦略を実現することを，そして，その結果としての市場シェアの拡大と競争優位性を獲得することを目指そうと呼びかけたのです。

　このBCGによる考え方は，実際に学習したかどうかよりは，経験の蓄積量により明確な焦点をおくことから，学習曲線とは微妙に異なる「経験曲線」と呼ばれて，BCGの顧客を中心に普及し，長らく活用されることになりました。

　つまり，基礎理論である学習曲線と，その応用である経験曲線は乖離したまま個別に発展していったわけですが，その違いはあまり気に留められることはありませんでした。そのため，学習曲線と経験曲線を同じものとして混同した形で理解する実務家も出てきました。こうした状況を指して，高橋（2001）は，自分が今いる世界と並行して，よく似ているが別の世界が存在している「パラレル・ワールド」の状態が出現していた，と表現しています。

◯ 学習曲線と経験曲線の違い

ここで，念のため，学習曲線と経験曲線の違いを説明しておきましょう。本書では，大きく2つの点から両者の違いを整理しておきます。それをまとめたのが，図表3.5です。

〈1〉成果指標の違い

1つ目の違いは，その成果指標の違いです。学習曲線は横軸にある特定の作業を反復した試行回数や試行時間をとり，その作業に関する正反応が生じるまでに要する時間を縦軸にとってできる曲線です。そして，正反応が生じるまでに要する時間が短くなればなるほど，学習が進んだと考えます。一方，経験曲線は，ある製品についての累積生産量を横軸とし，縦軸には生産や販売など，その製品の付加価値活動全般に関わる総コストをとることで描かれる曲線です。

どちらもある作業や製品に関する経験の蓄積が結果に与える影響を明らかにしようとしている点は共通していますが，経験曲線の場合，成果指標として，学習曲線ではもともと考えに入れない間接費など，生産・販売に関するあらゆる費用を含んだ総コストを用いています。つまり，それぞれの要素のどれが効いているのか，そもそもその要素は学習と関係のあるものなのかはほとんど考慮されず，学習曲線の考え方を単純に拡張し，十把一絡げで成果を測定していることになります。

もっとも，学習曲線が生産コストのみを成果指標としていたのは，ごく初期のことにすぎず，ホランダーの研究以降はさまざまな成果指標を用いるようになってきているので，いろいろな成果指標を用いること自体に，取り立てて目くじらを立てる必要はないかもしれません。研究対象も生産コストが明確で測定しやすい製造業だけに限らず，サービス業へと広がってきているため，生産コストだけに限定するよりは，総コストで物事を捉えようとするほうが合理的な側面もあります。そう考えると，経験曲線で用いる成果指標は学習曲線のそれと比べるとかなり大雑把ではあるものの，それ自体が問題というよりは，結果的に2つ目の点に関係するから問題になると考えたほうがよいかもしれません。

図表 3.5　パラレル・ワールド時の学習曲線と経験曲線の比較

	学習曲線	経験曲線
成果指標	もともとは，反復する試行回数に伴う，生産コストのみが対象。	経験蓄積量に伴う，生産コストだけでなく，間接費も含めた総コスト
効果の引き出し方	試行回数が増えても，そこに学習がなければ，カーブを下れるとは限らない。	経験蓄積量を増やすことで，経験曲線のカーブは自動的に下れる。
学習についての考え方	経験＝学習ではない。経験からいかに充実した学習を生み出せるかが議論の焦点となる。	経験＝学習。ただし，価格戦略もしくはツールとしての発想が前面に出ており，学習の要素は弱まっている。

〈2〉 組織学習の位置づけの違い

　学習曲線と経験曲線の最大の違いはやはり，組織学習をどう捉え，どう扱っているかという位置づけの違いであると考えられます。

　学習曲線はその名の通り，どのように研究対象が変わろうとも，いかに学習したかという視点を重視し続けています。試行回数を重ね，時間が経過することは，それだけ経験の蓄積が増え，それが学習成果にも影響を与えることは確かなことです。しかし，同じ経験をしたからといって，同じ学習が生じているとは限りません。むしろ，前述したように，複数のチームや組織，製品間や工程間では，それぞれの学習率に違いがあるのが当然という考え方をします。言い換えると，基本形は同じでも，実際の学習曲線はライトの対数線形モデルのように多様に，バラエティに富んだ形で描き出せるはずなのです。

　ところが，経験曲線においては，BCG による応用とその普及の過程で，この「学習」という発想が後退してしまいます。典型的にそれが読み取れるのは，経験曲線では縦軸にいつしか製品価格を用いることが一般的になったことです。経験が蓄積した結果，その製品に関する総コストが下がれば，結果的に製品価

格を下げることができる。そうすれば，思うような価格戦略やマーケティング戦略を展開できるようになる，だから，経験曲線の右下がりのカーブを少しでも早く滑り降りることを目指しなさい，という考え方の中には，もはや学習率のばらつきの話は登場しません。ある価格にすることを目指すのであれば，その水準に至るのに必要な経験量を積むこと，という点だけが強調され，経験を積んでもそれが十分意図した学習につながらないケースなどまったく想定されていないのです。実際，実務的には，どのような業種・製品にも共通して使える便利なツールとして普及したのでした。

　現在では，200以上の理論研究，実証研究の結果に基づき，「学習とは決して所与のものではなく，説明変数である」という理解で落ち着いています。つまり，経験曲線で想定していた，どのような業種，組織，製品にも通用する固定比率など存在せず，学習能力や条件の違いに応じて，それぞれの学習率にはばらつきが生じるのが当然という認識が改めて形成・確認されたわけです。

　その結果，半ば自然の成り行きとして，その後の研究者たちの研究関心は学習率にばらつきを生じさせる理由やメカニズムへと移行していきました。特に，1980年代後半以降は，学習率が高い「できる」組織はそうでない組織と何が違うのか，その秘密に迫ろうとする研究が急増することになりました。

3.4　学習率の違いを生み出す要因

◯　組織メンバー個人に関する要因

　さて，経験から多くの学びを引き出せる組織は，そうでない組織と比較して，どのような点に違いが見出せるのでしょうか。まずは，第1章で取り上げた3種類の学習主体のうち，組織メンバーである個人に関してみていきましょう。

　組織の学習率に，組織メンバー個人の能力やパフォーマンスが密接な関係を持つと考えるのは，組織学習は組織メンバーによる学習のことであるという立場を必ずしも取らない場合でも，それほど不自然なことではないでしょう。ベ

図表3.6 組織成員個人の技能の高さと学習曲線の関係

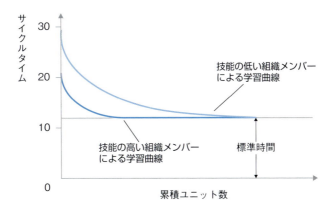

（出典）Yelle（1979）Figure 3

テランばかりで構成された組織と，新人ばかりで構成された組織とでは，その学習の仕方や学習内容は異なってしかるべきだからです。例として，学習曲線に関する優れたサーベイ論文をまとめたことで知られるイェール（L. E. Yelle, 1979）は，ベテラン・新人でどのくらい学習率が異なるかを，図表3.6のようにグラフ化しています。

　両者に同じタスクを与え，その遂行にあたって組織が設定した目標標準時間を達成する期間を測定したところ，技能の高いベテラン勢は技能の低いメンバーよりも，かなり少ない経験量で，目標をクリアすることが明らかになりました。もともと高い能力を有する組織メンバーは，初めて取り組む仕事であり，その仕事に対する直接の経験蓄積がない状態であっても，その仕事に慣れ成果を出すまでに必要な時間や，回転させる学習サイクル数が少なくて済むというわけです。

　また，人の入れ替えによって，組織の学習効率が被る影響についての研究もあります。有能な人が離職するほど，もしくはスキルの低い人が新たに配置されるほど，組織全体としての学習効率は大きく落ち込むことが明らかにされま

した。キーパーソンの離職や異動は，残された組織がこれから蓄積する経験量やその学習効率だけでなく，これまでに蓄積してきたはずの組織の記憶も損なうことが指摘されています。それについては，第9章で改めて解説します。

◯ 組織に関する要因

〈1〉 チーム，グループ単位での違い

　組織学習にとって有能な人の存在は非常に重要ですが，一方で，それだけで簡単に組織としての学習率が高まるほど，物事は単純ではありません。第1章の組織学習の定義の箇所でも述べた通り，組織学習は個人の学習の単なる総和ではないからです。一人ひとりの能力が必ずしも高くなくても，チームのメンバーが相互に刺激を与えながら切磋琢磨することで，1人では実現しえないほど，メンバー全員の能力が伸び，組織としての底上げが図れることがあります。また，チーム内部の調整を工夫することによって，チームの学習効率が高まることも十分にあります。

　たとえば，外科手術チームを研究対象としたピサノら（G. P. Pisano, R. M. J. Bohmer & A. C. Edmondson, 2001）は，新たな技術を導入した際，チーム構成員である担当医たちのこれまでの経験やスキルが同水準でも，チーム内部の調整の仕方によって，その学習率にはかなりの差が生じることを明らかにしました。学習率が高いチームとそうでないチームを分けていたのは，手術に関する手順や互いの役割に関して職能を超えた話し合う機会を頻繁にもったり，チームとしての価値観を共有しようとしたりする姿勢でした。また，互いにフィードバックを行い公式的な手順を明確にすることで，仮にメンバーの入れ替えが生じても，それによる不利益を被らないよう対策がなされていました。チームとしてどのように手術を遂行しているのか，誰が何の役割をどのように担っているのかを観察する機会を新たなメンバーに与えて，チームとしての集約的な学習が円滑に進むよう図られていたのです。

〈2〉 組織のマネジメントに関する違い

　一般に，労働集約型の産業のほうが資本集約型の産業よりも学習率が高くな

る傾向があるともいわれます。それは，前者よりも後者のほうが，プラトー現象が起こりやすいためと考えられています。

　学習曲線を下っていくと，その活動から新たに得られるベネフィットは次第に小さくなっていくものです。そこに追加的に資本投資を行えば，組織としてさらなる改善が可能になるため，ベネフィットを再び増やしていくことも可能になります。しかし，その追加投資に対するハードルが，労働集約型と資本集約型とでは異なるからというのが，両者の学習率が異なる理由とされます。

　一般的に，資本集約型のほうが労働集約型と比較して，必要とされる資本投資が大きいといわれています。一方で，追加投資を行うと確かに再びベネフィットは増えますが，それは学習曲線を下がり始めた当初ほど大きなものではありえません。そのため，費用対効果を考えたとき，資本集約型の産業に属する組織の経営者のほうが，労働集約型に属する組織の経営者と比べて追加投資を行うインセンティブが弱くなり，結果として学習曲線におけるプラトー化を招きやすいと説明されるのです。61頁の図表3.3の（B）に関して説明したように，仮にプラトー化が，組織としての目標水準に届かない比較的早い段階で生じたとしたら，それはかなり致命的な出来事といわざるをえません。

　また，タスクの複雑さや外部環境の厳しさも，学習率に影響を与えると考えられています。顧客からの要求水準が高い，競争相手が多い，時間的にひっ迫している，業務遂行に組織が持つ通常の能力以上の挑戦が求められる，などのときには，その厳しさに応えようと組織の学習率は高まる可能性があります。ただし，その実現を支えるためには，自然に任せるだけでは駄目で，組織の柔軟性を高めたり，製造部門とマーケティングの部門のように学習率が異なる部門間の調整を積極的に図ったりするなど，マネジメント上の工夫を施す必要があると考えられています。

○ システムに関する要因

　学習率が高い組織はシステムが優れている，という研究もあります。組織学習の研究者として近年次々に目覚ましい成果をあげているアルゴーティー（L. Argote, 1993）は，スタインウェイ（Steinway）ピアノ会社について行われた

研究を紹介することで，そのことを改めて主張します。

　ニューヨークにあるスタインウェイ社が，既に製造を終了してから何年も経っていたある型のピアノを再び製造しようとしたとき，もはや社内にはそのピアノの製造に関する記録，設計図は何も残っていませんでした。そのため，個人宅で所有されていたその型のピアノを，エンジニアがバラバラに分解して設計図を作り直すところから開始することにしたのですが，どのように試行錯誤してもまったく再現できませんでした。最終的には，ドイツのハンブルグ工場にあった設計図や，既に引退していた工場長を探し出し，そうしたすべての情報・資源を総動員することで，ようやく目指すピアノの再現ができたといいます。

　つまり，そのピアノの製造に関する知識は，個人，製品そのもの，記録といった一部だけを取り出し活用すれば何とかなるものではなく，そうしたすべての関係性の中に深く埋め込まれて初めて機能する，まさにシステムに拠るものだったというわけです。

　もちろん，個々の要素やその積み重ねも大事です。しかし，アルゴーティーがこの研究を始めとする一連の研究を通じて，学習率向上にとってより重要であると考えたのは，その組織において，「誰が何を知っているか（Who knows what）」という情報を，組織メンバー同士が十分に共有し，理解し合っているという状況でした。

　ここで，自分の身に置き換えて考えてみましょう。ある知識が必要になったとき，自分でそれを学習するのも一つの手ですが，それでは多大な時間と労力が必要になります。しかも，それが求める水準に達するかどうかもわかりません。それに対して，組織内にその知識を提供してくれる人物がいれば，実現しうる組織学習の効率は大きく変わってきます。

　ただし，それには条件があります。その知識に詳しいのは誰なのか，その人は組織内のどこにいるのかについて，自分が知っているか，もしくは組織でその情報を共有していることです。自分が知らなくても，組織内の誰かがそれにつながる手がかりを知っていて，それを手繰り寄せていけば，目的の知識に辿り着ける。そういう状態でない限り，組織にせっかく優れた有益な資源が眠っていたとしても，組織学習にそれを活かすことはできないのです。

こうした情報共有ができている組織は，有効な組織学習のためのシステムができていると捉えることができます。逆に，こうした要素間の関係性をさほど重視しないで，各要素の能力を高めることだけに専念する組織は，期待するような組織学習を展開するのが難しくなると考えられます。

3.5　学習曲線はＵ字を描く

本章では，積み重ねによって学習効率が上昇し，求める学習成果に近づけようとするパターン１の学習の典型例として，学習曲線を紹介してきました。学習曲線は組織学習研究の出発点となった大事な考え方で，組織学習の基本であることは間違いありません。

ところが最近では，こうした学習曲線だけでは，学習に関する諸現象を十分には説明できないという考え方が生じてきました。短いタイムスパンであれば問題ないのですが，より長いスパンでみると，学習曲線はむしろＵ字カーブを描くのではないか，という指摘が増えたのです。

たとえば，バウム＝イングラム（J. A. C. Baum & P. Ingram, 1998）は，ホテル業界における追随者利得，すなわち産業として経験を蓄積することが，その産業に所属する個別企業の学習曲線にどのような影響を及ぼすかという視点から，マンハッタンに位置する複数のホテルを調査・分析しました。

すると，確かに業界への参入初期には，産業に蓄積された経験と自分自身が新たに積み重ねていく経験という，双方の作用により，各ホテルの学習曲線はどれも右下がりのカーブを描くことが確認されました。しかし，そのカーブがある程度右下がりの状態を続けると，その後，すべてのホテルが多かれ少なかれ，右上がりのカーブに転じることがあわせて確認されたのです。しかも，失敗に至るホテルほど，より早く，そのカーブを駆け上がっていることも明らかになりました。

この結果は，それまで学習曲線のカーブを下ること，それを効率よく早く行うための要因を探ることばかりに研究関心が集まっていた中，ある意味で衝撃

的な内容でした。右下がりのカーブを早く効率よく下がることの重要性は否定されないながら，いつまでもそれだけを続けていては，組織がいつかは行き詰ることを示唆していたからです。つまり，いかにして右上がりのカーブへの移行の時期を遅らせるか，もしくは，いかにしてその上り方を可能な限り緩やかなものにするかを考える必要性に直面することになったのです。

　実は，こうしたU字カーブはチーム単位でも観察されます。先にも紹介したピサノらの研究では，医療チームメンバーである個人が経験を積めば積むほど，専門能力が向上する一方で，チームとしての学習曲線に対して，U字のような揺り戻しが起こることに触れています。そうした現象が起こる理由として，彼らは，専門能力の向上が評価されたがために，その組織メンバー個人が組織でより多くの責任を任されるようになることが大きいのではと考えています。

　多くの責任を任されると，その人物にとってはこれまでより過重な負荷を対処する必要性が生じます。そのための試行錯誤を行うと，どうしてもその人物の作業効率は一時的に低下せざるをえません。その結果として，その人物が含まれたチーム全体としての学習効率は落ちることになると考えられたのです。もっとも，その人物がその試行錯誤の時期を乗り越え，さらに経験の蓄積を進めたならば，再びチームの学習率は高まり始めることもこの研究では確認されています。

　このように，ある時点以降，学習曲線の方向性が転換するとしたら，そのメカニズムを正しく理解することは非常に重要なことになります。そこで，続く第4章では，この問題を掘り下げていくことにします。

演 習 問 題

　3.1　何か特定のタスクを決め，それを繰り返し試行することで，自分の学習曲線がどのように描けるか確認してみましょう。その際，もともと得意なものと，初めて体験するもの，どちらかといえば苦手なものという3タイプのタスクに分け，その結果を比較してみましょう。

　3.2　学習曲線がU字カーブを描くとき，そこにはどのような原因が考えられるでしょうか。U字カーブが発生したと思われる具体的な例を探して，その原因を分析してみましょう。

第4章

組織の学習活動に伴うジレンマ

　この章では，右下がりと考えられた組織の学習曲線が，より長期的なスパンでみると，むしろU字カーブを描く原因について詳しく取り上げます。そのうえで，右上がりのカーブに転じないようにする，もしくは，右上がりのカーブを駆け上がる速度を遅くするために考慮すべき点，工夫すべき点などを解説します。また，競合他社を含めた外部環境がこうした学習活動に関するジレンマに及ぼしうる影響力の大きさについても考えていきます。

○*KEY WORDS*○

学習曲線の限界，柔軟性，イノベーション，
適応学習，有能さの罠，学習の近視眼，
「赤の女王」理論，組織生態学

4.1 「進歩すること」の2つの意味

　進歩という言葉を聞いてどのようなイメージを思い浮かべますか。また，進歩するとはどのようなことか，誰かから説明を求められたとき，どのように答えるでしょうか。以前の状態より良くなること，という答えが一つ考えられるかもしれません。しかし，その答えは決して間違いではないものの，十分とはいえません。良くなるのは誰，もしくは何なのか，明確にしていないからです。

　それがそれほど重要な点かという疑問もわくかもしれませんが，自分が進歩するのか，世の中全体が進歩するのかでは，議論の内容も焦点も大きく変わってきます。より具体的には，自分が進歩するというのは，自分が世の中や環境に「適応」することを指します。しかし，世の中全体の進歩とは，その過程で「適応」するものだけでなく，「淘汰」されるものがあることを意味します。これまでの生物の進化の過程を振り返ってみても明らかですが，適応の歴史という見方もできる一方で，淘汰の歴史という見方もできるのです。したがって，世の中は進化したが自分は淘汰された，もっといえば，自分が淘汰されることによって世の中が一歩前進したという事態も，現実には十分起こりうるのです。

　第3章で学んだ学習曲線は，経験や試行錯誤の積み重ねが学習成果を高めることにつながるという考え方をしました。これは，上の表現を用いれば，「適応」による進化に該当します。組織学習論では，基本的にはこの視点を大切にしており，第2章でパターン1と呼んだ既存の知識やスキル，ルーティンを土台にして新たなものを取り入れる学習活動は，まさにその典型です。また，改善に当たるパターン2も，もちろん適応による進化を目指したものです。環境に適応するには，組織としての学習の蓄積が不可欠というわけです。

　しかしながら，研究が進むにつれ衝撃的な事実が判明してきました。それが，第3章の最後に述べたように，学習曲線の多くは，ある時点を過ぎると突如として，右下がりのカーブから右上がりのカーブに転じ始める，すなわちU字カーブを描く傾向があるということです。たとえ一生懸命に組織学習サイクルを回し，経験とそれに基づく学習を積み重ね続けていても，エラーの発生率や

失敗率，倒産率はゼロになることはなく，いつしか再び上昇し始めるというのです。しかも，熱心に努力すればするほど，その状態に陥りやすい可能性があるのです。なお，それは自分にとってであり，世の中全体に目を転じれば，その間も世の中は進化し続けているということになります。

「適応」のために専心努力していたはずが，行きつく先が「淘汰」とは，どういうことなのでしょうか。適応と淘汰は一見正反対の立ち位置にあるようにみえながら，実は表裏一体の関係にあると考えられます。そのメカニズムを正しく理解しておくことは，組織が淘汰の波を乗り越え，二重の意味で進化するうえで必要不可欠なことといえるでしょう。

4.2 学習曲線の限界

○ 失われゆく柔軟性と多様性

学習曲線が U 字を描く可能性があるという指摘が優勢になるかなり以前，誰よりも先駆けて学習曲線の限界を指摘し，それが組織成果にもたらす影響について警鐘を鳴らした研究がありました。

それが，アバナシー=ワイン（W. J. Abernathy & K. Wayne, 1974）による論文です。彼らは，学習曲線の右下がりのカーブを下ることのみに専心する危険性を，1906 年から 1940 年頃までのアメリカの大手自動車メーカー間の攻防を題材に論じました。

当時は，第 3 章でも解説したように，学習曲線をめぐる一種の迷信，「経験の蓄積である生産量が倍増するごとに総コストも一定の比率で低減するため，競合他社に先駆けて多く製造すれば，価格競争に勝ち，市場シェアの獲得につながる」というボストン・コンサルティング・グループの主張が強く信じられていた時代です。当時リーディング・カンパニーであったフォードも，その例に漏れませんでした。

フォードでは，自社の製造・販売計画の根拠を 85% 曲線に求め，大衆車で

図表 4.1　1910 年式の典型的なモデル T

1910 年に撮影された商業写真（出典：Wikipedia）

ある「モデル T」のコスト削減の実現を目指しました。工場を近代化するなど大幅な設備投資を行うとともに，労働の効率化も図り，高騰し始めた人件費を抑えるために労働者の削減も行いました。こうした企業努力の結果，モデル T を本格的に市場投入した 1909 年から 4 年後には，生産日数は約 3 分の 2 に削減され，1 台当たりの販売価格も半分程度にまで抑えることに成功しました。

　こうして当初の意図通り，価格競争に勝利したフォードでしたが，この成功が後にトラブルの種へと変わります。1920 年代になると顧客の嗜好に大きな転換が生じ，製品の多様化，快適さや安全，性能の向上を求める動きが生まれ，それらの条件を満たすものであれば多少高価格の車でも売れるようになったのです。しかし，モデル T の価格戦略で大成功を収めたフォードはこの変化を正しく理解し，必要な措置を即座に講じることはできませんでした。モデル T は「完成したときから完璧な製品である」として，めぼしいモデル・チェンジやデザインの工夫もせず，より安ければより多く売れる，という信念を変えようとはしなかったのです。そして，従来の延長線上の組織努力をさらに熱心に続けることで，一層傷を広げてしまいました。

いつしかフォードは競合他社のゼネラル・モーターズに大きく水をあけられていました。危機的状況であることを理解し，ようやく 1928 年にモデル T の後継モデルに当たる，やはり大衆車であるが，すべてがまったく新設計のモデル A を市場に投入したものの，時すでに遅し。モデル A の投入は，その年の 10 大ニュースになるほど，マスコミにセンセーショナルに扱われたとされますが，そこに至るまでに既に多くの競合他社が育っていました。結果的に，その後何回か一時的に勝利することはあっても，もはや完全に首位を取り戻すことは不可能になっていたのです。

アバナシーらは，モデル T からモデル A への転換が大幅に遅れた原因を，学習曲線の持つ限界に見出しています。学習曲線への専心は確かにコスト削減など短期的なメリットの獲得には効果的と考えられます。しかし一方で，その活動は，組織の長期的な成長に必要とされる，柔軟性やイノベーションを生み出す能力を損なうという副作用を持つというのです。学習曲線を下ることに組織努力を費やすほど，長期的には自分の首を絞めることになりうるという指摘です。こうしたジレンマを，彼らは「学習曲線の限界」と呼びました。

○ 当 初 の 反 応

アバナシーらの研究結果と同様の結論に至る研究は，現在までに数多く蓄積されています。ある一つの対象に対する学習曲線の専心は，それが過度であるほど，その事業の効率が高まる一方で，組織からイノベーションに必要な多様性や柔軟性を奪ってしまうというものです。たとえば，TQM や ISO など，定型的な経営管理手法を導入した組織でも，その組織努力に応じて既存事業に関する効率や実績が向上する一方で，そうした努力が成功した組織ほど，長期的にみてより重要と考えられるイノベーションが起こりにくくなることが明らかになっています。

しかし，学習曲線には限界があるというアバナシーらのこの指摘は，発表後しばらくは，学習曲線に関する諸研究において，積極的に取り上げられることはありませんでした。その理由としては大きく 2 つが挙げられます。

一つは，学習曲線とはもともとある一つの行動やスキル，作業を対象とし，

その能力向上に関する試行錯誤の過程をグラフ化したものです。本章の冒頭で述べたように，その目的は「適応による進化」です。「learning by doing（行動による学習）」によって，いかに効率よくコスト削減などの求める組織成果に結びつけるかという「適応学習（adaptive learning）」こそが，主要関心なのです。そのため，その適応の努力が他の組織行動，しかも時間軸の異なる組織行動の妨げになるか否かなど，全然関心がないか，目的や次元がまったく異なる議論として受け止められた可能性があります。

　もう一つの理由は，学習曲線の下り方，すなわち学習率に組織間や研究対象間でばらつきがある，という共通認識がちょうど生まれた時期であったことと深い関係があると考えられます。この時期の研究者たちは，学習曲線の真のメカニズムの掘り下げよりも，より高い学習率を実現する組織条件を探ることに，主な研究関心が移行していました。その研究合戦が過熱した結果，学習曲線をすばやく下りることが，果たして組織にとって良いことなのか悪いことなのかといった，そもそも論的な問いを挟み込む余地はすっかり吹き飛んでいた可能性があるのです。

○ 有 能 さ の 罠

　しかしながら，現在では学習曲線の限界は明確に認識されています。組織学習論に関する優れたレビューを行った，レヴィット＝マーチ（B. Levitt & J. G. March, 1988）は，「有能さの罠（competency trap）」という概念を提示して，限界の存在を主張しました。

　有能さの罠とは，過去に有効に機能し，多くの成果をもたらした技術や手続きをはじめとする組織ルーティンが，その後の環境変化により機能しなくなっても，組織がその事実に気づかなかったり，気づいたとしても，慣れ親しんだ組織ルーティンの使用に固執しやすくなったりすることを指します。

　この罠に囚われた組織は，より有効性の高い組織ルーティンを新たに探索しようという動機づけを失いがちになります。特に，既存のルーティンで過去に成功を収めているほど，その傾向は強まると考えられています。組織は，結果的に失敗だったと判断したルーティンの使用を抑制して自然淘汰する一方で，

成功と判断したルーティンは好んで繰り返し使用するからです。ある特定の組織ルーティンの使用頻度が高まれば，そのルーティンに対する組織のスキルは高まります。それはより高い成果を生み出す可能性につながります。すると，その組織ルーティンに関する組織の効力感（efficacy）や信頼は一層強化され，ますます固執が強まるという循環が生じるのです。

　もちろん，外部環境に大きな変化が生じない限り，それは問題ではありません。組織はその組織ルーティンを積極的に活用することによって，効率的に大きな成果を得ることができるからです。しかし，状況が激変すれば，話は変わります。一時期は成功の組織成果を生み出すことに貢献した既存の取り組みや組織ルーティンは，一転して，環境不適応の原因に変わります。つまり，これまでの好循環がある時期を境にして，悪循環へと転じるわけです。そして，それは組織に多大な害を及ぼすことになるのです。

　この構図は，どこかで見覚えがあります。そう，学習曲線の限界として，先にアバナシーらが指摘した現象と，有能さの罠とは酷似しているのです。もち

> **コラム**　**おカバさま**
>
> 　ショート・ショート名手として名高い星新一氏による「おカバさま」という作品があります（『未来いそっぷ』（新潮文庫，1982）に所収）。その作品はまさに本章で取り上げている，学習活動のジレンマを鮮やかに，かつ，アイロニックに描き出している名作です。
>
> 　舞台は，社会における重要な物事に関する判断をコンピュータに頼るようになった世の中です。初めは，人類やその知恵に対する脅威と感じて，そうした世の中に懸念を示したり，抵抗する人々も存在したりするのですが，コンピュータによる判断はどれも的確で，社会や人々にとって次々に良い結果をもたらします。
>
> 　一度は，これは明らかにコンピュータの指示がおかしい，間違った判断なのでは，と人々に疑いを持たせるような指示が出るのですが，結果的にその指示も先を見通したうえでの非常に的確なものであったことが判明すると，それまでどこか疑いの気持ちをぬぐえなかった人々まで，これは人間では到底できないことである，さすがコンピュータだと全面的に信頼するようになります。その結果，コンピュータが壊れて，誤った指示を出すようになっても……。詳しくは，直接その作品をご覧ください。

4.2 学習曲線の限界

ろん，厳密にいえば違いもあります。しかし，一つのことに対する学習活動を深め，それに習熟し適応しすぎるほど，長期的にはかえって組織の存続を脅かしかねないというジレンマを生じさせるという点については共通していると理解できるでしょう。

4.3　学習メカニズムからみた適応学習の功罪

◯　適応学習の仕組み

いうまでもなく，適応学習は組織にとって必要不可欠な学習活動です。刻々と変化する内外環境に適応できなければ，組織はいつしか淘汰されてしまいます。それも，変化が起きてから慌てて対応するという形ではなく，変化をある程度予見する形で能動的に動くこと，むしろ自分から環境に働きかけ，自分にとってより好ましく都合の良い環境を作り上げていくことが求められます。

長年，適応学習のメカニズムとその功罪の研究に取り組んできた，レヴィンタール＝マーチ（D. A. Levinthal & J. G. March, 1993）は，組織は経験に基づく適応学習を促進するうえでは，大きく2つのアプローチが重要になると解説しています。一つは「単純化（simplification）」，そしてもう一つは「専門化（specialization）」です。

まず，単純化については，複雑すぎる環境に対して，組織がそのすべてを同時に対処することは不可能という考え方から出発しています。私たちには限られた合理性，限られた能力しかない以上，対処可能なレベルにまで分割・細分化し，物事の複雑性を低下させることが不可欠になります。システムで物事を捉えるという発想とは真逆の，第1章で説明した，いわゆる「虫の目」のアプローチです。

もう一つの専門化については，組織全体の安定性との関係から，その必要性が論じられました。第2章で述べた通り，組織学習が行われているとき，多かれ少なかれ，組織には不安定な状況が出現します。組織を構成する複数のサブ

図表 4.2　適応学習と目標の調整の仕方との関係

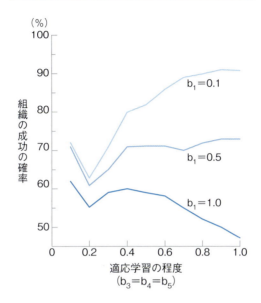

（出典）　Levinthal & March（1981）Figure 7

システムが同時に，同じような組織学習に取り組み出すと，それは組織の各所で不安定な状態をもたらし，全体としての安定性を大きく損なってしまいます。しかしながら，環境変化に対して迅速かつ的確な対応は，生き残りを図る以上どうしても必要なことです。そうであれば，組織を専門化し，その「部分」に環境への対応を任せれば良いと考えたわけです。そうすれば，必要以上に大きなリスクに身をさらすことなく，組織は最低限の安定性を保ちつつ，自らの適応能力を向上させることができます。

　レヴィンタールらは，組織成功のためには組織全体の安定性が重要になるということを，シミュレーションの手法を通じて，比較的早い時期から長年，手を変え品を変え主張し続けています。

　図表 4.2 は，組織の成功の確率を縦軸に，適応学習の程度を横軸にとって，

望ましい適応学習のあり方が組織目標の調整次第で大きく変わることを示した図です。「b_1」が目標の調整に関わるパラメータで，数値が大きいほど目標の調整の仕方が急速で，数値が小さいほどゆっくりとした調整であると考えます。シミュレーションをした結果，目標をゆっくりと調整する組織では，適応学習を迅速に行うほうが成功の比率が高まる一方で，目標をすばやく調整する組織では，反対にゆっくりした適応学習こそが成功の比率を高めることが確認できます。それは，組織目標の調整も早く，適応学習も早い場合，組織全体の安定性が大きく損なわれてしまうからだと考えられました。要するに，組織が成功を収めるには，最低限の安定性を確保する必要があるという主張です。

専門化が必要とされた理由も，この結果と根本的には同じです。組織全体の安定性を担保しつつも，専門化された部分では将来に必要なリスクをとるという形で，組織の適応能力の向上を実現する必要があるというわけです。

◯ 適応学習がもたらす近視眼

ただし，組織にとって必要不可欠な適応学習も，それが過剰になると，先にみた学習曲線の限界や有能性の罠などの学習のジレンマが生じるようになります。適応学習は，レヴィンタールらが「学習の近視眼（The myopia of learning）」と呼ぶ性質を併せ持つからです。彼らによれば，学習の近視眼には図表4.3 のように少なくとも 3 種類があります。

〈1〉 時間的な近視眼

まず，時間的な近視眼とは，組織が複雑な物事を単純化および専門化するにあたって，時間的に近いもの，すなわち短期的なものが優先され，長期的なものが犠牲にされる傾向があることを指しています。

長期的には利益を生み出す可能性がある知識も，短期的にみればコストを生み出す存在でしかない場合があります。しかも，それが本当に将来に利益を生み出すのか，不確実であることも少なくありません。一方，すぐに成果が出る活動，少なくとも比較的早い時期に成果を回収できることが予想可能な活動もあります。こうした場合，組織は後者を選択しがちだというのです。

図表 4.3　適応学習がもたらす 3 つの近視眼

時間的な近視眼	場所的な近視眼	成功バイアスの近視眼
●長期的に利益を生み出す可能性があることよりも，短期的に成果が出る学習を優先しがち。	●市場としての全体最適よりも，自分の組織の成果という部分最適を選択しがち。	●成功経験の蓄積による自信過剰から，リスク選好型の意思決定をしがち。
●強いパワーを持っている組織は，短期的な成果を求める行動として，他者を自分のルールに従わせようとする。	●既存の技術や製品の機能向上に専心しがち。	●特に，組織の上層部は，より強い成功バイアスに囚われがち。
	●その価値を理解できる人や組織が多い発想・技術を追求しがち。	

しかし，いうまでもないことですが，その選択や意思決定が組織にとって真に望ましいものとは限りません。むしろ，短期的な視点に囚われたままの組織努力は，自己強化（self-reinforcing）型の学習にすぎず，長期的な組織成長を妨げる「遠い時点の見落とし（overlooking distant times）」を生じさせやすくなると考えられています。結果として，有能さの罠にも陥りやすくなります。

こうした近視眼は，その時点において市場で強いパワーを持っている組織ほど，強く現れると考えられています。強者ほど自らを変革することを選ぶより，他者を自分のルールに従わせようとする傾向があるためです。長期的には前者を選択するほうが組織の存続や成長にとって必要でも，それは大変な努力を必要とすることなので，短期的にみてすぐ実現できそうな後者を選択してしまうのです。つまり，こうした組織行動もやはり，時間的な近視眼によって引き起こされるといえるのです。

〈2〉場所的な近視眼

次に取り上げるのは，場所的な近視眼です。これもやはり組織が物事の単純化や専門化を行うにあたり，全体の効用を考えるよりも，場所的に自分に近い

こと，身近なことを優先しがちになる傾向を指します。

　実際，組織の関心は主に自らにとって空間的に近接した環境，たとえば現在自分自身が関係する市場に適応できるか否かに置かれがちで，別の環境への関心は薄いといわれます。そのため，既存の技術や製品から大きく離れた，その意味で「距離のある」革新的な製品開発に対しても，組織はモチベーションを喚起しにくいと考えられています。

　革新的な開発経験とそれによる成果は開発が成功した当初，その成功は開発者である組織に多少の先行者利得をもたらす可能性はあります。しかし，実現までに多くの困難とコストを必要とするうえ，いったん世に送り出してしまえば，他者による模倣・追随が起こるまでに，それほど時間を要しないことも少なくありません。それならば，他者の努力によって既に成果が保証されたモノや分野のみに乗り出し，その機能向上に注力したほうがよいと考える組織が増えても，少しも不思議はありません。組織として大きなリスクを伴わず効率的に利益を確保できるうえ，原案の機能を向上させるための学習を行えば，ある程度の知識獲得も図れるからです。

　ただし，このような考え方は，自社の利益という部分最適は実現できても，より広い範囲の，たとえば市場レベルでみた全体最適の実現を結果的に難しくしてしまいます。それが，場所的な近視眼の大きな問題点です。

　このほか，組織が「距離のある」飛躍的な学習活動を進めたがらない理由には，他者による受け皿が整わないことも挙げられると説明されます。俗に「早すぎた天才」との表現がありますが，たとえある組織で非常に卓越した革新的な発想が生まれても，その時点でその価値を理解し正しく評価できる別の組織が存在しない限り，そのアイディアやそれを生み出した者たちが日の目をみることはありません。限られた合理性しか持たない私たち人間にとって，優れたものであろうと劣ったものであろうと，自分の理解能力の範囲に収まりきらないものは評価の俎上にのせることすらできないからです。これは，第6章で詳しく解説する「吸収能力」の問題と密接な関係を持ちます。

　いずれにしても，自分たちの提案する価値をまだ誰も理解できるまでに育ってきていない状況下で，高いコストをかけて飛躍した学習活動を行っても，その努力がすべて無駄になる恐れがあるならば，誰も先陣を切りたいとは思わな

いことでしょう。結果として，周囲の様子をみて歩調を合わせた行動ばかりが選択されるというわけです。

〈3〉失敗から学べない，成功バイアスの近視眼

最後は，失敗から学べないという近視眼です。これは成功バイアスが強化されることで起こります。人は失敗するとその組織ルーティンの使用を避けることに加え，成功した際に用いた組織ルーティンの活用頻度を高める傾向があることは，前述の通りです。

また，人間には失敗するとその原因を運の悪さや他人のせいにしがちである一方で，成功すると実際にはそうでなくても，その理由を自身の能力の高さや努力の結果に結びつける傾向もあります。こうした傾向があると，成功経験が蓄積されるほど，次第に自信過剰な状態となります。期待されるリターンを過大評価し，リスクを過小評価するようにもなります。つまり，リスク選好型の意思決定に陥りやすくなり，組織を不必要に危険な方向に誘導しやすくなるのです。

ここで，組織において高い地位や意思決定などに関する大きな権限を持つのは誰かと改めて考えてみると，それは組織における成功者である可能性が高いといえます。組織でこれまでに高い業績や成果を出し，成功してきたからこそ，その点を評価されて現在の地位や権限を獲得したと考えられるからです。その意味では，もちろん個人差はありますが，そうした人々はまさに自分たちの意思決定に強い自信を持つ，成功バイアスに囚われやすい人々でもあると捉えることができます。したがって，そうした人々は余程自らを律していないと，自分や組織運営に関して経験や実績を積むほど，一層失敗から学びにくくなる恐れがあるのです。

特に，こうした傾向が最も色濃く表れるのは経営者でしょう。「ナルシスト経営者（Narcissistic CEO）」ほど，危険な意思決定をすることで組織を危険にさらしやすいと主張する研究もあります。実際問題として，公式的に高い権限を有する人々の成功バイアスが組織に及ぼすマイナスの影響は甚大で，業績悪化もそうですが，不祥事の発生の主な原因ともなると考えられています。

○ 学習曲線に存在する自浄作用

　学習曲線のような適応学習は，短期的にみると組織の効率を高めるものの，もともと併せ持つ近視眼的な性質から，外部環境が大きく変わるとそれまでの利点が一転して欠点や成長の足枷となることを確認してきました。環境変化の中で，既存の知識の改善が思う形で進んでいかなかったり，十分すぎるほど環境に適応してしまった結果，その学習結果が不適切なものになってしまったりすると，学習曲線でいえばＵ字カーブを描いてしまうのです。

　もっとも，学習曲線のメカニズムにはちゃんと自浄機能も内包されていると考えられています。アドラー＝クラーク（P. S. Adler & K. B. Clark, 1991）は，"Behind the Learning Curve" と題した論文で，学習曲線には表のメカニズムと裏のメカニズムがあり，学習曲線を真に理解するためには，双方をあわせて認識することが重要であると主張しました。つまり，第３章で取り上げた学習曲線の説明は，観察者が事後的に確認できる表のメカニズムにすぎないという主張です。

　たとえば，労働集約型の企業の場合，経験の蓄積は確かに単位当たり生産性を高めます。生産性の上昇はより多くの人員の雇用につながりますが，一方でそれは組織内に混乱をもたらすことになります。また，新たに雇用した人員に対しては，その仕事や職場環境に慣れるまで訓練の必要が生じ，そちらのコストも発生します。結果的に，経験が蓄積される過程で，全体としてみれば，組織の生産性は上昇していても，その背後では仮に一時的にしろ，必ず負の影響がもたらされているというわけです。

　もちろん，資本集約型企業にも同様のことがいえます。経験の蓄積により生産性が向上すると，たとえばデザインのリニューアルやエンジニアリング上の修正など，製品の品質を向上させるための何らかの動きが生じます。それは，組織や製造現場に多かれ少なかれ混乱をもたらすことになります。その結果，やはり一時的にしろ，生産性には負の影響が及ぶということになるのです。

　このような学習曲線の背後で生じる，生産性をめぐるパラドキシカルな学習構造を図示したのが，図表 4.4 です。

　一番上の水平的な流れは，生産活動を続けていると，経験の蓄積を通じた学

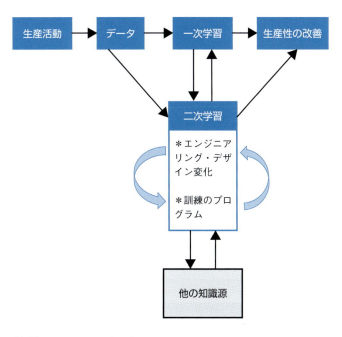

(出典) Adler & Clark (1991) Figure 3

習の結果として，次第に生産性が向上していくことを表しています。アドラーらは，このとき生じる学習を「一次学習（first-order learning）」と呼びました。一方で，生産性の向上によって引き起こされる新たな組織活動は，この図では垂直的に描かれています。この垂直的な動きは，組織に混乱や不安定さをもたらすことで，少なくとも一時的には負の影響を及ぼすものですが，組織が一層の発展を模索するうえでは不可欠な学習活動と捉えられます。これは「二次学習（second-order learning）」と名づけられ，一次学習とは区別されました。

　まとめれば，観察者が観察可能な学習曲線は，一次学習の成果を純粋に反映したものではなく，二次学習による負の影響によって相殺された後の総合的な

結果であるということになります。二次学習は一次学習が一定の水準を超えると自然に生じてくるもので，二次学習が起きることで組織の多様性や柔軟性は高まりうると説明されます。

つまり，学習曲線のような適応学習には，その主目的である適応を図る機能に加えて，それとは逆の働きをする「自浄作用」ともいうべき機能がもともと備わっていると理解できそうです。先に解説したように，組織全体の安定性を保ちながらも，部分的にリスクをとることでバランスをとるというのは，適応学習の基本です。しかし，そのように意識的にリスクをとらない場合でも，組織が健全である場合には，一定水準を超えると自然に自浄作用が発動され，それを有効に活用すれば，過剰適応による自滅行為もある程度抑制できる可能性があるのです。

実際，二次学習に前向きな組織ほど，より高い業績を示す傾向があることを，これまでに多くの研究が明らかにしています。たとえ短期的に組織効率が落ちようとも，長期的なことを考えれば，組織に備わったこうした自浄作用は積極的に活用すべきなのです。

4.4 組織は拡張競争からどこまで自由になれるか

○ 「赤の女王」理論

しかしながら，なぜか，多くの組織では自浄作用の機能を十分に活用できているようにはみえません。その効能を正しく認識できていないためもあるでしょうが，自浄作用が働く暇もないほど，近視眼の影響力が強大なため，とも考えられます。

近視眼の真の影響力をみるには，一つの組織だけをみていては十分とはいえません。顧客や競合他社という具体的な外部環境も含めた，より広くダイナミックな観点から組織の適応を捉えることが重要になってきます。ここでは，こうした問題をより的確に捉えた，スタンフォード大学のバーネット（W. P.

Barnett, 1996；2002；2005；2008）による一連の研究，「赤の女王理論（The red queen theory）」を紹介します。

この不思議な名称は，ルイス・キャロル著の『鏡の国のアリス』（1871）に登場する，赤の女王とそのエピソードに由来しています。突然，赤の女王に引っ張られて全速力で走ることになった主人公のアリスがようやく走るのをやめ，辺りを見回すと，そこはもといた場所とまったく同じ場所でした。そのことに驚くアリスに赤の女王は，以下のように語りかけます。

> 「よいか，ここでは同じ場所にとどまっておりたければ，力のかぎり走らねばならんのじゃ。もしどこかほかの場所に行きたいのであれば，少なくとも二倍の速さで走らねばならんぞ！（Now, here, you see, it takes all the running you can do, to keep in the same place. If you want to get somewhere else, you must run at least twice as fast as that）」
>
> （L. Carroll（1871），脇明子訳『鏡の国のアリス』（2000）P. 58 より）

赤の女王によるこのセリフには，「赤の女王」という表現を論文で最初に用いた，アメリカの進化生物学者ヴァン・ヴァレン（L. M. Van Valen, 1973）が，そこで主張した2つのメッセージが見事に含まれています。

1つ目は，淘汰されたくなければ，決して立ち止まらず，環境変化に対応して絶えず進化し続けなければならないというものです。ヴァン・ヴァレンは，生物の種（正確には「科」）の適応と淘汰との関係性を探る中で，それぞれの種が絶滅する可能性は，その存続期間に関係なくランダムであることを発見しました。たとえ過去に環境にうまく適応してきた種でも，その後適応できなくなれば，同じく適応できない他の種と等しく絶滅の道を辿るというのです。

2つ目は，その進化は単に立ち止まらなければよいという程度のものでなく，往々にして，自分の意志とは無関係にエスカレートしがちだというものでした。獲物をより多く獲得することが捕食者の生き残りの条件である場合，獲物の獲得率を上げるため，捕食者にはより速く走るなど，自己能力の向上が必須になります。こうした環境変化は，獲物側にもより速く逃げる能力の獲得を不可欠なものとします。すると，獲物はより捕まえにくくなるため，捕食者はさらに一層，速く走る能力を身に着けるか，より有効性の高い別の方法を急いで講じ

4.4

組織は拡張競争からどこまで自由になれるか

なければならないのです。

　つまり，環境変化に追いつくだけでも大変なことですが，仮にその状況下で相手を完全に凌駕しようとするならば，赤の女王がいうように，まさに二倍三倍の速さで駆け抜ける必要性が生まれるのです。その状況は相手にとっても同じであるため，競争は互いに際限なくエスカレートしていきます。この構図は，国家同士の軍備拡張競争や企業間の競争においてもまったく同じだと考えたバーネットは，ヴァン・ヴァレンのこのアイディアを核として，企業間の適応と淘汰の問題に取り組むようになったのです。

○ 組織生態学の活用

　バーネットは以前から，生き残れる企業と生き残れない企業とでは，どのような点に違いがあるかについて，問題意識を持っていました。戦略論などでは，企業規模や戦略，組織能力など，現在の特性にその答えを求めようとする傾向があります。しかし，そうした特性はいずれも，各組織が辿ってきた歴史や経験，相互作用に大きく依存したものであるため，より大きな歴史的観点に立って捉えることが必要と考えられました。

　こうした考え方に立脚する重要な研究分野として以前から存在するものに，「組織生態学（organizational ecology）」がありました。組織生態学は研究対象として，同種の組織個体からなる集合体である「個体群」を取り上げることが多いため，「組織の個体群生態学（population ecology of organizations）」とも呼ばれます。その主な研究関心は組織の進化ですが，組織学習論，特に学習曲線のように組織の「適応」に重点を置くのではなく，むしろ「淘汰」に重点を置いている点が大きな違いといえます。

　組織生態学が捉える組織の進化は，図表4.5のように表すことができます。大きく「変異」「選択・淘汰」「保持」という3段階で捉えたうえで，環境に適合的な組織（個体群）は生き残る一方で，適合的でない組織（個体群）は徐々に淘汰されていくと説明するのです。また，その結果，長期的にみると，環境に適合的な組織，その意味で同質的な組織が全体に占める割合が大きくなるとも主張します。

図表4.5 組織生態学における自然淘汰モデル

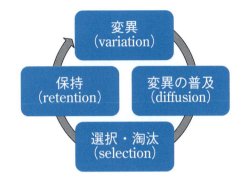

組織生態学のこの考え方は，組織間の進化プロセスを理解するうえで有用です。バーネットはこれに目をつけました。しかしながら，組織生態学にはバーネットの研究目的からみると，決定的に不足している考え方がありました。それが，組織による能動的な学習の要素を考慮していない点です。

先に述べたように，組織生態学では組織学習論と異なり，個別の「適応」には関心を払わない傾向があります。それは，組織生態学では組織が持つ「構造的な慣性（structural inertia）」を重視しているためです。たとえ組織が自らを環境に不適合を起こしていると認識していたとしても，構造的な慣性をもたらしている内外環境のさまざまな制約のために，自らの構造を変えることは非常に難しい，したがって，生き残りも難しくなる，というスタンスをとっているのです。

たとえば，キリンの首が長くなったのは進化の結果であると知られていますが，食料に首が届かないことに気づいたキリンがその場で自分の首を長くしたわけではありません。多くのキリンの中で，やや首が長かったものだけが生き延びて，その特性を受け継ぐ子孫が徐々に増えていき，いつしかそれがマジョリティになっただけです。

しかし，組織の能動的な学習活動をまったく考慮しないのは，やはりおかし

なことです。ヴァン・ヴァレンが明らかにしたような，種同士，個体群間の競争が次第にエスカレートしていく現実は，組織生態学の考え方だけでは決して説明しきれません。そこで，バーネットは組織生態学をベースとしつつも，組織は環境の変動の影響を受けるだけの受動的な存在ではなく，生き残りのために必死で能動的な学習を図ろうとする存在であることを盛り込んだ埋論・モデルを打ち出しました。それが，「赤の女王理論」なのです。

○ 拡張競争が持つ強力なパワー

こうして構築した「赤の女王仮説」が，果たして企業間の適応・淘汰関係にも応用できるか考察するために，バーネット＝ハンセン（W. P. Barnett & M. T. Hansen, 1996）は，まず2種類の組織個体群を分析しました。イリノイにある個人を主要顧客とする銀行とディスクドライブの製造企業です。

分析の結果，いずれのサンプルにも共通する興味深い事実が明らかになりました。激しい競争環境にさらされ，その中で生き残った企業ほどその企業の能力は高まり，企業成長率も高まることが明らかになったのです。しかも，そうした激しい競争をかなり以前に経験した企業と比較して，最近経験したばかりの企業のほうが高い能力を示すことも，確認されました。

この現象の背景には，図表4.6で示すような2つの作用が働いていることがわかりました。一つは，競争が激しいとその環境に十分適応しきれない弱い組織から次々と振り落とされ（淘汰され），能力の高い組織だけが選択される結果，生き残った企業の平均能力は高くなるという作用（β）です。つまり，歴史依存的に形成されてきた，それぞれの組織の特性や能力がその時点の環境に適応していた程度によって生存率が決定されるという，まさに組織生態学の考え方が確認される作用です。

しかし一方で，それだけでは説明できない現象が存在していました。もし環境に適合する特性を持った組織だけが生き残るのであれば，競争の激しさやそれを経験した時期はそれほど大きな影響力を持たないはずです。にもかかわらず，激しい競争に身を置くほど生き残った組織の能力も高くなっていたのは，なぜでしょうか。それは，生き残った組織同士がさらに激しい学習拡張競争を

図表 4.6　組織学習と組織生態学の統合モデル

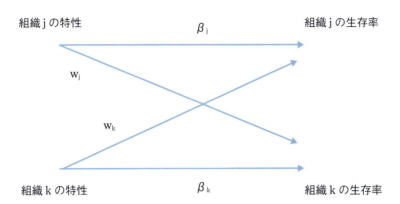

(出典)　Barnett (1997) Figure 1 および Barnett & Pontikes (2005) Figure 1 をもとに作成

展開するからだと彼らは考えました。

　競争を通じて特に大きな成果を獲得した組織が出現すると，他の組織も次に淘汰の対象になる危機を回避すべく，その組織を目標として新たな探索活動を展開します。学習の結果，その組織の能力は学習前と比較して向上しますが，競合他社も同様の努力を行っています。そのため，競争はますます激しさを増すことになります。少しでも気を抜けばそれは戦線からの離脱を意味します。そうなると二度と競争に戻れない「ロックイン」と呼ばれる状態になるため，とても立ち止まることはできません。競合他者より少しでも優位に立とうとするならば，なおさらです。

　このように，組織の生存率は自分の組織の特性のみで決まるわけではないのです。他者との競争が自らの学習を誘発し，その学習活動がまた他者との競争の強度を高めるという「自己刺激的 (self-exciting) ダイナミクス」(w) の影響も受けて決定されるのです。実際，データを分析したところ，自己の特性と競合他社との競争の影響のどちらも組織の生存率に有意な影響を与えていることが明らかになりました。つまり，ヴァン・ヴァレンの議論は生物間の競争に

限らず，企業間でも成立することが確認されたのです。そして，組織生態学だけでは十分に説明できなかった現象も，互いが競い合って学習するという組織の能動的な要素を取り入れることで，より高い説明力を持つことが示されたのです。

○ 過当競争が孕む危険性

この「赤の女王理論」を利用すると，なぜ多くの組織が適応学習を追求する際，もともとある程度の自浄機能が備わっているにもかかわらず，それを有効に機能させられないまま，既にその存在が明らかになっている近視眼の問題に見事に陥り，環境不適合にまで至ってしまうのか，その理由がより明確になります。

学習曲線などの適応学習に備わった自浄作用を活用すると，長期的には有利になる可能性が高まっても，短期的にみた生産性は損なわれます。それは，組織が単独で存在し，誰の影響を受けない場合でも，十分躊躇される出来事であると理解されます。ところが実際には，そのようなことはありえません。その市場が独占，もしくは寡占状態でない限り，通常の組織は絶えず競合他社との厳しい競争にさらされています。そこでは，十分な成果が出せなければ，比較的簡単に脱落・淘汰の対象になります。また，たとえ高い成果が出ていたとしても，それが安定的でなく変動していると，「淘汰の近視眼（myopia of selection）」の犠牲になる恐れもあるのです。

淘汰の近視眼とは，レヴィンタール゠ポーゼン（D. A. Levinthal & H. E. Posen, 2007）が提唱した考え方です。均せば高い成果をあげている組織でも，高い成果を出す時期がある一方で低い成果しか出せない時期もある組織は，その成果の不安定さから，実際の成果はそれほど高くなくても変動が小さい組織と比べて，淘汰の対象になりやすいということを明らかにしたものです。

そのような状況下で，たとえ一時的にでも，生産性を後退させるという勇気ある選択肢を選ぶ組織は決して多くないことでしょう。そして，先細りと背中合わせの危険な状況に今自らが直面していることを十分に認識しつつも，とにかくできることをする，という発想から，学習曲線の右上がりのカーブをひた

すら上昇することになります。多くの組織にとっては，近視眼がもたらす，いつ訪れるかその時期が明確ではない環境不適応の未来よりも，まさに今，目の前で加速度的に繰り広げられている過当競争からの脱落のほうが，大きな恐怖になるからです。

また，自らが近視眼に陥っていることに気づかない場合も少なくありません。厳しい環境の中で遅れをとらないように，もしくは遅れを挽回すべく必死で努力し続けているうちに，ますます適応学習競争は激しくなっていきます。時間を追うごとにエスカレートする泥沼の中で，これ以上は不可能な努力を重ねているにもかかわらず，自らの多様性は劇的に低下し，業績も悪化の一途を辿り，二度と引き返せない状況に陥ってしまうのです。

こうしたエスカレートした競争は個体群レベルの悲劇をももたらします。これまでの過当競争で参加者全員が疲弊しきったところに，急激な外部環境の変化が訪れると，業界全体が一気に共倒れすることがあるのです。業界全体から多様性が失われているうえ，どの組織にも体制を立て直す体力も気力も残っていないことが多いからです。

なお，業界のリーディング・カンパニーが先陣を切ると，全員がその動きに後れを取らないように必死で後を追う傾向がありますが，この傾向も大変危険を伴っています。なぜならば，そのリーディング・カンパニーが目指した方向性にそもそも誤りがあった場合，追随者たちがいかに努力を重ねても，それは全員で破滅に向けて加速度的に突き進むことに等しいからです。かの有名なグリム童話の「ハーメルンの笛吹き男」には，男の笛に先導されて町中のネズミが次々と川に飛び込み，すべて溺死してしまう場面が登場しますが，それを彷彿とさせる光景といえなくもありません。

4.5　悲劇をただ見守るべきか，救いの手を差し伸べるべきか

第4章では，学習曲線が実はU字を描くという理解を出発点として，なぜ組織にとって本来望まないそうした事態が起こるのか，しかも必死で組織努力

を重ねる組織ほど，そのような事態に陥りがちとなるのはなぜかという点について，考えてきました。

　結論としては，適応学習にそもそも備わった近視眼の性質が，長期的な発展に不可欠な柔軟性や多様性を組織から奪い去っていくこと，学習曲線のメカニズムの中に多少の自浄作用はあるものの，激しい競争に身をさらした場合には，それを機能させることはほぼ不可能であり，たとえ，多様性を失いつつあるという自覚や，誤った方向に進んでいるという自覚があっても，自力で統制できるようなものではなくなっていることが確認できました。

　ところで，適応学習がエスカレートした際に迎えがちなこうした悲劇的な運命に対し，組織学習論としては何ができるのでしょうか。第1章で述べたように，組織学習の研究目的には組織学習のメカニズムを明らかにするものと，良い結果につながる処方箋を探るものとがあります。悲劇的な運命の予告は，主に前者の観点に基づくものですが，後者の立場にたてば，わかっている悲劇をただ第三者的に観察するのみでよいのか，という批判がありうるでしょう。実際，組織が直面する危機を十分予測できるのであれば，事前にその状態を回避したり，負の影響を可能な限り緩和したりすることも大事なことと考えられます。積極的に働きかければ，本来望む方向に組織を転換させることも可能かもしれません。

　そこで，第5章では，本章で扱った組織の適応学習に伴うジレンマを克服・緩和する方法に焦点をあてた研究を紹介することで，引き続き，この問題について考えていきます。

演 習 問 題

　4.1　実際に，学習曲線の限界が生じたために業績が低下したと考えられる企業や組織の事例を探し出し，その原因を分析・考察してみましょう。また，対象とした事例では最終的にその状態を克服したか，失敗のまま終わったか，などの結果についても，あわせて確認しておきましょう。

　4.2　仮に，自分の意図に反して，赤の女王理論で説明できる状態に巻き込まれてしまった場合，そこから抜け出すためには，どのような条件や工夫が必要だと思いますか。身近な例を題材に，自分なりにその対策を考えてみましょう。

第5章

学習のジレンマを
克服するために

　この章では，第4章で取り上げた組織における学習のジレンマを克服するために，どのようなマネジメントが有効なのか，あるいは，どのような条件が必要なのかについて，基礎概念を学びながら考察を深めていきます。また，通常ジレンマを引き起こすと考えられている2種類の組織学習をうまく両立させている組織についても取り上げ，それがどのような考え方のもとで成立し，機能しているかについても確認します。

○KEY WORDS○
低次学習，高次学習，
アンラーニング（学習棄却），O-Ⅰシステム，
O-Ⅱシステム，組織的介入，
活用と探索，両利きの経営

5.1 限られた資源や能力だからこそ

　フォードがモデルTを製造・販売し続けていた結果，最後には競合他社との競争に敗れる結末に至ったことは，第4章で解説しました。それでは，フォードはそうした事態に陥らないために，どのような対応をする必要があったのでしょうか。

　後の世からみれば，たとえモデルTが爆発的に売れ続けていたとしても，その製造・販売のみに固執するようなことはせず，より積極的にモデル・チェンジを試みる，または製品群のバリエーションを増やすなどの措置が，組織として必要だったと考えることができます。モデルTが売れなくなったときのために代替品の開発を進める必要があるということ自体は，冷静に考えれば誰にとっても明らかだからです。もっとも，その当時，飛ぶように売れているモデルTの製造・販売をやめる理由もまったくありません。そこで登場するのは，2つの組織行動を両立させるという案になります。実に，簡単なことです。

　ところが，この案を適切な形で実行に移すのは，決して簡単なこととはいえません。組織には限られた資源しかありません。組織が成長すれば，それに伴って資金や従業員，工場や製造ラインなどの組織資源もある程度増加しますが，それでも無限に拡張するわけではありません。そうなると，両立させるとはいっても，より正確に表現すると，2つの選択肢のバランスをとるということになります。もう一歩踏み込んでいえば，限られた組織資源を2つの選択肢にどう割り振るかという問題に，組織は直面することになります。

　今まさに利益をあげている既存商品と，今後既存商品に変わる主力商品になりうるかもしれないがその保証はまったくなく，少なくとも当初は費用ばかり食う新製品の開発，それぞれに，限られた組織資源をどう配分するかは，その組織が短期と長期いずれをより重視しているかという経営姿勢や価値観を鮮明に表すこととなります。

　長期的な視点に立てば，後者の割合を可能な限り大きくしたいところです。しかしながら，それに伴って前者の割合が小さくなることで，組織運営に必要

不可欠な資金が不足すれば，長期的どころか短期的にも組織は存続できなくなってしまいます。一方，自然の流れに任せれば，いわゆる儲けどきにそのチャンスを逃そうとする組織は，ほとんどありません。つまり，前者に組織資源を振り分けることに躊躇する組織はまずありえないのに対して，前者に関するビジネス・チャンスを犠牲にしての後者への資源配分は，かなりハードルの高い意思決定といえます。

　こうしたジレンマを完全に克服することは不可能ですが，少しでもより良い解決を図るために，組織学習論ではいくつかの提案を試みています。本章では，その代表的なものを紹介します。

5.2　2種類の組織学習

◯ 低次学習と高次学習

　組織学習のジレンマは，適応学習が過剰になることによって引き起こされていました。適応学習とは，第2章の初めのほうで説明したパターン1やパターン2に当たる学習ですが，それらとは異なるパターン3という学習もあることを既に説明しました。また，第4章で紹介したアドラーらの研究では，専門性や生産性，効率を追求する一方で，多様性を犠牲にする一次学習のほかに，失われた多様性を取り戻すのに役立つとされる二次学習が存在するということを主張していました。

　このように，組織学習は，その性質やレベルが異なる2種類のプロセスに大別されると理解されています。組織学習の研究者として真っ先に名前が挙がるアージリス=ショーン（C. Argyris & D. A. Schön, 1978）も，組織学習には「シングル・ループ（single-loop）学習」と「ダブル・ループ（double-loop）学習」があるとしています。シングル・ループ学習は，期待する「結果」を得られなかった場合，「行動」を見直すという一回転で描ける学習のことを指します。それに対して，ダブル・ループ学習は，望む「結果」が得られなかったとき，

図表 5.1　2 つの組織学習に対する名称例

	低次学習	高次学習
アージリス=ショーン （1978）	シングル・ループ学習 （single-loop learning）	ダブル・ループ学習 （double-loop learning）
メイヤー（1982）	逸脱減少プロセス （deviation-reducing）	逸脱増幅プロセス （deviation-amplifying）
アドラー=クラーク（1991）	一次学習（first-order）	二次学習 （second-order）
マーチ（1991）	活用（exploitation）	探索（exploration）
タッシュマン=ロマーネリ （1985） ラント=メジアス（1992）	収束（convergence）	再方向付け （reorientation）
ワイク=クイン（1999）	持続的学習（continuous）	一時的な学習（episodic）
ラプレら（2000）	操作的学習（operational）	概念的学習（conceptual）

「行動」というより，その「行動」の基盤となっている「価値前提」の見直しをする学習のことで，二重のループで描けることから，ダブル・ループ学習と呼ばれます（イメージは，図表 5.4 を参照のこと）。それぞれ，研究者によって名づけ方に違いはありますが，指しているものに大きな違いはなく，図表 5.1 のように整理することができます。

　まず，一次学習やシングル・ループ学習は，第 1 章でも登場したファイオール=ライルズによれば，「低次学習（lower-level learning）」に分類されます。これは，日常的によく組織でみかける組織学習であり，適応学習，パターン 1 やパターン 2 の学習が該当します。組織に改善と安定性をもたらす学習活動であり，組織の基盤と秩序を形成する役割を果たす学習活動とも説明されます。

　一方，そうしたごく普通の組織学習に混ざって，稀にしか出現しないものの，出現すれば組織戦略上，極めて大きなインパクトを与えることが想定される高い水準の組織学習もあることがわかりました。その組織学習が喚起されると，その成果は組織の広範囲に影響を与えるうえ，長期的にも大きな影響を及ぼす

可能性があることが指摘されたのです。いわば，環境が不確実なときや不安定なときには，組織の生き残りのために欠かせない学習活動といえます。こうした高水準の組織学習のほうは，「高次学習（higher-level learning）」と呼ばれることになりました。二次学習やダブル・ループ学習はこちらに分類されます。そして，本書でいうパターン3の学習もこちらに該当します。

　両者はまったく異なる性質やレベルの組織学習として明確に区別して扱うことが提案されましたが，実際のところ，両者は車の両輪のようなもので，組織にとってはともに重要かつ不可欠な学習活動です。したがって，組織がその時々で持つ学習ニーズの変化を正しく見極めたうえで，必要とする学習バランスをいかに実現できるかという点が，組織の存続・成長にとって非常に大切になると考えられました。

○ 特 徴 の 比 較

　上記で挙げたことを含め，低次学習と高次学習の特徴を比較したのが，図表5.2です。大きくは，以下の3点に本質的な違いが見出せると説明されました。

〈1〉学習の発生状況や進め方

　まずは，学習の発生状況やその進め方の違いです。低次学習は，学習主体にとって比較的よく理解された状況下で，既に存在している組織ルーティンを繰り返し活用するという形で発生する組織学習です。学習曲線をはじめとする適応学習はその典型例です。現在取り組んでいるタスクや技能，製品，やり方に対して，より高い生産性や効率をあげるために行われる改善活動と位置づけられます。

　それに対して，高次学習は，組織が曖昧で不確実性の高い状況に直面しているときに生じやすい組織学習と説明されます。先が見通せないため，既存の組織ルーティンから逸脱した形で学習が生じざるをえず，既存の枠組みを超えた探索が行われます。結果的に，その学習内容や範囲は幅広く，新たな発見や洞察と相性がよい学習活動です。低次学習が情報処理型であるのに対して，高次学習は情報創造型と理解されます。

	低次学習	高次学習
学習の発生状況	・よく理解された状況 ・繰り返しを通じて発生	・曖昧な状況 ・発見や洞察の中から発生
学習の進め方	・ルーティン ・情報処理型 ・探索の範囲は狭い ・既存のタスク，ルール，構造に対する統制 ・経営システムにおける調整	・非ルーティン ・情報創造型 ・探索の範囲は広い ・既存の統制力不足に対処するための，異なるルールや構造の開発
発生する階層	組織のすべてのレベル	主に組織の上層部
学習の成果のインパクト	・組織活動の改善やルールの制度化など，主として行動的な成果 ・部分的な成果 ・短期的な利益 ・問題解決スキル	・新たなミッションや方向性の設定，新たな文化の創造など，主として認知的な成果 ・組織全体に関わる成果 ・長期的な利益 ・問題定義スキル

図表 5.2　組織学習の 2 つのレベルの特徴の比較

（出典）　Fiol & Lyles（1985）Table 2 に，本文の内容を加筆・修正

〈2〉発生する階層

　低次学習は，「既に形成された関係性の中で，組織行動を部分的，表面的，短期的に調整する焦点化されたルーティン・ベースの学習」と定義されます。より良い解決策や改善を求めて日常業務の中で発生するため，上はマネジメント層から下は現場であるロワーに位置する組織メンバーまで，低次学習は組織のあらゆる階層で発生します。

　一方の高次学習は，「組織の核となる規範（norm）や参照枠組み（frame of reference）の変革を通じて，物事の因果関係や新たな行動についての新たな理解を構築する学習であり，組織全体に影響を及ぼすもの」と定義されます。既存のルールのもとで問題解決や統制を図るわけではなく，既存のものとは異

なる構造やルール，ミッションを新たに作り出す中で成立する学習活動というわけです。

　こうした新たなものを作り出すことは，現場レベルでもまったく不可能ではないのですが，基本的には起こりにくいとされています。現場は組織の上層部が決定した方向性や戦略を適切に実行に移すことが重視され，それを疑ったり見直したりすることが主な役割ではないからです。逆にいえば，それは上層部の仕事であり，結果的に高次学習は主に組織の上層部で起こりやすいと捉えられることになりました。

　なお，組織の方向性や戦略といった組織全体が関わる大きな点についての見直しを現場で行うことは稀でも，業務の進め方に関する既存のやり方や方針に対して，現場レベルが根本的な見直しを行うこと，その必要性は十分にありえます。したがって，その視点からいえば本来は，組織の上層部以外のすべての組織の階層で高次学習が発生する可能性があるともいえるのです。

〈3〉 成果のインパクト

　組織のあらゆる階層で発生する低次学習では，より権限の低い組織メンバーからも学習成果が生まれることになりますが，その組織的なインパクトは全体からみれば，やはり小さいもの，部分的なものになりがちです。これは権限の低い組織メンバーに限らず，大きな権限を持つ組織メンバーに関しても同じで，もともと既存の価値観やルールの範囲内で行う学習活動であることから，そのインパクトにはどうしても限りがあります。

　低次学習は，環境に適応することによって短期的には確実に組織に利益をもたらしますが，その効果が長期に及ぶかは疑問です。むしろ，長期的には学習曲線でみてきたように，低次学習は続ければ続けるほどU字カーブを右上がりに駆け上がるほうに作用しやすい，という特性を持ちます。言い換えれば，学習を重ねたからこそ，非効率になったり組織を窮地に陥れたりと，何かと意図せざる結果を招きやすい学習活動であると理解することもできるのです。

　対して，高次学習は，主に組織の上層部が行う，新たなミッションや組織文化の創造など，組織の方向性を決定づける学習活動であることから，その発生頻度は少ないものの，発生すれば，組織全体に大きなインパクトを持つといえ

ます。また，短期的には成果が明確でなく，むしろ損失さえ生み出すようにみえた場合でも，それが長期的には組織に利益をもたらすこともあります。その場合，その高次学習がもたらす学習成果は組織にとって大きなインパクトを持つことになります。

◯ 高次学習に対する高い関心

　このように異なる性質・レベルにある2種類の組織学習ですが，研究者や実務家の関心は，どちらかといえば，低次学習より高次学習に向かいがちです。より正確には，より良い結果を得るための処方箋を探ることを目指す研究者や，その実現をより素晴らしい成果を獲得しうるものとして捉えた経営者やコンサルタントの間で，高次学習は高い人気を博すことになりました。

　近年の組織を取り巻く環境は以前にも増して，先のみえない不確実性の高い状況にあるとされます。こうした状況の中では，うまくいけばその学習成果が組織に大きなインパクトを与えうるとされる高次学習は，非常に魅力的に映ります。たとえその実現には組織が少なからぬコストやリスクに耐え抜かねばならないとしても，高次学習が実現すれば，真面目で勤勉な組織ほど陥りがちな学習のジレンマを克服することも可能と考えられます。結果的に，組織の長期的な存続・成長の可能性も高まることでしょう。

　また，通常の組織活動を行っている限り，低次学習はごく自然に発生する学習活動です。しかしながら，既存のルールや価値観，物の見方に変革を試み，これまで組織が慣れ親しんだ因果関係に新たな理解や意味を構築する役割を果たす高次学習は，組織が意図的にマネジメントしない限り，自然に発生するものではありません。そのため，容易に発生する低次学習には関心が向かず，実現難易度がより高い高次学習をいかに発生させられるかという方向に関心が集中した，と捉えることもできます。

　こうした流れから，ではどうすれば組織にとって最も必要なタイミングで意図したように高次学習を喚起できるかという議論が盛んになっていきました。その中で特に影響力を持ったのが，先にも挙げたアージリス=ショーンによる議論でした。彼らは，高次学習に該当するダブル・ループ学習を実現する第一

歩は，これまでの組織行動の基盤となっている組織規範などの価値前提にまず疑問を呈することであると主張しました。既存の価値に沿った行動や意思決定を続けている限りは，低次学習に区分されるシングル・ループから抜け出すことなど決してできないと考えたからです。

　特に，その既存価値が既に時代遅れになっていたり，妥当性を欠いたものになっていたりする場合には，積極的にそれを捨て去る努力が必要であると論じました。すなわち，後にヘドバーグ（B. Hedberg, 1981）が掲げた「アンラーニング（学習棄却）」を組織が意識的に行うように努力することが必要不可欠であると訴えたのです。

5.3　高次学習を実現する必要条件

○　組織のアンラーニングとは

　初めてアンラーニング（unlearning）という表現を用い，その概念の普及に絶大な貢献を果たしたスウェーデン人研究者ヘドバーグによれば，アンラーニングとは，かつて機能した既存の価値前提や知識のうち，既に時代遅れになったものや妥当性・効率性を欠くようになったものを捨て去り，より妥当性の高い新しいものに置き換えることと定義されます。

　アンラーニング自体は個人レベルでも起こる現象で，それを組織として行う場合には組織アンラーニングと呼び，両者は区別されます。たとえば第2章で紹介したマーチ=オールセンの学習サイクル・モデルでは，不完全な学習サイクルの一つの形として，個人の信念が変わっても組織の行為が変わらないというものがありましたが，それなどは，個人のアンラーニングは起こったものの，組織のアンラーニングにはつながらなかった状態と理解することができます。つまり，組織アンラーニングの対象は，組織として共有している知識や価値観，組織ルーティンということになります。

　妥当性を欠いた組織の価値前提や知識，組織ルーティンは組織にとって，も

はや有益というよりはむしろ有害な存在となっていることが少なくありません。第4章で説明した有能さの罠に代表されるように，過去に組織に成功をもたらした知識や組織ルーティンを私たちは重宝し，それに拘泥したり利用し続けたりする傾向があります。しかし，そのことがより有効性の高いものを探索することを怠らせたり，組織にとって新たに真に必要とするものの価値をより低く見積もらせたりするならば，組織にとって間違いなく損失です。そこで，その原因となったものの修正もしくは「削除（delete）」が必要になるのです。

　中でも，組織アンラーニングが必要になるのは，単に時代遅れになるだけでなく，その古い価値観が新たに必要な価値観と矛盾や葛藤を起こす場合です。たとえば，ニストローム＝スターバック（P. C. Nystrom & W. H. Starbuck, 1984）は，危機を乗り切れる企業と乗り切れないで失敗してしまう企業の違いは，そうした事態に直面したときに，経営トップが新たに必要になる価値観と矛盾する，既存の価値観を捨てきれるかどうかの違いであるとの主張を展開しました。

　彼らは，アメリカの企業が設立から20年後には10％しか生存しないという当時の統計データを示したうえで，危機を乗り切れなかった企業の経営トップに共通する特徴を挙げました。まず，組織が直面している問題になかなか気づけないこと。そして，問題に気づいてもその大きさを過小評価する傾向があるうえ，その問題に対応する重要性を訴える組織メンバーの意見を拒絶・冷笑する傾向があることでした。問題への対応がこれまで組織の拠り所としてきた価値観や仕事のやり方と葛藤を起こすため，その受入を否定することでやり過ごそうとしたわけです。実際，やむなく対応に乗り出す場合も，戦略の方向性を転換するというより根本的な解決方法はとらず，「嵐をしのぐ（weathering-the-storm）」といった皮相的な戦略に終始するばかりでした。

　こうした傾向は，過去に成功経験を持つ企業ほど，より多く確認されました。まさに「成功バイアス」です。失敗した企業の経営トップは，過去に成功をもたらした既存の組織価値を過信するあまり，それが妥当性を欠き，新たな価値観と矛盾を起こす事態になったときも，本来捨て去るべき既存の価値観のほうを選び続けてしまったのです。このように誤った意思決定は組織にとって命とりとなります。つまり，適切なタイミングで組織アンラーニングができるか否かは，組織の存続にとって死活問題といえるのです。

○ 組織学習との関係性

　ヘドバーグによれば，組織アンラーニングも組織学習プロセスの一つです。当初，両者はそれほど明確に区別されていませんでしたが，近年では，両者を積極的に区別する動きが確認できます。というのも，組織アンラーニングの定義には，妥当性を欠いた既存の価値を「捨て去る（棄却する）」ことと，より妥当性の高いものに「置き換える」ことが含まれますが，厳密には，棄却と置き換えは異なるプロセスと考えられるようになったのです。

　両者は，ほぼ同時に発生することもあれば，かなりの時間差を伴うこともあります。新たな知識を得たことにより，これまでの知識や組織ルーティンの根本的な誤りや限界に気づき棄却を行う場合は，ほぼ同時といえます。一方，外部からの指摘で既存の組織ルーティンが時代遅れになったことを認識しても，置き換えるべき新たなものの探索に長い時間を要する場合は，棄却と置き換えの間に時間差が生じることになります。

　この2つのプロセスのうち，組織学習的な要素がより濃いのは置き換えのほうです。高次学習の実現に組織アンラーニングが不可欠なことから，棄却が高次学習の先行要因であることは明らかです。しかし，棄却後の組織成果は，新たな知識の獲得で期待以上になることもあれば，反対に知識の喪失など期待にはまるで届かない事態になることもありました。つまり，棄却というプロセスはそれのみで組織にとって望ましい知識や価値観の置き換えを保障するものではないと理解できます。むしろ棄却の役割は組織を取り巻く因果関係に関する共通理解をいったんバラバラにすることに留まっており，その後の再構築が期待通りに進むか否か，すなわち望ましい置き換えが可能になるか否かは，組織の学習能力次第と考えられるのです。組織学習と組織アンラーニングのこうした関係性を図示したのが，図表5.3です。両者は，学習－棄却－再学習という連続したプロセスを為す，区別すべき概念と位置づけられるのです。

　なお，組織アンラーニングと似た側面を持つ概念に，第9章で言及する「忘却（forgetting）」があります。どちらの概念も既存のルーティンや価値観を失う点で共通しますが，自然発生的な要素の強い忘却と異なり，組織アンラーニングは意図的なプロセスである点が異なります。たとえ意図的に行われても，

図表 5.3 組織学習と組織アンラーニングの関係

棄却を意図した対象以外の，本来意図していなかったものまで喪失することはありますが，そうした「うっかりした喪失（inadvertent loss）」は，明らかに組織アンラーニングとは区別すべきものといえます。要は，実際に組織が棄却した対象が，組織のもともとの意図に沿ったものだったのか否かこそが，組織アンラーニングを判断するうえで重要な基準になるのです。

○ なぜ組織アンラーニングは難しいのか

　高次学習の実現に必要な組織アンラーニングは，組織メンバーである個人レベル，組織レベル，それぞれの理由で発生させるのが難しい現象であると捉えられています。

〈1〉組織メンバー個人のレベルでの困難

　第1章および第2章でも説明した通り，組織学習は組織メンバーである個人の学習から始まります。つまり，高次学習の発生には，組織メンバーである個人のアンラーニングが欠かせません。しかし，それがなかなか困難であると考えられています。

　まず，個人の防衛的推論や思考を克服することの難しさが指摘されています。組織が過去の成功体験をなかなか捨てられないのと同様，個人も過去のさまざまな経験に基づいて，自らが拠って立つ既存価値や行動規範，物の見方を形成しています。それらは，自らのアイデンティティ（存在意義）とも密接につな

がっているため，それをたとえ部分的にしろ棄却することは，個人の防衛本能を刺激するのです。具体的には，これまでの自分のやり方を否定されたように感じたり，自分が直面した問題の原因が自分にあると責められているように感じたりします。それは，怒りや脅威といった，非常に不快で受け入れがたい感情を引き起こします。

　こうした一連の感情の動きは人間のごく生理的な反応ですが，あまりにも強く喚起されると完全に自己防衛スイッチが入ってしまいます。問題の原因が自分にはないことを強調するだけでは飽き足らず，むしろ他人のせいにしたり，問題の隠蔽を図ったり，まるで何事も起こらなかったかのように無視する，などの行動が起こります。そして，いったんこうした反作用が生じると，アンラーニングの機会はすっかり失われてしまうのです。

　続いて，自らの価値前提や状況の誤りに気づくことの難しさも挙げられます。棄却とは妥当性を欠いたものを捨て去ることである以上，妥当性を欠いていることに当事者が気が付かなければ，話になりません。しかし，あまりにもどっぷりと既存の価値前提に浸かりきっており，疑うことすらしなくなった自分にとっての当然の前提や習慣のように，意識の深いところに埋め込まれてしまうと，人間は気づくことも正しい判断を下すことも難しくなるのです。

　アージリス＝ショーンは，個人レベルでよく観察されるこうした現象を「熟練化された無能（skilled incompetence）」と表現しました。この状態になると，必要性に気づくには他者の助けが不可欠になりますが，同時に，他者の助言を受け入れることも難しくなります。したがって，組織アンラーニングは夢のまた夢となるのです。

〈2〉 組織・システムレベルでの困難

　一方，学習活動を行う場としての組織やシステムそのものに，個人や組織のアンラーニングを妨げる要因がある場合も多々あります。

　アージリス＝ショーンは，組織には表向き掲げる「信奉理論（espoused theory）」と，実際に組織メンバーの行動を支配している「使用理論（theory-in-use）」があるとも述べています。このうち，組織学習のレベルや質を決定づけるのは後者ですが，多くの組織の使用理論は組織アンラーニングを妨げる方向に作用

しがちであることが指摘されています。そうした使用理論は「モデルⅠ」と呼ばれ，その使用理論が横行しているシステムは「O‒Ⅰシステム」と呼ばれています。

モデルⅠの使用理論の特徴をまとめると，図表5.4の左欄になります。まず，理論の根底に横たわる潜在変数として，一人ひとりが各自の目標達成を強く志向し，目標実現のためには自らを取り巻く環境や他者を一方的に支配しよ

図表5.4　モデルⅠとモデルⅡの比較

	モデルⅠ	モデルⅡ
潜在変数	・目標達成に対する強い主張 ・他者に対する一方的な支配	・有効な情報 ・自由な選択 ・選択への内的コミットメント
行動戦略	・win-lose ゲームに基づく行動 ・面子を潰さない協調行動	・自己の立場を主張しながら疑問の提示 ・面子の考慮は最小限に
結　果	・多くの誤解 ・加速度的なエラーの発生 ・自己隠ぺい的な組織	・自己隠ぺいやエラーの加速プロセスの縮小 ・効果的な問題解決の実現

可能な組織学習の形

結　果　　行　動
〈シングル・ループ学習〉

結　果　　行　動　　価値前提
〈ダブル・ループ学習〉
※青矢印がアンラーニング

（出典）　Argyris（1982）および Argyris & Schön（1996）をもとに作成

うとの発想があります。この発想は，組織内に「win-lose ゲーム」がはびこると一層助長されます。「win-lose ゲーム」とは，限りあるパイをめぐって自分の勝ちを最大化し，負けを最小化するというルールのもと行われるゲームのことです。自分が勝つためには，他者を支配し抑え込むことが必須とされます。

　一方で，このゲームのもとでは他人の面子を潰さないことが非常に重視されます。他者の支配は，必然的にその相手を組織における敗者とします。そのため，それ以上無用にその人物を屈辱的な状況に追い込むことは避けなければならないという考え方をするのです。

　こうした行動戦略は，組織に多くの誤解と加速度的なエラーをもたらします。と同時に，組織に潜む，本来解決すべき矛盾や真の問題点を放置・隠蔽する動機を生みます。そのような状況では，いくら組織メンバーが個人的に努力して組織学習を展開しようとしても，結果―行動というサイクルのシングル・ループ学習以上のものにはなりません。当然，組織アンラーニングにつながることもなく，ますます価値前提の変化というアンラーニングの過程が入ったダブル・ループ学習は遠のくという悪循環が起きてしまうのです。

○ 対策としての介入，および学習のための学習

　では，これらの原因を克服するには，どうしたらよいのでしょうか。アージリス＝ショーンは，組織やその組織に取り込まれた個人が自力でこうした悪循環から抜け出すのは基本的に非常に難しいと論じています。O-I システムのもとでは，システムを変革するうえで公式的に大きな権限を持つはずのトップ・マネジメント自身がモデルⅠの状態に陥っており，それに気づいていないことが非常に多いからです。

　たとえばアージリスは，変革志向があると自認する銀行の頭取が，その思いを実現するために組織メンバーである行員に対して，変革に携わる場合に身の保証や功労を約束することで，彼らの冒険的な行動や学習活動を引き出そうとした事例を紹介し，その頭取の行動がモデルⅠの使用理論に当たるとしました。行員たちを不安があると動機づけられない者，良好な環境のもとでしか仕事ができない者と一方的に決めつけているから，というのが理由です。トップ自身

は不安があろうと良好でない環境のもとだろうと，モチベーションを失わず果敢に挑戦しているはずなのに，部下に対しては最初から無理だと決めつけている。しかも，頭取は自分のその考え方に問題があることを気づきもしないというのです。

　この状況を克服するために提案されたのが，組織への「介入（intervention）」でした。コンサルタントや専門的な訓練を受けたリーダーによる助言や働きかけによって，個人やチームの「心理的安全（psychological safety）」を図りながら，凝り固まった価値観を解きほぐそうというものです。あるいは，組織アンラーニングを喚起するための学習である，「学習のための学習（deutero-learning）」も有効であるとされました。まずは，組織アンラーニングの仕方を勉強しようというわけです。こうした働きかけが功を奏すれば，図表 5.4 の右欄にまとめたような，モデル II への転換が可能になることが期待されます。

　モデル II はモデル I とは異なり，タブーや面子を潰すことを恐れず，価値前提を見直すというサイクルを入れて，根本原因の洗い出しとその解決策を得ることを最優先とする使用理論です。そこでは，無言の圧力が生じる O-I システムのもとでは到底行えない，短期的には無駄にみえる行動や，必要なリスクを是とするオープンで建設的な議論が奨励されます。こうしたモデル II の使用理論が支配するシステムは「O-II システム」と呼ばれます。このシステムのもとでは，高次学習が飛躍的に起こりやすくなりますが，それによってその分低次学習が抑制されるというよりはむしろ，低次学習も活発のままであることが想定されています。

　なお，先に 5.2 の項でも触れましたが，シングル・ループ学習およびダブル・ループ学習という名称は，図表 5.4 の下にあるように，それぞれが描くサイクルの数に由来したものです。

5.4　いかに2つの組織学習の　バランスをとるか

○ 仮定されたトレード・オフの関係性

　低次学習と高次学習は車の両輪のように，ともに組織にとって必要不可欠な組織学習であることは，これまで繰り返し述べてきた通りです。しかし，両者にはトレード・オフ（二律背反）の関係性があるとこれまで仮定されてきました。

　トレード・オフとは両者が対極的な存在であり，一方のウェイトを高めれば他方のウェイトが低下するという関係のことを指します。本章の冒頭でも問題提起した通り，組織が利用できる資源には限りがあり，その資源を複数の選択肢に配分するとき，長期的な成果と短期的な成果どちらを優先してそれを行うかという問題があります。

　こうしたトレード・オフの関係を正面から取り上げた研究者としては，マーチ（J. G. March, 1991）が挙げられます。その研究では，「双子の概念（twin concept)」と後に呼ばれることになった発想が高く評価され，組織学習研究全体に大きな影響を与えることになりました。

　双子の概念のうち一つは，組織に短期的な利益をもたらす，既存の知識や事業領域（ドメイン）の「活用（exploitation)」学習です。既に保有している知識や組織ルーティンを最大限に活用しつつ，必要な改善も重ねることで，より高い生産性や効率の実現を目指す学習活動で，低次学習に分類されるものです。学習曲線の例のように，自然に任せておけば，組織はこの活用学習に専念しがちになります。そのほうが短期的に手っ取り早く，学習の成果としての利益を獲得できるからです。

　対するもう一つは，長期的に組織の競争優位に結びつくような，新たな知識や事業の「探索・開発（exploration)」学習です。保有しているものを利用し尽くすだけでは，その金脈はいずれ途絶えてしまいます。したがって，たとえ多少のコストやリスクがあるとしても，組織としては新たに成長エンジンとな

るような新技術や新事業領域を開拓していく必要があります。これは学習曲線でいえば，単に右上がりに転じるのを防ぐというよりは，まったく新たな学習曲線を探し，それに移る学習と捉えられ，高次学習に相当する学習活動と位置づけられます。

　両者の関係を，①既存の知識や組織ルーティンの活用度と，②その結果としてのドメインの拡大もしくは収束，という2軸で整理したのが，図表5.5 です。実は，活用と探索の定義は，その研究が膨大に存在する分，研究ごとに微妙に異なる使われ方をしています。しかし，狭義の活用，狭義の探索と記載したところが，基本的にはそれぞれ活用と探索の定義に該当すると考えていれば，大きな間違いはないといえるでしょう。

　マーチは，主にシミュレーションという手法を用いて，活用と探索がトレード・オフの関係にあることを論じましたが，そこで欠くことのできない重要な前提とされたのはやはり，組織資源の有限さでした。たとえば，組織資源であるヒトのうち，学習の早いメンバーの割合が多いほど，組織における社会化は順調に進展するため，組織は効率よく活用学習ができます。しかし，それは組織の多様性を減少させることに等しいため，組織における探索学習は減少することになります。逆もしかりで，学習速度の遅いメンバーの割合が多いほど，組織の多様性が増すため，探索学習は起こりやすくなっても活用学習は振るわ

図表5.5　探索学習と活用学習の定義

既存ルーティャや知識の活用度

ドメイン	小	大
ドメイン拡大・多様化	狭義の探索	意図せざる逸脱
ドメイン深化・収束	結果としての改善	狭義の活用

（出典）　安藤・上野（2013）図1

なくなります。こうした葛藤は，資源が有限という前提があってこそ生じるものなのです。

○ バランスの実現は逐次的か同時的か

　ただし近年は，こうした単純なトレード・オフの発想に疑問も寄せられるようになりました。組織的な工夫で，両立させることも十分可能になるのではないかとの考え方の台頭です。具体的には，両者の実現を逐次的に行う方法と，同時に行う方法の，大きく2つが議論されるようになりました。

〈1〉逐次的なバランスの実現

　逐次的なバランスとは，これまでの議論と同様，短期的には2種類の組織学習を両立させるのは不可能と考えるものの，活用学習の後に探索学習，その探索学習の後に活用学習というように，交互かつ連続的に発生させれば，組織を長期的にみたとき，両者は両立しているのに等しいという考え方を指します。

　ラント=メジアス（T. K. Lant & S. J. Mezias, 1992）による研究もその一つです。彼らは，長期にわたって成功する組織では，基本的には，効率を追求したり改善活動を行うなどの低次学習を行うものの，必要や状況に応じて時々その活動を中断させ，単発的に高次学習を発生させている可能性があることを指摘しました。より正確な表現を用いれば，そうした組織では，継続していた低次学習をいったん中断させてから，組織の方向性の再検討・再方向づけ（reorientation）を行う高次学習を行い，その後再開した低次学習によってその学習成果を収束（convergence）に向かわせることで，望ましい両者のバランスを保とうとしていたのです。

　この考え方は，「中断された均衡モデル」と呼ばれます。先に低次学習を充実させて組織の基礎体力を十分に高めたうえで，高次学習の実現に挑戦するケースもあれば，その反対に，高次学習を先に発生させて，組織の持つ多様性や意思決定の幅を拡大させた後，低次学習を通じてその状態の調整にあたるケースもあります。どちらの組織学習を先にするかは違っても，逐次的にバランスをとることで両者の両立を図ろうとする考え方といえます。

〈2〉 同時的なバランスの実現

一方，低次学習と高次学習はある条件のもとであれば，同時実現も可能であるという主張も，近年増えてきています。実際，2種類の組織学習を同時に行っている組織は，売上高成長率などの具体的な組織成果と正の相関がある一方で，両者のバランスが相対的に崩れている組織では，業績に負の影響があると主張する研究も複数確認できます。

ベナー=タッシュマン（M. J. Benner & M. L. Tushman, 2003）は，別の視点から同様の主張に辿り着いています。TQMのようなプロセス・マネジメント手法は低次学習の促進には優れていますが，高次学習の発生は抑制しがちです。そうしたトレード・オフの側面を認めつつも，彼らはプロセス・マネジメント手法の強化が高次学習の抑制につながらない場合があることを主張しました。それは，サブ・ユニット内にタイトな関係がある一方で，サブ・ユニット間はルースな関係を保つ組織において確認されました。つまり，組織全体でみると，サブ・ユニット内では低次学習が進み，サブ・ユニット間では高次学習が発生するという形で，2種類の組織学習が両立していたのです。

このように，組織に「二重構造」を意図的に作り出せば，組織全体としての2種類の組織学習の同時実現は決して不可能ではなくなります。特に，規模が大きい組織では，もともと組織が一枚岩にならないことを悩みとする場合も少なくありません。そうした欠点を逆手にとり，むしろプラスに転じることによって，短期的な業績は得つつも，長期的な業績も目指せばよいというわけです。

5.5　両利きの経営を目指して

逐次的にしろ，同時的にしろ，2種類の組織学習を両立しようとするマネジメントのことを，「組織的な両利き（Organizational ambidexterity）」もしくは「両利きの経営（ambidextrous organization）」と呼びます。最近，この両利きの経営への関心が飛躍的に高まっています。

実は，両利きの経営という言葉の登場自体は1970年代半ばと古いのですが，

図表 5.6 ネットワーク構造の違いとの関係

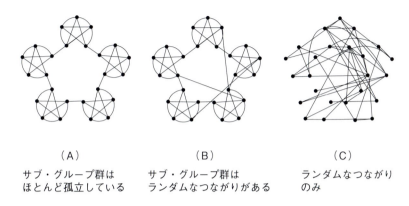

（A）サブ・グループ群はほとんど孤立している

（B）サブ・グループ群はランダムなつながりがある

（C）ランダムなつながりのみ

（出典）　Watts（1999）および Fang, Lee & Schilling（2010）Figure 1

当時は効率的な仕事を担う部門と創造的な仕事を担う部門とに分業して，双方を組織トップが調整するという，文字通り，組織の構造そのものに焦点をあてたものにすぎませんでした。

しかし最近では，そうしたハード面よりむしろ，組織メンバー個人の自律性や意思決定能力の役割に力点を置いたソフト面での二重構造を考える傾向が強くなっています。組織メンバーの動きやすさを支援することで，自然と成果が生み出されるようなネットワークづくりなどは，その典型的なものです。

たとえば，ファンら（C. Fang, J. Lee & M. A. Schilling, 2010）は，図表5.6のような組織メンバー間のネットワーク構造を3つ挙げたうえで，その中のどれが最も両利きの経営の実現に有用か検討しています。3つの組織構造とは，(A) ほとんど孤立した形で仕事を行うサブ・グループ群を複数持つ組織，(B) サブ・グループ群同士がランダムな形でつながっている組織（準孤立型），そして (C) サブ・グループ群なしで，ランダムなネットワーク構造を持つ組織，のことです。

シミュレーションの結果からは，中程度にランダムな準孤立型，すなわち

(B) のタイプのネットワーク構造こそが，複雑な問題や大きな環境変化に直面した場合でも，高い業績を示すことが確認されました。グループ単位のまとまりと，グループ間での緩やかでランダムなつながりという，相反する二重構造を持ったことが，組織が短期的に必要とする効率の追求を可能にするとともに，長期的に必要な組織の多様性の確保も可能にしたと考えられたのです。

また，システムの中に，意図的に価値観や行動原理に関するパラドックスを内包することで，両利きの経営を実現できると提唱する研究も増えています。組織メンバーを鼓舞する高い目標や明確な運用原理という「厳しさ」の徹底を図る一方で，組織内には信頼関係を構築し，リーダーによる支援行動を推し進めるという「優しさ」を併せ持つことが，両利きの経営の実現には大事であるという研究などは，その一例です。

コラム 議論はめぐる

　この章で取り上げた2種類の組織学習は，いずれも組織にとって不可欠な学習活動です。それを対立軸としてではなく両立しうるものとして捉えた「両利きの経営」の概念は，組織学習論において比較的最先端の議論ですが，なぜかどこか既視感が漂います。

　たとえば，サブ・ユニット内はタイトな関係である分，サブ・ユニット間はルースリーな関係を保つという形で二重構造を実現しようとした考え方は，ワイク (K. E. Weick, 1976) によるルースリー・カップルド・システムの考え方を彷彿とさせます。

　また，システム内に価値観や行動原理に関するパラドックスを内包することで，組織のダイナミクスを実現しようとする考え方は，発表当時，一世を風靡したピーターズ=ウォーターマン (T. J. Peters & R. H. Waterman, 1982) による『エクセレント・カンパニー』などの主張を思い起こさせます。

　違う道を辿ってきても，また，決して短くはない時間の経過があっても，結局のところ真理は一つで，到着地点は同じということなのでしょうか。それとも，進歩を目指しているつもりで，実は，私たちは堂々めぐりを繰り返しているだけなのでしょうか。あるいは，一見堂々めぐりのようでも，議論レベルは確実に深まっているのかもしれません。いずれにしても，議論も組織学習サイクルのように，めぐり続けているようです。

他にも，複数の優良企業を対象にヒアリング調査を行ったところ，短期的な利益と長期的な成長をともに可能にしている，すなわち，両利きの経営を実現している組織では，一見矛盾するような価値観や行動原理が多元的に掲げられる傾向があることが確認されています。たとえば，組織メンバーに組織原理の遵守を強く求める一方で，メンバーの情熱を重視する，利益追求を掲げながらも既存価値の打破を大いに歓迎する，などが例として挙げられています。そうしたバランスを微妙に維持しながら組織活動を行うことで，2種類の異なる性質を持つ組織学習を組織内に実現することが可能になるというわけです。

　もっとも，両利きの経営に関する研究はまだまだ発展途上にあります。今後一層の理論展開や実証分析が期待されるところです。

演 習 問 題

　5.1　個人レベルでアンラーニングしても，組織アンラーニングが起こらない場合，どのような働きかけをすることで，その問題を克服することができるでしょうか。あなたが組織内部にいる場合と，組織の外部にいる場合とに分けて考えてみましょう。

　5.2　高次学習と低次学習の両立を図るうえで，逐次的なバランスと同時的なバランスのどちらがより説得力があると思いますか。その両立に成功して業績を伸ばした組織の実例を探し出し，その組織ではどのような形で両立したか，確認してみましょう。

第 III 部

フェーズ別の
マネジメントを
学ぶ

第6章　第1フェーズ：知識の獲得

第7章　第2フェーズ：知識の移転

第8章　第3フェーズ：情報の解釈

第9章　第4フェーズ：組織の記憶

第 **6** 章

第１フェーズ
：知識の獲得

　この章では，第２章で紹介したフーバーによる組織学習サイクルの４分類のうち，第１のサブプロセスと位置づけられた「知識の獲得」についての詳細を学びます。知識の獲得は経験と密接な関係があるため，経験の種類や性質，頻度が組織学習にどのような影響を及ぼすか確認します。また，直接学習と間接学習，成功と失敗などをどのように組み合わせることで，期待する学習成果に近づきうるかについても考察を深めます。

○*KEY WORDS*○
コルブの経験学習理論，直接学習，
間接学習，観察学習，
模倣学習，吸収能力

6.1 組織メンバー個人の学習活動から始まる組織学習

第3章から第5章までの第Ⅱ部では，組織学習研究の発展の歴史を振り返りながら，組織学習メカニズムの全体像を鳥瞰的に，つまり「鳥の目」で把握してきました。

具体的には，(1) 既存のものの調整や修正を伴いながら，新たな知識や組織ルーティンを積み重ねていく中で，生産性や効率性の追求を目指した低次学習に組織が傾いていくこと，(2) しかしながら，それが環境への過剰適応につながるため，大きな環境変化が起こると，かつて組織に成果をもたらした学習曲線はU字カーブを描き，組織にマイナスの作用をもたらすこと，(3) それを回避するには，時代遅れ・妥当性を欠く価値観や組織ルーティンを組織としてアンラーニングをすることで高次学習を起こすか，別の新たな学習曲線への移動可能性を探索しなければならないこと，という大きく3点を確認しました。

続く第Ⅲ部では，一気に視点を変えて，組織学習サイクルを構成するサブプロセスを「虫の目」から一つひとつ深掘りしていきます。本書ではサブプロセスとして，第2章で紹介したフーバーによる4つのフェーズを活用します。「知識の獲得」「知識の移転」「情報の解釈」「組織の記憶」の4つです。第Ⅲ部の出発点であるこの第6章では，第1フェーズに当たる「知識の獲得」から議論を始めます。

知識の獲得は，組織学習の第1フェーズでありながら，見方次第ではまだ個人学習の域を出ない学習活動です。第1章での組織学習の定義，および第2章でのフーバーの考え方でも説明した通り，組織メンバー個人の学習はそれを組織内外の他者に伝え，共有されて初めて，本格的な組織学習への一歩を踏み出すからです。一方で，学習するの（学習主体）は組織メンバー個人というよりは，組織や組織と個人の関係性であるとする立場をとる場合でも，実際問題，組織メンバー個人の学習活動が完全に存在しない状況では，組織学習の成立がありえないことも確かです。したがって，組織メンバー個人がどのように学習するか，そのメカニズムを最低限把握するのは必要不可欠なことといえます。

そのため，この章での説明は一見，少なくとも前半部分では組織の中の個人の学習に比重をおいた形で説明を展開していきますが，それは組織メンバー個人による学習活動が組織学習の第一歩であるという位置づけによるためです。しかしながら，後半部分では徐々に組織や組織と個人の関係性へと議論の比重を移し，第2フェーズに橋渡しができるようにしていきます。

6.2　個人における経験と学習との関係

○ コルブの経験学習理論

　学習曲線が経験曲線と同一視された時代があったように，個人でも組織でも，その学習活動における経験の役割や影響力は無視できないほど大きいものがあります。そのメカニズムを理解するうえで一助となる理論に，コルブ（D. A. Kolb, 1984）による「経験学習理論（experiential learning theory）」があります。この理論はもともと組織ではなく個人を対象にして構築されたものですが，個人の経験がどのように学習成果につながるかについて斬新な視点から明らかにしています。また，第2章で紹介したキムの学習サイクル・モデルにも登場するように，組織学習の理解にとっても欠かせない理論と位置づけられます。

　図表6.1がその学習サイクルです。まず，個人が新たに「具体的な経験（concrete experience）」をすると，その経験を意味あるイベントに落とし込むために「抽象的な概念化（abstract conceptualization）」が生じます。具体的な経験と抽象的な概念化の間には，経験を知識に変換しようとすることによる緊張関係が生まれますが，その解決のために必要なのが，具体的な経験を振り返って内省する「内省的な観察（reflective observation）」と，抽象化した概念を新たな状況に適用し，その相互作用を通じて知識の拡張を図る「能動的な実験（active experimentation）」です。ただし，前者が自己の「内部」に深く入り込む必要があるのに対し，後者は自己の「外部」に働きかける活動です。すなわち，両者は正反対な活動であるため，ここにもまた解決すべき緊張関係が生ま

131

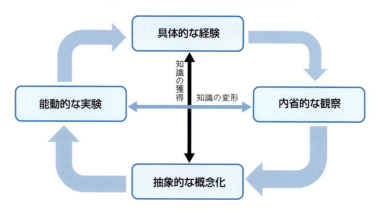

図表6.1 コルブによる経験学習サイクル

（出典） Kolb（1984）をもとに作成

れることになります。

　実は，図表6.1で描かれた4つの太い矢印は，コルブ自身のアイディアではなく，レヴィン（K. Lewin, 1951）による学習モデルを活用したものです。ただし，そのサイクルを回す際には縦横双方の緊張関係（図の中央の矢印）が生じること，その解決こそが経験を学習に換える鍵であると主張したところに，コルブの理論の最大の貢献があるということになります。

　つまり，経験はただそれだけで個人の学習につながるわけではありません。縦方向に生じた緊張を解決することによって実現する「知識の獲得」と，横方向に生じた緊張の解決を通じて可能になる「知識の変形」が相互に影響しあうことで初めて，機能するようになるのです。そして，この2種類の緊張を解決しながら経験を重ねることで，学習の量・質ともに徐々にスパイラル・アップする形で発展することが可能になると考えられるのです。

○ 連続から非連続へ

　こうした緊張関係をうまくマネジメントすることで，経験からの学習には個人差が生まれます。特に，仕事経験を通じての持続的な学習は，個人のキャリア発達上，教育訓練とは比較にならないほど貢献が大きいと考えられています。たとえば，経験学習の研究者である松尾（2006, 2011）は，マネジャーの成長の源泉の約7割は，仕事を通じた直接経験による学習が占めるという外国の調査結果を紹介しています。ちなみに，その調査結果では，他者の観察や助言からの学習は2割，読書や研修による学習は1割程度であることも明らかにされています。

　なお，経験からの学習は学習曲線からもわかるように，基本的には連続的なプロセスとして捉えられることが多いわけですが，ときに非連続的なプロセスに変質することがあるとも考えられています。マッコールら（M. W. McCall, M. M. Lombardo & A. M. Morrison, 1988）の「量子力学的な跳躍経験（quantum leap experience）」や，金井（2002）のいう「一皮むけた体験」などがそれに該当します。それらは，蛇の脱皮や昆虫の羽化のように，これまでの延長線上にはない飛躍的な成長や変身を遂げるのに役立つ経験と位置づけられ，経験することで経験者は内面的に一回りも二回りも大きく成長できると考えられています。仕事経験で例を挙げると，初めての管理職やゼロからの事業立ち上げ，海外勤務といった，いわゆる修羅場を体験しやすい経験とされます。

　これらの経験は，何の努力もしないまま偶然もしくは幸運という形で訪れるということはなく，ある程度学習や経験を積み重ねた結果，それらが何らかの閾値を超えた後に訪れやすいと考えられています。その意味で，こうした非連続な経験は，成功者のみに訪れるように受け止められがちですが，論理としてはむしろ逆です。成功した人々は，それぞれのキャリアの節目において，こうした非連続な経験に前向きに対峙し，そこから効果的に学習することで，経験を目覚ましい学習成果につなげることができたうえ，非連続な経験が訪れるための基盤づくりにそれ以前から努めていたからこそ，機会を自分のものにできたと考えられるのです。

6.3 誰の経験から学ぶのか

○ 自ら経験して学ぶ

　経験には大別すれば，学習者が自ら行動し主体的に経験する「直接経験（direct experience）」と，他者の経験から学ぶ「間接経験（indirect experience）」があります。

　直接経験による学習の代表例は，仕事を通じた試行錯誤です。学習者は目標や希求水準を達成するために行動し，得られた結果を目標と照らし合わせながら少しずつ行動の修正や学習を進めます。その過程で，成功した行動や組織ルーティンは繰り返し採用され，より多くの資源を投入される一方で，そうでない行動や組織ルーティンは徐々に淘汰されていきます。

　試行錯誤と一見似ていますが，「実験的な学習」や「即興的な学習」も直接経験の一つです。まず実験的な学習とは，学習者が何らかの因果関係を先に想定したうえで，条件をコントロールしながら実験を繰り返す確認的な学習のことです。意図的に多様なインプットをすることで，対象とする関係性についての新たな情報を収集し，自らのデータベースの更新を図ることが目的であり，試行錯誤より計画的・意図的な学習と位置づけられます。

　また，即興的な学習とは，まったく予期しない問題の発生に際して，その解決のために行動と同時進行で進める学習のことです。「走りながら考える」という表現がまさに当てはまる学習で，完全に結果が出てから学習するのではなく，リアルタイムで学習を行う点が特徴です。即興的な学習は記憶と密接な関係があると考えられているため，組織の記憶に関する第9章で詳しく取り上げることとします。

　直接経験による学習は，自らの経験に基づいて一つひとつ知識を積み上げるため，回り道をしたりリスクや損失を伴ったりするなど，非効率な点は否めません。しかしながら，言語化が困難な分，知識移転が難しいものを会得する点や，その問題に限らず周辺情報を含めた理解が可能になる点では非常に優れて

います。回り道という探索コストを費やした分，最短距離型の学習では到底望めない幅広く深い学びが実現しやすくなるのです。

また，身に着けた学習成果が間接学習による成果と比べて忘却しにくく，一定の時間が経過した後の歩留まり率が高い点も長所です。直接経験による学習は，記憶に働きかける力が強いのです。したがって，これは組織の場合，やはり第9章で取り扱うトランザクティブ・メモリーという話につながっていきます。

○ 他者の経験から学ぶ

以上のような直接学習と比較して相対的に一段低く価値づけられがちなのが，他者の経験から学ぶ間接学習です。間接学習は，他者が自分の「代理」として学習するという意味合いから，「代理学習（vicarious learning）」とも呼ばれます。代理学習の例には，「観察学習（observational learning）」と「模倣学習（imitative learning）」があります。両者はいずれも社会的学習，すなわち，学習者が社会を構成し社会と相互作用することで生じ，互いに連続する形で生起します。順に説明していきます。

〈1〉観察学習

観察学習は，社会心理学者のバンデューラ（A. Bandura, 1965；1977）によって提唱されました。学習対象（モデル）の観察のみで成立する学習を指し，その特徴からモデリング学習とも呼ばれます。

私たちは，誰かが不注意で事故に遭遇したのを観察すれば，その因果関係を自ら経験せずとも学習し，事前に事故の原因を積極的に避けようとします。同様のメカニズムですが，一般に長子より次子のほうが要領が良いとされます。それは，長子が親に怒られたり褒められたりする様子を次子が日頃から傍らで観察することで，何が親に怒られる行動で何が褒められる行動なのか学習するためと説明されます。

こうした観察学習のメカニズムを利用すると，学習成果を意図的に操作することがある程度可能であると考えられています。バンデューラは，月齢が42

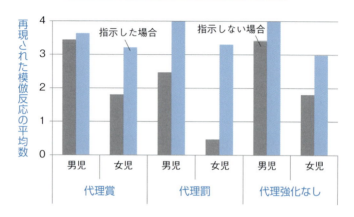

図表6.2　観察学習における代理強化の効果

（出典）　Bandura（1965）Figure 1（p. 592）

　か月から71か月の男女それぞれ33名の幼児に対して，モデルが風船で作った人形に殴る蹴るの暴力的な行為を加える映像を5分間みせる実験を行いました。映像は3パターンあり，暴力後，（1）モデルが大人の男性に叱られるもの（代理罰），（2）モデルが褒められるもの（代理賞），（3）何も起こらないもの（代理強化なし）が用意されました。そのうえで視聴後の幼児の行動を検証したところ，図表6.2のような結果が得られました。

　まず映像をみせて何の指示もしない場合，代理罰の映像をみた幼児は男女とも，他のグループの幼児と比較して，暴力行為の模倣行動が抑制されています（灰色の棒グラフ）。特に，女児にその傾向は強く現れていました。このことから，罰で強化された因果関係に対しては，人間は自ら体験しなくても他者の観察だけで敏感に反応し学習する可能性が指摘されます。言い方を変えれば，望ましくない行動の抑制には，その行動をとっている誰かを観察可能な形で罰することが効果的であると考えられるのです。

　なお，次に同じ幼児たちにモデルと同じ行動を再現するよう指示すると，すべてのグループが暴力行為を同水準で再現できました（青色の棒グラフ）。つ

まり，当初再現行動がなかった幼児は，映像をしっかり観察していたからこそ，その行動を抑制したということが明らかです。観察者はモデルの行為はもちろん，その行為がもたらした結果も含めて代理学習したのです。

　一方，この実験結果では，代理賞の効果は認められませんでしたが，代理賞の効果を主張する研究も存在します。たとえば，組織で観察学習の対象になりやすいのは部下にとっての上司ですが，上司自身が組織に望ましい行動をとったり，望ましい行動をとった部下に積極的に報いたりすると，部下の学習効果が高まることが指摘されています。特に，自尊感情の低い部下ほどそうした効果が表れやすいとも，その研究では述べられています。

〈2〉模倣学習

　続いて，模倣学習を取り上げます。観察だけで成立する学習もある一方で，自ら実行して初めて真の学習が可能になる場合も少なくありません。自転車の乗り方，料理の作り方などは，映像やレシピなどを通じて十分な知識を得たつもりでも，いざ試してみるとその再現はなかなか難しいものです。いわば，再現に一定のスキルを要する行為もあるわけです。

　バンデューラも，社会的学習は観察学習だけで完結するわけではなく，実際には図表6.3のような4つのプロセスで構成されると説明しています。最初の2つのプロセス，「注意（attentional）」して物事を観察し，観察した内容を自らの中に「保持（retention）」することは，観察学習に当たります。しかし，次の2つのプロセス，「自動複製（motor reproduction）」や「動機づけ」には，観察した内容を実際に複製してみる，すなわち模倣学習が必要になることが多いのです。模倣学習では自身が経験した結果から学習する形になるため，直接学習とみなすこともできそうですが，他者の経験を真似るという点が強調されるため，一般的には間接学習に分類されます。

　模倣には，すべてを模倣する「完全模倣（perfect imitation ／ accurate replication）」と，必要と思われる部分だけを模倣したり，自分の状況に合わせて模倣したりする「不完全模倣（imperfect imitation ／ inaccurate replication）」があります。完全で正確な模倣こそが組織の生存率を高めるとする研究もあれば，完全模倣よりも不完全模倣のほうが実は業績に貢献するという研究もあり

図表 6.3 社会的学習の 4 つのプロセス

ます。完全模倣では組織間の差別化が困難になり、競争の激化を招きやすいのに対し、不完全模倣は組織の独自性を維持でき、競争優位性につなげやすいと考えるためです。いずれが望ましいかは条件次第と捉える研究もあります。たとえば、スタートアップ企業のように短期で一定の成果をあげるプレッシャーにさらされている場合は、完全模倣のほうが望ましいものの、時間的な余裕があれば不完全模倣のほうが望ましいと考えられています。

観察学習に関する研究が主に心理学や組織行動の分野で発展したのに対して、模倣学習に関する研究は主に経営戦略論の分野で発展してきました。井上(2012)が複数の事例を挙げて示すように、先進企業からベスト・プラクティスを学ぶことにより短期間でのキャッチアップが可能になったり、高いリスクを負うことなく新たな分野への参入や新制度の導入が容易になったりする点が、戦略上の大きな利点になると考えられたからです。

逆の見方をすれば、自分は他者から模倣学習しても、競合他社からは模倣されにくい製品やサービス、戦略、業務プロセスを作ることこそが、競争優位性の獲得・維持にとって重要であるといえます。こうした視点は知識獲得と同時に、続く知識移転フェーズのテーマでもあり、第7章で引き続き取り上げます。

○ 補完的な直接学習と間接学習

〈1〉直接学習の限界

直接学習には前述のような利点がある一方で、あらゆることを直接学習で行うのは必ずしも適切ではありません。直接学習にも限界があるからです。

まず、ゼロからの探索には多大な時間やコストが伴います。既に誰かが開発

した技術や知識，ノウハウを活用できるのであれば，学習に関する初期費用の抑制や学習期間の短縮が可能になるはずです。実際，アルゴーティーら（L. Argote, S. L. Beckman & D. Epple, 1990）による学習曲線，知識移転の研究では，先に製造に取り組んだ造船所よりも，後から生産を開始した造船所のほうが高い生産性を示したことが明らかになっています。コストを最小限に抑えられるうえ，試行錯誤の末辿り着いた成功のエッセンスを模倣できれば確かに効率的に物事を進めることができます。先発者利益に対する，こうした「後発者利益」についての研究成果は多数存在しています。

また，一度生じると被害甚大で，命を失うなど取返しのつかない事態に直結する危険性のある出来事に関しては，直接経験のリスクは大きすぎます。その場合は，積極的に他者の経験から学ぶほうが明らかに賢明です。具体的には，列車事故や原子力施設の事故，有人ロケットの打ち上げ失敗，自然災害への対処などは既に研究対象になっていますが，こうした類いのものについては，自ら学習するというよりは，歴史や先人の知恵から学ぶことが非常に重要になります。

〈2〉間接学習の限界

もちろん，間接学習にもやはり限界があります。直接学習と比較して知識が限定的だったり，浅いものになりやすかったりします。その他には，以下のようなものもあります。

第1に，因果関係の誤認があれば，求める知識獲得はできません。私たちは，成功事例やデータが入手可能な組織から成功の法則を探り出す傾向があります。しかし実は，失敗して既に市場から撤退した組織も同じ法則を使っていたかもしれません。そうであれば，それはどの組織にも適用可能な成功の法則ではないということになります。こうしたサンプリング・バイアスに基づいたまま因果関係を導出すると，本来学ぶべき結果を見誤る元となります。第2章で解説した迷信的学習は，これに該当します。

第2に，学習対象を誤れば，せっかくの間接学習も目指す目標の実現には貢献しません。第4章で赤の女王理論に関して，評判の高い組織が新たな経営手法を導入すると，それが本当に望む結果をもたらすかどうかの検証も不十分な

図表 6.4 直接学習と間接学習の比較

	直接学習	間接学習
利 点	・試行錯誤を通じて幅広い学習が可能 ・自身の経験に基づくものであるため，得た知識を長期間保持しやすい ・言語化できない周辺の知識，コンテクストまで含めて体得できる	・探索学習などに関わるコストや時間を最小限に抑えることができる ・後発者利益を得ることができる
限 界	・無駄が多い ・多くの探索コストや時間などが必要なため，スピードが必要な場合には不利 ・すべて自分自身で体験する必要はなく，間接学習でも十分に学習できることがある（特に，危険な場合）	・獲得知識が狭く，浅くなりがち ・忘却しやすい ・学習対象や因果関係を誤ると，不適切な学習になりやすい ・模倣対象と条件が異なる，もしくは限られた合理性のため，不完全な模倣しかできず，期待するような効果が得られない恐れがある

まま，多くの組織が競ってそれを追随，すなわち模倣すると説明しました。しかし，せっかくそのように時間やコストを抑えて多くの競合他社に後れをとらないように間接的な学習をしても，その方向性が間違っていれば，最終的には共倒れになってしまいます。そのため，間接学習を進めるときは特に，自らの目的にあった適切な学習対象を見極めることが重要になります。

第3に，因果関係や学習対象が正しかったとしても，どの程度模倣できるかという自身の能力の違いによって，求める効果が半減する可能性は大いにあります。先に，完全模倣と不完全模倣のいずれがよいか議論が分かれていることを紹介しました。もし完全模倣が望ましかったとしても，自社の外部環境や組織資源，戦略，これまで辿ってきた歴史などには各組織で違いがあるものです。そのうえ，各組織には限られた合理性しかありません。そのため，完全模倣を目指しても実際には部分的にしか模倣ができず，中途半端な結果や歪んだ結果しか得られないことが多々起こるのです。

このような，限界を含めた直接学習と間接学習の特徴を比較したのが，図表

6.4 です。互いに補完的な関係になっていることが読み取れます。

6.4　どのような経験から学ぶのか

○ 頻度による影響

　誰の経験から学ぶかという点に加え，どのような経験から学ぶかも重要です。ここでは，頻度と特性，結果という3分類からこの問題について確認してみます。

　最初は，頻度の影響について考えます。第3章で取り上げた学習曲線の考え方からいえば，特定の行動や意思決定に関する試行錯誤を繰り返し行うことで，その頻度の多さに応じて，その出来事に関する知識やスキルも向上していきます。また，組織学習サイクルの考え方でも，学習サイクルを回せば回すほど，組織が獲得する知識の量は増加するため，同じ期間にできるだけ数多く学習サイクルを回すことが奨励されます。

　こうした傾向は直接経験に限らず，間接経験に関しても同様です。多くの組織が競ってある取り組みに着手すれば，観察者からみたその事象への観察頻度は高まります。そうなると，その取り組みに対する集合的な合法性が生まれ，取り組むこと自体が当然視される結果，模倣，すなわち間接学習が増えることになります。特に，高頻度で観察される出来事は，それを模倣して失敗しても，自分だけが責められることはなく，むしろ追随しないで失敗したほうが責められるリスクが高まるため，その意味でも模倣学習は増加します。

　ただし，たとえ経験数が多くても，その知識が妥当性を欠いている，方向性が間違っている，などであれば，得られる学習の質は低くなります。また，前述した飛行機事故などのように，そもそも発生頻度が高くては困る経験もあります。そこで，頻度は稀でも，そこから豊かに学ぶことや，実際に起こった出来事だけでなく，起こる可能性は十分あったがたまたま深刻な事故には至らなかった事例からも学ぶことが非常に大切になります。稀な出来事を組織学習の

好機にすべきなのです。

　同様に，単純に学習頻度を高めるよりも，学習対象の的を絞ったほうが有効であるとの考え方もあります。たとえば，新たな制度や実践を採用するかどうかの意思決定をする際，それらを導入しているすべての企業をみるよりも，ごく初期に導入した企業のみを対象にしたほうが，有益な代理学習が可能になる場合も少なくありません。そうした企業は深い考えもなく先進的な企業や優れた企業を追随した事例とは異なり，自社の戦略や事情に照らし合わせて十分な検討を行ったうえで，その意思決定に至ったという意味で，豊かな組織学習を経験した企業であると捉えられるからです。

　要するに，知識獲得にとって学習頻度の多さは大切ですが，量だけでなく質との兼ね合いがより重要であるといえるのです。

○　特性による影響

　続いて，経験の特性による影響を考えます。特性とは，組織の規模やライフステージ，地位の高さ，組織構造，所属する産業やそれを取り巻く状況など，組織内外のさまざまな特徴を指します。したがって，細かくは無数に挙げられますが，本章では第7章にも関わる2つのキーワードに着目します。一つは「類似性／異質性」，もう一つは「関連性」です。

〈1〉類似性と異質性

　他者から学ぶ際には，規模の大きな組織や市場において地位の高い組織が観察対象として選択されやすいのが一般的です。その特徴自体が組織成功のシグナルとして機能するうえ，そこから代理学習する正当性の裏付けを得やすいからです。

　ところが，実証的にはもう少し複雑な結果が報告されています。ダールら（E. D. Darr, L. Argote & D. Epple, 1995）は，フランチャイズにおける知識獲得や知識移転を調査・分析した結果，同じ所有者の店舗間での知識移転は実現したものの，所有者が異なる店舗では，そうした効果が十分に認められなかったことを明らかにしました。そのことから，彼らは優れた他者の経験から学習す

るといっても，それには相手との類似性が高いことが必要であるとの考えを導き出しました。

同様の結果は他の研究でも確認されています。たとえば，代理学習の効果は学習対象が地理的に近いほうが大きくなる傾向があると論じた研究があります。そこでは，その理由として，地理的に近いほうが必要とする情報にアクセスしやすいうえ，地理的な近さに起因する類似性の高さが知識の応用可能性を高めるからと説明しています。

その反対に，むしろ類似性の低さ，すなわち異質性の高さが学習効果を左右するという研究も多数にのぼります。組織が高い業績を実現するためには，特定の活動に特化するだけでなく，外部とネットワークを形成するなど，外部の知識や価値観を取り入れる努力をすることで，創造性に必要な多様性や異質性を確保することが不可欠というものです。

これは，第4章で説明した学習のジレンマの回避策としても主張されていることです。一つのタスクに特化しそれを深く学習することは，ある時期までは高いスキルの獲得に役立ちますが，そのうち学習曲線のU字カーブの右上がりへと転じてしまうからです。

〈2〉関連性

こうした同質性や異質性に加えてもう一つ重要なのが，関連性です。特に異質な経験に関して，その経験がこれまでの経験と関連性を持つことが重要と考えられています。関連性のある多様な経験は組織の生産性を改善する効果を持ちますが，たとえ多様な経験をしても，過去の経験と無関係なものに関しては有意な効果が認められないことが，さまざまな研究から明らかにされているのです。

その典型例ともいえる，一つの興味深い実験結果を紹介します。シリングら（M. A. Schilling, P. Vidal, R. E. Ployhart & A. Marangoni, 2003）によるゲームを使った実験です。彼らは，90名の学生を3名ずつ，30チームに分けたうえで，それをさらに10チームずつの3つの実験群に分けました。一つの実験群にはコンピュータ・ゲームの碁を全8回試行することを求める一方で，残り2つの実験群には異なる指示を出しました。8回の試行のうち，碁を試行するのは後

半4回のみで，前半4回は異なるゲームに取り組ませたのです。2つのうち，一方の実験群には，面を捉えて対処すべき戦略を練るという意味で，碁と類似性が高いと考えられるリバーシ（いわゆるオセロ）をさせ，もう一方には，碁との類似性が低いと考えられる，カードゲームのクリベッジを行わせました。

実験終了後，この3タイプのグループに共通する後半4回分の碁の得点を比較したところ，最も高い得点を獲得したのは先にリバーシの試行を行った実験群，すなわち異なる経験ながら関連性の高い経験をしたグループでした。この結果からシリングらは，ずっと同じ経験をするよりも，異質であり，かつ過去の経験と関連する経験をすることが，知識獲得の成果をより豊かなものにするうえで効果的である，という考えを導き出しました。

つまり，直接学習・間接学習ともに，効果の高い知識獲得を行うためには，過去に蓄積された経験と中程度の類似性，もしくは異質性を持つ，ある程度関連性のある経験を積むことが重要になると考えられるのです。

◯ 結果による影響

取り組んだ結果が成功だったか失敗だったかも，知識獲得フェーズに大きな影響をもたらします。成功体験には魅力がありますが，近視眼の問題も引き起こすうえ，失敗して初めて新たな探索活動を開始できる場合も少なくありません。そこで，失敗経験に着目する重要性が近年ではよく指摘されます。

失敗学の提唱者である畑村（2005）は，社会を騒がせた大きな事故や企業不祥事の多くは，失敗経験からの学習を回避した結果だと主張しています。失敗はできればあまり思い出したくない体験です。特に，失敗した出来事やプロジェクトに多くの時間やコストを費やしたときほど，その傾向は強まり，失敗から学べない状況を生み出します。

しかし，一つの重大事故の背景には29の軽微な事故があり，その背景にはさらに300の異常が存在するといわれます。これを「ハインリッヒの法則」といいます。こうした理由から，一つの失敗から意図的に目を逸らしたり隠したりすれば，次にもまた同じ失敗を繰り返したり，より深刻な事態を招く大きな失敗を招きかねないのです。それに対して，失敗経験から学習できれば，成功

図表 6.5 失敗原因の階層性の例

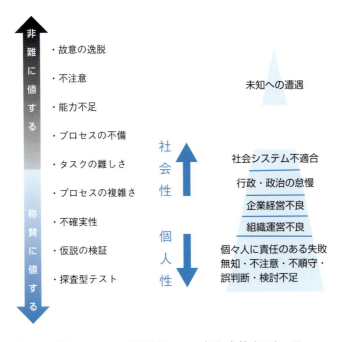

(出典) 左図：Edmondson (2011) Figure 1, 右図：畑村 (2005) p. 63

経験よりも学習効果が長続きする傾向があるとされます。したがって、失敗からの学習では、失敗を組織学習の契機にすることも大事ですが、そうした受け身の姿勢に留まることなく、より能動的かつ実験的に小さな知的失敗を繰り返すことが、長期的な業績向上に貢献すると考えられています。

　もちろん、失敗にも良い失敗と悪い失敗があります。「心理的安全」の概念の提唱者エドモンドソン（A. Edmondson, 2011）は、組織におけるさまざまな失敗の原因を、非難に値するもの（悪い失敗）から称賛に値するもの（良い失敗）まで、図表 6.5（左）に示すように、順序づけました。

　たとえば、所定の手続きを故意に逸脱したり、個人の不注意や能力不足が招

いたりした結果起きた失敗は，本来予防できるはずであるため，組織にとって望ましくない失敗と位置づけられます。しかし，知識を広げるために行った実験が望ましくない結果をもたらした場合，それは短期的にみて失敗でも，長期的には成功につながるかもしれません。そのため，組織に貴重な情報提供を行った評価されるべき失敗と位置づけられるのです。

畑村も図表6.5（右）のように，失敗の原因には階層があると指摘しています。そして，階層が上に行くほど失敗の原因が社会性を帯びるとともに，その規模や影響が大きくなると警鐘を鳴らしています。ただし，失敗の中でも「未知への遭遇」は別次元とされています。それが未来への可能性を高める探索学習，いわゆる高次学習に分類される組織学習を招くからです。もちろん，どのような失敗からも，学習者の姿勢次第で教訓は引き出せます。しかし，まったく学習しないまま同じ失敗を繰り返したり，わかりきった不要な失敗を犯したりする愚は，やはり避けるべきものなのです。

6.5　より豊かな知識を獲得するには

◯ 直接学習と間接学習の組み合わせ

先に，直接学習と間接学習の特徴を比較した際，両者が補完的な関係にあることを確認しました。このことから，直接学習と間接学習を組み合わせることで，いずれか一方の学習を用いるよりも効果的な知識獲得が可能になると考えられます。もちろん，ただ組み合わせればよいわけではありません。両者の特性をしっかりと把握したうえで設計する必要があります。

この点に関しては，バウムら（J. A. C. Baum, S. X. Li & J. M. Usher, 2000）の研究が参考になります。彼らは，オンタリオの老人ホームを調査対象として，買収先に関する意思決定に，過去の直接学習と間接学習が及ぼす影響を分析・考察しました。その結果，間接学習はスタートアップのようなごく初期での知識獲得には大きく貢献するものの，次第にその効果が得にくくなることがわか

| | | | 図表6.6　学習の連続性の例 | | | |

企　業	本　社	組み合わせ のパターン	1つ目 の外国進出	2つ目	3つ目	4つ目
Ryti	フィンランド	Seeding	V → T	V → A → T → E → I	A → T → E	A → D → T → E
Jackson	アメリカ	Seeding	A → T	A → T → D → I	A → T → I	A → T → A → I
Kallio	フィンランド	Seeding	A → T → I	A → T → E	A → T → E → V	A → D → T → V
Wee	シンガポール	Seeding	V → T	V → T → I → D	A → T → I	V → T → V → I
Tyler	アメリカ	Soloing	E → T	T	E → T	T
Adams	アメリカ	Soloing	E → T	E → T	E → T	T
Stahlberg	フィンランド	Soloing	I → T	I → T	T	T
Polk	アメリカ	Soloing	E → T	I → T	I → T	T
Nair	シンガポール	Soloing	E → T → E	E → T → E → A	T → A	T → A

直接学習→T：試行錯誤学習，E：実験的学習，I：即興的学習，D：逸脱エラーによる学習
間接学習→V：代理学習，A：他者の助言からの学習

（出典）　Bingham & Davis（2012）Table 3B（国の情報を付加）

りました。間接学習は，直接学習が囚われがちな歴史依存性から組織を解放し，自由で逸脱した知識を獲得しやすくします。しかし，組織は次第にその意義に反して，間接学習を直接学習の正当化に利用したり，変革より改善のために使い始めるため，効果が得にくくなってしまうのです。それを避けるには，それぞれの学習の目的や組み合わせの意図を忘れないようにすることが必要不可欠になります。

　組み合わせの順番やタイミングも考慮すべき重要な要素です。この点に関しては，ビンガムら（C. B. Bingham & J. P. Davis, 2012）の研究結果が興味深い

です。彼らは,「学習の連続性（learning sequences）」という概念を導入し,どのような順番でどのような組み合わせであれば,業績にどのような影響が出るかについて,質的調査を通じた分析を行いました。調査対象は国際進出の最中であるITベンチャー企業9社です。その結果,図表6.6で示す大きく2つのパターンの存在が明らかになりました。

一つは,直接学習で始まりその後も直接学習を継続する「単独型（soloing）」。もう一つは,間接学習から始まりその後は直接学習にシフトする「種まき型（seeding）」です。前者で最も多かったのは,実験的な学習から試行錯誤学習へと展開する（E→T）パターンでした。また後者では,代理学習から試行錯誤学習に至るV→T型と,他者の助言による学習から試行学習に至るA→T型の2つに大別されました。これらのパターンと業績の関係をみたところ,種まき型より単独型のほうが短期的には高い業績を示す一方で,海外進出に至るまでの長期的なスパンでは,種まき型のほうが高業績になる傾向が見出せました。

単独型では,時間の経過とともに直接学習の種類や数が収束する傾向があるのに対して,種まき型では次第に直接学習の種類が増えていました。また,間接学習から直接学習に移行した後も,単独型のように直接学習のみに頼るのでなく,間接学習と直接学習の間を行ったり来たりし続けていることが確認されました。この結果から,最後には必ず直接学習を必要とするものの,間接学習から始めるとその後の学習の幅が広がりやすくなることが,長期的にはプラスに働くと考えられたのです。

○ 成功経験と失敗経験の組み合わせ

直接経験と間接経験だけでなく,成功経験と失敗経験に関しても,組み合わせの仕方次第で組織業績に大きな違いが生じる可能性が指摘されています。たとえば,キムら（J.-Y. Kim, J.-Y. Kim & A. S. Miner, 2009）は,1984年から1998年の間に設立されたアメリカの銀行を対象に,成功経験と失敗経験の倒産率への影響を調査しました。その結果,過去に成功経験しかない銀行よりも,一度は危機的な状況に陥りつつも,そこから回復した経験を持つ銀行のほうが,

倒産率が低くなることが明らかになりました。

　その理由としてこの研究では，成功と失敗の両方を経験しているほうが，その相互作用によって経験から引き出せる教訓の質が高まったため，と解釈されました。というのも，失敗と成功の双方を経験したすべての組織が高い業績を示したわけではなく，業績への明確な効果が得られたのは，双方の経験量が一定の水準，いわゆる「閾値」を超えたところのみだったからです。すなわち，成功経験が多いところほど失敗経験から得られるものが増え，逆もしかりである一方で，成功も失敗も少ないところは，どの経験からも十分に学べなかったことが確認できたのです。なお，この研究では成功から失敗という順番より，失敗から成功へと持ち直したという順番のほうが重要と示唆しています。失敗経験が組織としての学習の幅を広げる役割を果たしたことが，失敗経験の痛手を乗り越え回復させる助けになったと考えられたのです。

　前述のように，また失敗経験は学習者にはできるだけ思い出したくない経験です。努力するほど，また失敗のインパクトが大きいほど，失敗したときの学習者の心身への打撃や自信の喪失の程度は大きく，次なる学習への意欲を削ぎます。しかし，その状態さえ乗り越えられれば，失敗経験は学習の幅を広げ，

> **コラム**　「教える」経験との組み合わせ
>
> 　自分自身が直接・間接に経験して学ぶ，という範疇とは微妙に異なりますが，最近では，他者に「教える」という経験への注目も高まっています。
>
> 　他者に教えることは，既に自分が獲得した知識を他者に伝達するという意味で，第7章の知識移転に入ると解釈されるかもしれません。しかし，他者に説明することによって，それまで曖昧にしか理解できていなかった点が自分の中で明確になったり，言語化したりすることで新たな意味に気づくなど，新たな学習源になることは少なくありません。特に，教えている相手からの何気ない問いかけが，自分の思い込みや自分では気づいていなかった価値前提を明示化するきっかけになることも多いため，高次学習との相性は良いと考えられています。
>
> 　また，これとはまったく別の視点ですが，教えた他者が知識を増やし，それを元に活躍することによって，自分の人的ネットワークの質が高まったり，業界全体として共有する知識プールが飛躍的に拡張したり，という巡りめぐっての効果も指摘されています。まさに，「情けは人のためならず」の仕組みといえます。

高次学習の実現をも可能にする機会となります。そして，その結果，次に成功を収めれば，何事もなくスムーズに成功したときよりも，組織メンバー個人や組織により大きな自信やモチベーションをもたらします。そのため，組織には失敗からの回復をサポートする仕組みを作ることが非常に大切になります。

○ レディネスとしての吸収能力

　適切な経験の組み合わせが効果を発揮するのは，それが知識獲得のためのレディネス（準備状態）と深く関係するからです。経験量は十分なつもりでも，経験の組み合わせ方によって蓄積した過去の経験が実質的に必要なレベルに達していない場合，期待するような知識獲得は難しくなります。

　経験のレベルが組織学習に影響を与える理由を説明する概念として，現時点で高く評価されているのは，コーエン＝レヴィンタール（W. M. Cohen & D. A. Levinthal, 1989；1990）による「吸収能力（absorptive capacity）」です。吸収能力とは，「外部の新しい知識の価値を認識し（recognize the value ／ acquire），それを吸収・同化し（assimilate），商業的な目的に適用する（apply）組織能力」と定義され，競争優位性を生み出す源泉と捉えられています。吸収能力があると組織は新たな知識を吸収できますが，吸収能力が十分に育っていないと，もしくは新たに進出する分野に関する吸収能力を持ち合わせていない場合には，知識獲得に支障が出ると説明されます。

　吸収能力はよく，雪だるまの核に例えられます。大きな雪だるまを作ろうとする場合，核となる最初の雪玉が重要です。手あたり次第に雪を集めるより，いかにしっかりと最初の雪玉を作るかが効果的といわれます。ここで思い出すべきなのは，第3章の学習曲線です。学習曲線はカーブを下り出したら早いものの，下り始めるまでに時間を要しました。それは，学習対象に関する吸収能力ができるまでに時間がかかったためと解釈できます。そして，いったん吸収能力ができれば，後は比較的順調に学習が進むというわけです。

　逆に，吸収能力がない場合，期待するように学習が進まない理由としては，組織や組織メンバー個人の限られた合理性で説明されます。私たちはその限界のために，優れたものであろうと劣ったものであろうと，自分の理解能力の範

疇に入らないものは正しく評価できないうえ，たとえ目の前に突きつけられてもその存在を認識することすらできないと考えられています。実際，まったく知識がない内容については，いかに意識を集中し懇切丁寧な説明や指導を受けても，相手のいうことが何も理解できない経験をしたことはないでしょうか。それに対して，自分がもともと知っている内容であれば，通りすがりに何気なく耳にした会話や目的なくつけていたテレビからでも，前後関係も含めておおよその内容が類推できることがあります。吸収能力があるかないかは，大きな分かれ目なのです。

　吸収能力は通常，製造や R&D といった日常的な活動を通じて経験を蓄積する中から形成される副産物として説明されます。組織の巧拙によって得られる能力の高低には違いが出るうえ，技術革新などに追いつく努力を怠ればその能力は容易に失われます。実際，費用対効果の観点から研究活動を外注するようになった組織では，画期的な技術が市場に導入された際，もはやそれを正しく評価することも模倣することもできなくなっていたという事例があります。つまり，吸収能力が組織から失われないよう，その維持や育成を行うことは，組織が知識獲得を円滑に進めるためには必要で，それはすなわち，期待するような組織学習を実現するうえでも不可欠なことといえるのです。

演習問題

　6.1　自分自身の直接経験と間接経験の例をリストアップし，その特徴を図表6.4 を参考に，さまざまな観点から自分なりに整理してみましょう。また，自分自身がそれらをどのように組み合わせて使用しているか，振り返ってみましょう。

　6.2　失敗経験を克服し，それを成功経験につなげるための組織のサポートとして，あなたはどのようなものが有用だと考えますか。また，それは実際の組織ではどの程度実施されているでしょうか。そうしたことを得意とするとされる組織を一つ探し出し，可能な範囲で確認してみましょう。

第7章

第2フェーズ
：知識の移転

　この章では，フーバーによる組織学習サイクルの第2のサブプロセスとされる「知識移転」について，その代表的な議論や概念を学びます。組織メンバー個人による個人学習が組織の学習になるための第一歩は，その知識を個人レベルに留めず，組織内の他者へ伝達・共有することです。知識移転のしやすさは，移転対象とする知識の種類や送り手と受け手の関係性，互いの能力や構造などによって変わります。その基礎を押さえます。

○KEY WORDS○
スランスキーの知識移転プロセス，
移転元，移転先，形式知，
暗黙知，情報の粘着性

7.1　得た知識を他者と共有する

　第6章で説明したように，組織メンバーである個人を通じてせっかく新たな知識を獲得しても，それを学習者が1人で抱え込んでいるだけでは，個人による学習にすぎず，組織学習とはなりえません。組織内の他のメンバーや部署に広く移転・共有してこそ，初めて組織の学習となっていきます。たとえば，営業部が顧客との対話を通じて，的確な顧客ニーズを獲得したとしても，それを製造や開発に伝えて共有するということを行わない限り，顧客ニーズを反映した製品づくりは決して行われません。また，より良い仕事の進め方に気づいても，それを他者に伝え，組織全体の仕組みづくりに反映していかなければ，その気づきの意義や価値は組織的にみると半減し，組織としては何も新たな成果を得られない可能性すらあります。知識移転のプロセスが重要である理由は，そこにあります。

　もっともいざ知識を移転しようとしても，必ずしも思うようにはいかないものです。移転したい知識の内容・種類によって，移転しやすいものもあれば，移転しにくいものもあります。それは，知識を移転する送り手側の能力に依存する場合もあれば，受け手側の能力に依存する場合もあるでしょう。たとえば，私たちは何か教えてもらって，自分が十分に理解できないとき，「教え方が悪い」「あの説明の仕方ではさっぱりわからない」などと不平を述べることがありますが，同時にその裏では教えている側も「相手の理解力が足らない」「もっと自分からわかろうと積極的になるべきだ」などと不満をもらしている可能性があります。その場合，果たしてどちらに問題があって，知識移転が難しくなっているのかは，考えどころといえます。

　また，そもそも論として，知識移転はしやすいほうがいいのか，むしろ移転しにくいほうがよいのかも重要な点となります。組織学習サイクルを切断することなく回すという観点からすれば，知識は移転できたほうがよいのは間違いありません。しかし，移転のしやすさが十分にコントロールできない場合，移転のしやすさは組織内の他者や海外子会社など意図する相手への移転にはプラ

> **コラム** リソース・ベースド・ヴュー

　経営戦略論には，リソース・ベースド・ヴュー（RBV：Resource-Based View）という考え方があります。組織を有形無形の経営資源の束とみなしたうえで，組織の競争優位性は，経営資源および，そうした経営資源を効果的に活用する能力（ケイパビリティ）で決まるという考え方です。MIT のワーナーフェルト（B. Wernerfelt）が提唱し，オハイオ州立大学のバーニー（J. B. Barney）によって広く知られるようになりました。

　この考え方のもとでは，組織が競争優位性を獲得しうるか判断するための「VRIO（ヴリオ）」という分析フレームワークが示されています。V は「Value（価値があるか）」，R は「Rareness（希少性があるか）」，I は「Imitability（模倣可能性があるか）」，O は「Organization（資源を適切にマネジメントする組織力があるか）」を表しています。

　ここで注目すべきなのは，4 つの判断項目の中に，模倣可能性の有無が入っている点です。模倣可能性の低さは，他の組織に対して競争優位性を確保・維持したい場合には有効と考えられますが，逆の場合，たとえば新たに買収した組織に自社の強みを形成する知識や業務プロセスを移転したい場合には，意図に反して障害として働く恐れも十分にあります。移転したくない場所には移転できないようにするとともに，移転したい場所にはその良さを損なわない形で移転するという，一見矛盾した要求を満たすことは，組織にとってハードルの高いことであるのは間違いありません。

スに働く一方で，競合他社などの望まない相手への知識移転・流出を招く恐れも併せ持ちます。それでは組織は困ってしまいます。

　そこで，この第 7 章では知識移転がどのようなプロセスなのか概観し，送り手が意図する知識移転を可能にする条件等を確認していきます。

7.2 知識移転とは

○ スランスキーによる知識移転のプロセス

そもそも，知識移転とはどのようなプロセスを辿るものなのでしょうか。ここでは，知識移転についての研究として名高いスランスキー（G. Szulanski, 1996；2000）の論文を用いて，その問いに答えることにします。

スランスキーは，知識の中でも「ベスト・プラクティス（best practices）」と呼ばれる，優れた知識や組織にとって役に立つ知識が，企業内でどのように移転されるのか，そして，同じ組織内にもかかわらず，移転の程度に違いが生じるのはなぜなのかを明らかにすべく，8社122件のベスト・プラクティスをめぐる271の調査対象の分析を行いました。その際，提示された分析のフレームワークが，図表7.1の知識移転に関する4つのステージでした。

〈1〉導 入

第1ステージは，「導入（Initiation）」です。ここには，ベスト・プラクティスの移転が決定されるまでのすべての出来事が該当します。組織に何らかの伝えたい知識があり，その知識を必要とする組織内の別の場所や，別の組織が存在しているとき，その知識を保有している場所から必要とする場所へと，知識移転が開始されることになります。

もっとも，伝えたい知識が先にあるというよりは，組織内に不満足な状況が存在することが出発点となります。その不満足な状態を解決するために，組織内で探索活動が喚起されるのです。その結果，より優れた解決策が存在することが判明すれば，知識移転のニーズが発見されたということになります。

それでも，それですぐに知識移転が行われるわけではありません。その解決策が果たしてどのくらい優れているのか，解決策そのものや解決策を実行するうえで不可欠な知識が組織内のどこに存在するのか，どうすればそうした優れた成果を問題解決が必要な求める場所に移転しうるのかなどが，実行可能性も

	図表 7.1　知識移転の4つのステージ
導入	・ニーズとそれを満たす知識が組織内に存在するときから，慎重な検討・評価の結果，知識移転の意思決定がなされるまでの段階。
実行	・知識移転の決定から，移転先と移転元との関係性の構築など，移転先がその知識を使用し始めるまでの土台づくりの段階。
本格移行	・移転された知識を使用し始める最初の日から，満足ゆく成果をあげることができるようになるまでの段階。
統合	・満足ゆく成果をあげた新たな知識が，組織でルーティン化され，制度化されるまでの段階。

（出典）　Szulanski（1996, 2000）をもとに作成

含めて慎重に検討されます。

　そのため，この導入ステージだけで何か月も要することがあると説明されています。そして，こうした数多くの審査・評価を潜り抜けて，組織として移転の意思決定がなされたとき初めて，次のステージに移行できるのです。

〈2〉実　行

　第2ステージは，「実行（Implementation）」です。ここでは，第1ステージで決定されたベスト・プラクティスの移転を実行するための，あらゆる取り組みが該当します。たとえば，知識の移転にはそもそも，知識の移転元と移転先の関係性の構築が重要になります。両者に価値観に関する著しい差やコミュニケーション・ギャップが存在すれば，知識移転は難しいからです。したがって，その場合，まず知識移転の下地づくりとして両者の関係性の改善が必要になる

のです。

　また，仮に以前，同じ知識を今回とは異なる場所に移転しようとして，何らかの問題を経験したのであれば，同じ失敗や困難を繰り返さないよう，事前に予想可能な範囲で再発防止策を講じておくことも必要になります。加えて，移転元と移転先の関係性をはじめとする諸条件に前回とは違いがある場合にも，こうした対策が求められます。

　もちろん，今回とこれまでの状況にあまりにも違いがあれば，以前の対策が効果を発揮しないことは多々あります。それでも，もし対策を講じていればそれなりに効果があったかもしれない問題に対して，手つかずのまま，みすみす見逃す手はありません。同様に，移転先の状況に合わせて，移転しようとしているベスト・プラクティスをどう適応させるかについての努力や工夫も，円滑な知識移転を実現するためには非常に重要とされています。

〈3〉本格移行

　第3ステージは，「本格移行（Ramp-up）」です。このステージは，移転先が移転された新たな知識を使用する最初の日から，それを活用して組織として満足ゆくパフォーマンスをあげることが可能になるまでの期間を指しています。

　第2ステージでさまざまな事前対策を行っていても，実際に実行してみると，予想を超えたさまざまな問題が生じるものです。また，たとえ予想通りに物事が進んだとしても，最初のうち，移転先はその新たな知識を自由に，あるいは上手には使いこなせないことでしょう。新たな知識を活用する能力が移転先に不足していることがしばしばだからです。

　その能力不足の程度には差があって，比較的すぐにキャッチアップして使いこなせるようになる組織から，非常に多くの時間を費やしてもなかなか使いこなせない組織もあります。すなわち，成長度合いには各組織で差があり，それが第3ステージの長さやレベルを左右していくことになるわけです。とはいえ，いずれの組織でも試行錯誤しながら経験を積み，その能力不足を改善していく点では同じです。そうした取り組みを経て，最終的には満足ゆくレベルにまで到達・成長できるよう目指していくのです。

〈4〉統　合

　第4ステージは,「統合（Integration)」です。移転された知識が満足できる結果につながり始めると,それは移転先において次第にルーティン化されていきます。ルーティン化された知識やベスト・プラクティスは,時間の経過とともに,少しずつ,しかし着実に組織内における意味や行動の共有化を促進し,その結果としての行動の予見性や相互理解を高める役目を果たします。

　こうした状態に至れば,それらは次の組織行動や価値観にも影響を与えるようになります。そして組織に根づくという意味で統合され,今更疑うこともない,組織にとって当然の前提として存在するようになります。これにて,知識移転プロセスは完了を迎えるのです。

◯　知識移転の基本的なパターン

　では,このような知識移転は誰と誰との間で,どのようなときに行われるものなのでしょうか。念のため,その基本的な構成要素や生起するパターンを確認しておきましょう。

〈1〉知識移転の構成要素としての行為者

　知識移転プロセスの説明で,既に登場したいくつかの言葉の組み合わせがあります。それは,受け手と送り手,移転先と移転元という組み合わせです。他にもよく似た表現ですが,受信側と送信側,もしくは情報獲得者と情報提供者という言い方をする場合もあります。

　知識移転の対象となるような有用な知識を保有しており,それを他者にわたす主体のことを「移転元」もしくは「送り手」（Source）と呼びます。一方,そうした知識を移転される側を「移転先」もしくは「受け手」（Recipient）と呼んでいます。

　送り手と受け手の関係性は,図表7.2で図示したように,一対一の二者間の関係（これを,「ダイアド（dyad）関係」といいます）もあれば,三者間の関係（トライアド（triad）関係）のように,同じネットワーク内に存在する複数の主体とやり取りする関係もあります。後者の場合,1つの受け手が複数の

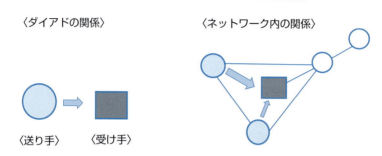

図表 7.2 知識移転における行為者の関係性

送り手から知識移転を受ける，1つの送り手が複数の受け手に同時に知識を送る，必要に応じて送り手になるときもあるが受け手にもなる，というようにさまざまな形態がありえます。

初期の知識移転の研究では，ダイアドな関係に特定して分析や議論を進めることが一般的でした。しかし，後に社会的ネットワーク論やコミュニティ・オブ・プラクティスなどの，プレイヤーが社会的な構造に埋め込まれていることを前提とした議論が活発になるにつれ，その分析・考察対象はより複数人の関係へと広がっていきました。その結果，現在では知識移転の研究に占める後者の比重は，以前と比較してかなり高いものとなっています。

〈2〉 知識移転が行われる場面とその目的

先に紹介したスランスキーの議論では，組織に解決したい何らかの問題があり，組織内にその解決・改善のための知識があるとき，知識移転が始まると説明していました。では，実際に，送り手から受け手への知識移転が行われる場面とは，どのような場面なのでしょうか。

現実社会における典型例としてよく挙がるのが，教育，トレーニングの類いです。企業での新入社員研修やメンター制度は，会社や先輩社員からの新入社員への知識移転と捉えることができます。新入社員も入社後，自らさまざまな

試行錯誤をし，直接経験を積む中で，組織で必要となる知識やスキルを徐々に身に着けていきますが，完全にゼロ・ベースからの蓄積では膨大な時間とエネルギーがかかり，効率が悪すぎます。そこで，会社や先輩からの間接学習を最大限に活用しようというわけです。

　この場合，知識移転の直接の送り手は，研修を担当する社内外の講師，先輩社員，上司などです。しかし，より本質的には，送り手は組織そのものといえるかもしれません。先輩社員などが自発的に，自身の保有する知識やスキル，ベスト・プラクティスを新人にぜひとも伝えたいと考えて実施する研修も皆無ではないでしょう。しかし，組織の上層部や経営層が組織の全体的な判断として，共有しておくべき価値観，心得，知識を研修に盛り込むことを要求することのほうが圧倒的に多いと考えられるからです。つまり，部外者が観察可能な送り手は，実は組織でより大きな権限を持つ送り手の「代理人」にすぎず，真の送り手は別にいるとも捉えられるわけです。

　新入社員研修に限らず，団塊の世代の大量退職問題への懸念から関心が高まった技能伝承も同様の構図といえます。ベテラン技術者，専門家が長年培ってきた技能やスキルは，これまで各組織を支えてきた貴重な財産であると同時に，これからの組織成長にとっても大切な基盤であることが少なくありません。それを，彼らの一斉退職によって完全に失ってしまうことは，組織にとって大きな損失であると考えられます。

　そうした損失を回避するために，知識移転が試みられることになります。ベテラン技術者個人が一種の危機感から，自らの「わざ」を後進にぜひ伝えたいと考えて始めることもありますし，「わざ」を受け継ぎたいと望む後進から熱心にせがまれることで，ベテランが知識移転に応じるという個人的なパターンも十分にありえます。しかしながら，多くは組織が主導で行うものになると考えられます。

〈3〉組織レベルでの知識移転例

　個人が前面に出てくる知識移転ではなく，組織間の知識移転の例として挙がるのは，本章の冒頭でも述べた新製品開発にあたっての部署間のやり取りです。たとえ営業部が顧客とのやり取りから，非常に有益なアイディアやこれまで見

落としてきた潜在的なニーズを掴んだとしても，営業部が単独でそれを具体的な商品開発につなげることはできません。アイディアを形にするには，開発や製造など関連する他部署の協力や連携が欠かせないからです。その協力を得るために，自らが獲得した知識を他者にわかりやすく，適切に伝達する必要があるのです。

この他，親会社が海外子会社へ自らの知識を移転しようとしたり，戦略的提携をした相手企業に知識移転を図ろうとしたりするケースもあります。これもまた，組織学習論および，経営学全般において非常に関心の高いトピックスの一つです。特に，海外子会社の意向に関わりなく，親会社側が知識移転を試みたいとき，多くの場合，さまざまな困難が生じるわけですが，望む結果を手にするためにそれらの困難をどう克服するかという視点での研究が，非常に数多くなされています。

こうした知識移転に共通するのは，送り手側が主観的にみて，自分と受け手の間に大きな知識ギャップの存在を知覚していること，かつ，受け手がそのギャップを自らの努力や学習で埋めようとすれば多大な時間やエネルギーを要するが，知識の移転をすれば同じことをはるかに効率的に実現できると，送り手側が考えていることです。知識移転はそうした意思決定の結果として発動されているのです。すなわち，送り手と受け手のギャップを埋めるべく，主として，送り手側の意向から知識移転は発生すると考えられるのです。

ただし，送り手と受け手といった，それぞれの立場を固定した形で一方通行的に行われる知識移転は，両者の関係性を構築しようとする比較的初期に発生するものであることが，最近の研究では指摘されています。言い換えれば，そうした一方的な形での知識移転は，送り手と受け手の関係性が未熟なときにみられる組織現象なのです。実際，その関係が長くなり成熟してくると，一方的な知識移転の関係から双方向的な関係へと関係性のシフトが起こりやすいことが明らかになっています。特に，成功し，互いに成果をあげている組織間関係ほど，そうしたシフトを経験していると考えられています。

7.3 知識の移転しやすさ，しにくさ

○ 移転しやすい知識の特徴

　知識には，移転しやすいものと移転しにくいものがあります。では，どのようなものが移転しやすく，どのようなものが移転しにくいのでしょうか。

　まず，情報量が少ないものは多いものと比較して移転しやすいことが指摘されています。私たちは他者から何らかの指示や依頼を受けたとき，一つであれば容易に理解・把握できますが，一度に多くのことを指示されれば，そのすべてを理解したり記憶したりすることは困難になります。知識移転にも同様のことがいえます。送り手が移転しようとした知識の量が多いほど，受け手が受け止められる知識の割合は小さくなり，残りは抜け落ちていきます。結果として，限られた知識しか移転されません。

　知識の複雑性の高さも，移転しやすさに関係します。単純な知識は多少情報量が多くても，情報の移転はそれほど困難ではありません。しかし，同じ情報量でも，知識の複雑性が増すと，移転のしにくさは飛躍的に上昇します。たとえば，接続詞で区切られた短い複数の文章と，まったく同じ単語で構成されたまったく同じ内容ながら，接続詞を用いずに一文で長々と表現された文章とを比べてみれば，どちらが他者に伝えやすいか，理解させやすいかは明らかではないでしょうか。

　情報や知識の種類・性質も移転しやすさに影響します。ハンガリーの哲学者，ポランニー（M. Polanyi）は，人が知っていることは，言葉で容易に表現できるものと表現が難しいものの2つに大別できると主張しました。前者を「形式知（explicit knowledge）」，後者を「暗黙知（tacit knowledge）」と呼びます。

　形式知の例として真っ先に思いつくのが，会議資料や財務情報，マニュアル，教科書など文書化されたものでしょう。これに加えて，楽譜や記号のようにコード化されたもの，理論や制度のように公式化されたものなども形式知の一つです。また，目にみえる形に表現された知識という点から，設計図やデザイン

画，模型，ツールなども，形式知に含まれます。一方で，私たちの知識の圧倒的多くを占めるとされる暗黙知には，形にはしにくいものの，仕事などに関して個人が独自に獲得し確かに保有しているノウハウ，これまで培ってきた技能や経験，コツや勘，洞察などが該当します。

　この2つの知識のうち，形式知は文書などの「物」を介して他者への移転が比較的容易なものとされます。それに対して，暗黙知は非常に移転しにくいものと位置づけられています。また，暗黙知は単に移転しにくいだけでなく，形式知のように「物」だけではなく，「人」を介することが必要になるとされます。そして，その性質ゆえに，暗黙知の移転は非常に狭い範囲に限定されるうえ，移転に要する時間やエネルギーに関しても，形式知と比べて非常にそのコストが大きいと考えられています。形式知は他者の体験を間接的もしくは二次的な学習，すなわち間接学習のみで手早く効率的に獲得しうる知識であるのに対し，暗黙知は自らの直接学習を通じた，移転するのにも長期間を要する知識と説明

図表 7.3　移転しやすい知識の特徴

移転しやすい知識	相違点	移転しにくい知識
少ない	情報量	多い
低い，単純	複雑性	高い，複雑
形式知	知識の性質	暗黙知
文書等の目に見える「物」	移転に必要なもの	「人」を通じた直接の体験
広い	移転の範囲	非常に狭い
比較的短期間	移転にかかる時間	長期間
・会議資料などの文書 ・財務などの数字の情報 ・マニュアル，ルール ・設計図，模型　　など	具体例	・ノウハウ ・技能や経験 ・コツや勘 ・洞察　　など

できます。

　以上をまとめ，移転しやすい知識としにくい知識の特徴を比較したのが，図表7.3 です。

○ 情報の粘着性

　移転の困難さと密接な関係を持つ概念として，フォン・ヒッペル（E. von Hippel, 1994）が着目し提唱したのが「情報の粘着性（information stickiness）」でした。

　情報の粘着性とは，「所与の単位の情報をその情報の探索者に使用可能な形で，ある特定の場所に移転するために必要となる費用の増分」として定義されるものです。送り手が保有する情報を受け手に移転する場合，何も手を加えずに移転が可能になることは決して多くありません。送り手の意図や目的通りに，もしくは移転対象とする知識の優れた点を損なうことなく行おうとすれば，知識そのものについても，その目的や意図に応じた，移転しやすい形への変形のための努力が求められるのです。

　そうした努力を「移転に関わるコスト」と捉えた場合，コストが大きいほど移転は難しくなります。ここで，コストが大きいとは，今ある場所から引き剥がせないほど強い粘着性がその知識にあるため，移転しやすい形への変形ができないことを指します。すなわち，情報粘着性が高いときの知識移転は難しく，その反対に，移転しやすい知識はそもそもの情報粘着性が低いと説明されたのです。この定義に従えば，ポランニーの暗黙知は情報の粘着性が高い知識，一方の形式知は情報の粘着性が低い知識と表現することができます。

　もっとも，この情報の粘着性の概念には，不十分な点もあることが指摘されています。たとえば，実際に知識移転を行う場合，その際のコストは情報の粘着性のみではありません。受け手と送り手の関係性を整えることも，幅広くみれば，知識移転に関わるコストの一つです。また，知識移転を行う際の状況，外部環境などによっても，移転のために必要になる費用は変わってくることでしょう。つまり，情報や知識そのものの粘着性で説明できるコストは，知識移転に必要となるコスト全体の多くの割合を占めているのは事実だとしても，決

してそのすべてでないことに注意が必要だというわけです。

さらに，同程度の粘着性を持つ情報でも，後述するように送り手が異なれば，結果的にその移転のしやすさにも違いが出ることが少なくありません。誰が送り手になったかという情報は，知識移転プロセスを考えるとき，非常に重要な情報といえますが，情報の粘着性の議論ではこうした主としてマネジメントに関する議論が抜け落ちているのです。

同様に，知識移転にあたって発生する問題解決を異なる方法で行ったときも，移転のしやすさは変わるはずです。ルーティン的な方法で行えば移転しにくい知識も，非ルーティン的，創造的な方法を試みれば，容易に移転するようになるかもしれません。しかし，そうした議論も情報の粘着性だけに注目している限り，考慮されにくくなってしまうのです。

情報の粘着性の概念に関するこうした不十分な点を補うためとして，スランスキーはそこに「イベントフルネス（eventfulness）」という概念を加えることを提唱しました。イベントフルネスとは，知識移転の過程で，特筆すべき困難なことがまったく起こらない状況をベースと捉えたうえで，何か注目に値する，考慮すべき問題が発生した状況を指します。イベントフルネスな状況下では，同程度の情報粘着性でも移転はより困難になりやすく，ベースとの差分こそがまさしく情報の粘着性によるコストだと特定できるわけです。

◯ 競争優位性との関係

知識移転のしやすさは，よく競争優位性と関連づけて論じられます。一般に，移転しやすい知識，言い換えれば，動かすうえであまりコストがかからない知識は，獲得しても受け手側の競争優位性の源泉にはなりにくいと考えられています。動かしやすいということは，誰にでも移転できることに等しく，結果的にそれを共有する他者が多くなります。したがって，相対的にみるとあまり価値の高くない情報となり，それのみを武器に競争優位性につなげにくいのです。

たとえば，このテキストも，組織学習論の分野にまだ馴染みのない方向けに，その概観を伝えることを目的に書いています。すなわち，テキストの執筆とは，書き手（送り手）の持っている知識を，読み手（受け手）に移転することを目

指した行為です。そこに書かれた内容を読んだ者は，まだ読んでいない者に比べて，その知識に関する競争優位性を得やすくなります。自分で苦労して直接，組織学習に関する研究や実践を積み重ねなくても，はるかに容易に，かつ短期間で，ある程度の知識を得ることができます。読み手がその状態に達すれば，送り手の意図通りに，知識の移転が実現したということになります。

　ただし，その知識移転はこのテキストを手にしたすべての読み手に広く等しく開放されたものです。受け手個人の持つ読解力，理解力の違いが多少反映されたとしても，読み手同士の間に，読んでいない者との間ほど大きな知識格差は基本的には生じないと考えるのが妥当です。そのため，こうした文書化された知識や形式知のような移転しやすい知識は，少なくともそれだけでは，競争優位性にはつながりにくいと考えられています。

　それに対して，暗黙知のような移転しにくい知識は動かすのに多大なコストを要するため，知識は現在保有されている場所に留まり続ける傾向があります。すると，その知識に限っていえば，持てる者は持ち続ける一方で，持たざる者は持たないままになります。結果，前者は後者に対して競争優位性を持つ可能性が高まります。その状態は，比較的長期にわたって続きます。知識の送り手は1人に限らないので，持たざる者が別のルートを開拓して同様の知識を獲得したり，同じ目的に貢献する代替的な知識の獲得に成功したりすれば，話は別です。しかし，それ以外の場合には，対象となる知識・情報の移転しにくさに変化がない限り，その保有者は短期的にはもちろん，長期的にも有利な立場を保ちやすいのです。

　なお，保有者にとって重要な情報は基本的に高い粘着性を持つ傾向があると考えられています。競合他社のような外部に流出したくない重要な知識は，それを獲得・形成する過程で自ずと形式知より暗黙知の割合が高くなるからです。それに対して，世の中に流通していて誰でも入手可能な知識の多くは，既に形式知化された，もとの保有者にとって他者に移転してもあまり惜しくない知識である可能性が高いといえます。つまり，受け手側にすれば，ほどほどに重要・必要な知識・情報は獲得できても，本当に価値あるものは入手が難しいと捉えられるため，移転しにくい知識，すなわち粘着性の高い知識を持つことは競争優位性に貢献しやすいと捉えられるのです。

○ 情報の粘着性に関わる問題

　情報の粘着性が高いことは，保有者にとっていいこと尽くめにみえますが，必ずしもそればかりではありません。組織内の他部署への移転，親会社から海外子会社への移転など，送り手が知識移転を強く望む際，情報の粘着性の高さが障害になることがあるのです。

　それでなくても，送り手の能力の限界により，自らが保有する知識を完全に形式知化できないことが知られています。テキストの例を再度用いるならば，書き手は自らの保有知識を読み手に移転しようとテキストを執筆するわけですが，結果的にテキストを通じて移転できる知識は，書き手の持つ知識のほんのわずかにすぎないのが通常です。紙幅の関係で限られた情報しか載せられない，入門書という位置づけのため，あまり込み入ったことに触れられない，などの編集上の制約もあるでしょう。また，あまり褒められたことではありませんが，書き手が自分の競争優位性を保ちたいがために，情報の出し惜しみをする場合もあるかもしれません。しかし，多くは，そうした書き手の意図以上に書き手の表現能力，より正確には，暗黙知を形式知化する能力の限界が大きな制約条件として働いてしまうのです。

　細かくみれば，形式知化できない状態にも，図表 7.4 で描くようなレベルの違いがあります。自ら論理立った文章化はできないものの，質問されれば断片的にでも答えられるレベルもあれば，質問されてもまったく言葉にできないレベルもあります。また，知識はあってもそれが潜在化しているため，それが自分の中に存在することすら明確に自覚できないレベルもあります。この場合，何らかの契機さえあれば，潜在化した知識が顕在化する可能性はありますが，それが常に保証されているわけでもありません。いずれにしても，こうした十分に顕在化，形式知化されていない知識が保有者の知識の圧倒的大部分を占めているのです。

　他者への知識移転を比較的得意とする送り手は，そうでない送り手と比較して，形式知化に至るまでのこうした複数の段階を，上方向に駆け上がる能力に長けていると解釈することができます。だからこそ，同じ移転コストを持つ知識に対しても，送り手が違えば知識の移転度合いにはかなりの違いが出てくる

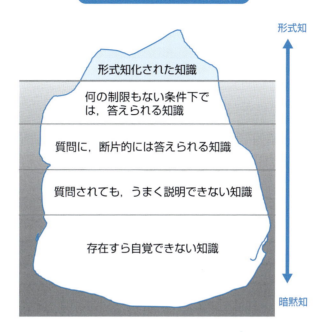

図表 7.4 知識のレベル化の例

形式知化された知識
何の制限もない条件下では，答えられる知識
質問に，断片的には答えられる知識
質問されても，うまく説明できない知識
存在すら自覚できない知識

形式知
暗黙知

と考えられます。とはいえ，上方への移動能力が高い送り手ですら難しくなるほど，情報の粘着性が非常に高い場合には，意図するような知識移転は誰もが困難となります。もちろん，その場合，自らが望まない場所に知識の移転が起こる恐れもなくなりますが，自らにとって必要で，強く望む場所への知識移転もできなくなるわけで，あたかも底なし沼にはまり足をとられたような状態になるといえます。それは組織全体でみれば決して望ましくない事態であり，長期的にみれば競争優位性を損なう方向に作用することでしょう。

まとめれば，情報の粘着性の高さは，短期的には間違いなく競争優位性をもたらします。また，それが外部に移転しないことにより，比較的長期にわたって知識格差を維持しうるというプラスの面も持ち合わせます。しかし，必要な場所に必要な知識を自由に移転させることを妨げることで，ときに自らの首を

絞める結果を招く危険性も持つのです。

7.4　知識移転のマネジメント

◯ 送り手・受け手に関する要因

　知識そのものに起因する移転しやすさの違いはあっても，送り手が誰か，移転のための下準備をどの程度整備するかといった，マネジメント上の工夫でその成果をある程度コントロールするのは決して不可能なことではありません。そこで，移転の行為者に関して重要になると考えられる要素から，いくつか挙げてみることにしましょう。

〈1〉モチベーションの高さ

　送り手，受け手ともに最も重要になるのは，やはり移転に関するモチベーションの高さです。まず，送り手が知識の移転を強く望む場合とまったく望まない場合とでは，その結果に大きな違いが生じてしまうのは容易に想像がつくことです。

　送り手が望まない移転などあるのか，という疑問も浮かぶかもしれません。しかし，その知識・情報を保有することで優位な立場に立っている人物の中には，知識移転をすることで現在の自分の立場を損ないかねないと思えば，たとえ職務上の命令だったとしても，本心では拒否したい者もいるでしょう。やむなく知識移転のプロセスに関与しても，そうした本心が反映されると表面的な取り組みに終始しがちになることが少なくありません。すると結果的に，成果には結びつきにくくなります。その点，自らが積極的に知識移転を望む場合には，活動に熱心に取り組み，どうすれば最大限に知識移転を果たせるか工夫を凝らすことが予想されるため，良い成果も得られやすくなると考えられます。

　同様に，受け手側のモチベーションも，知識移転の成果に大きく影響します。よく知られたイギリスのことわざに，「馬を水辺に連れていくことはできても，

水を飲ませることはできない」というものがあります。これなどはまさに，受け手のモチベーションが知識移転の制約条件や促進条件になることを示す良いたとえといえます。もしその知識移転に成功すれば，受け手にとって望ましい結果になることが明らかで，かつ送り手がそのために全力を注いだとしても，受け手がそれを望まなければ知識の移転など実現するはずもありません。したがって，知識移転の成功には，まず受け手にその必要性を理解させ，知識移転を望む気持ちにさせることから始める必要があるというわけです。

〈2〉 行為者の能力

　送り手や受け手の知識移転に関する能力もまた，成果を左右する要因となります。たとえば，送り手には，先に述べたような暗黙知を形式知化する能力が非常に重要になると考えられます。同じ事柄でも，ある人の説明ではまったく理解できなかったものが，達人の手にかかると，すっと頭に入ってくるということはよくあることです。こうした違いには，送り手の持つ知識量の多寡も関係しますが，送り手が有する，形式知化に至る複数の段階を上方向に駆け上がる能力の違いが大きな影響力を持つと考えられます。

　一方，受け手側にはレディネス（準備状態）すなわち，第6章で紹介した「吸収能力」が重要となります。同じテキストを読み，同じ指導者から学んだとしても，受け手の読解力や理解力に差があれば，移転される知識の量や質には自ずと違いが生じます。その原因を，IQなどの受け手の頭の良し悪しに求めることもできるかもしれませんが，吸収能力の有無や高低もかなりの説明力を持つと考えられます。第6章で説明したように，私たちはもともと知識のある内容にはより親和的になる傾向がある一方で，まったく未知の分野や接点のない分野に対しては，いかに懇切丁寧な指導や説明を受け手も，まるで外国語や宇宙語を聞かされるように，何一つ理解できない状態になりがちです。そのため，未知の分野の知識移転を成功させるには，受け手側がその分野に対する吸収能力を育てることで，その困難な状態を克服する必要があるのです。

　以上をまとめれば，知識移転の成功率を上げたければ，まず，その下準備として送り手と受け手の能力の向上を図ることが必要不可欠になることがわかります。もしくは，そうした能力がもともと高い送り手と受け手を始めから選定

する，両者に欠けた能力を補完するとともに，両者の橋渡しの役目を果たせる「翻訳者（ときに，「トランスフォーマー」（原田，1999）と呼ばれます）」を用意する，といった合わせ技をする工夫が求められるのです。

○ 送り手と受け手の関係性に関する要因

　送り手と受け手の関係性にも，知識移転の要件といえるものがあります。大きくは，以下の3点を挙げることができます。

〈1〉互いの信頼関係

　たとえ送り手・受け手ともに，必要な能力を十分に保有していたとしても，互いの間に信頼関係がない場合，知識移転に関するモチベーションが高まるはずがありません。

　たとえば，敵対的M&Aの末に獲得した組織に対して，買収した側が無理やり自らの知識を移転しようとしても，信頼関係のない被買収側はたとえその知識が優れた成果を生むものであると承知していても，それを素直に受け入れようとはしないでしょう。同様に，受け手側が熱心に知識移転を求めても，送り手が受け手に一度騙されたことがある，機密事項を盗まれたことがある，知識移転をしても受け手がそれを十分に活用した実績がないなど，受け手に対する送り手側の不信感がある場合にも，知識移転のモチベーションは高まらないのです。

　ここで注目すべきは，信頼関係といっても，一般的に思い浮かぶ好き嫌いといった，いわゆる感情的なものだけを指すわけではないという点です。そこには，相手の能力やこれまでの実績，将来への期待など，送り手側からみて実質的に信頼関係が築ける相手かどうかという判断も含まれます。もちろん，感情的な信頼と実質的な信頼とは大いに関連しやすいものです。しかし，もっとも極端な場合，人間的に好きになれない相手でも，その実績や将来期待される成果に信頼をおくことさえできれば，知識移転が行われることは十分ありうることだと考えられるわけです。

〈2〉 共通の経験やコンテクスト

　知識移転に関して，意外に見過ごされがちなのが，送り手と受け手に共通の経験やコンテクストがあるかどうかです。これも，吸収能力と密接に関係した話です。送り手と受け手が共通の土壌に立っている場合，たとえば同じ学問分野を専攻している，現在もしくはかつて同じプロジェクトで協働したことがあるなどの場合には，移転しようとする新たな知識についてそれほど詳細な説明を要さなくても，なんとなく相手のいわんとすることがわかったり，比較的早く全体像の把握ができたりすることがあります。

　その理由は，送り手と受け手が経験やコンテクスト，文化などを共有していると，形式知だけでなく暗黙知も伝わりやすくなるためと考えられます。言葉や目にみえる形で表現された形式知は，共通の経験やコンテクストを持たない受け手にも移転することが容易です。しかし，送り手の持てる知識のうち形式知化できるものは限られています。そして，形式知のみで順調に回る物事というものは非常に少ないものなのです。

　したがって，たとえ高いモチベーションと能力があり，受け手と送り手の間に十分な信頼関係が構築されていたとしても，両者に共通の経験やコンテクストがあるかどうかによって，結果には違いが出ると予想されます。具体的には，共通の経験やコンテクストがあるほうが，ない場合と比較して圧倒的に知識移転が成功しやすいと考えられるのです。

〈3〉 価値や必要性への理解

　知識移転を成功させるために必要ながら失念しがちなのが，先にも述べた，知識移転の価値や必要性を理解させることの重要性です。一般に，知識の送り手と受け手の間には情報の非対称性が存在することが知られています。送り手側はその知識が持つ価値や必要性を十分すぎるほど認識しているにもかかわらず，受け手側はそれを十分に理解できていないことが少なくありません。その場合，起こりやすい感情は，必要ないのに押し付けられてありがた迷惑，といった負の感情です。そうなると，知識移転は難しくなってしまいます。

　そうした状況が発生するのは送り手にも責任があります。送り手にとってはその知識移転の重要性は明らかであるため，改めて説明するまでもないと思う

かもしれません。しかし，それは送り手の思い込みにすぎません。相手にとってはまったく価値のない可能性も完全には否定できません。そのため，自分にとっては重要でも，相手も同じように受け止めるとは限らないということを大前提としたうえで，自らが信じるその知識の価値や必要性を受け手に対して丁寧に説明し，その納得を引き出すことが重要になるのです。もちろん，逆のケースもあるでしょう。受け手側はその価値を高く評価していても，送り手が移転の必要性を理解していない場合です。要は，送り手・受け手双方がその価値や必要性を認識していることが必須条件なのです。

　なお，こうした状況づくりには，送り手と受け手の間の関係性に必要な条件が少なくとも3つあるとされています。それは，「互恵性」「異質性」「同質性」の3つです。知識移転がどちらにとっても良い結果をもたらすと理解されていれば，上述の諸条件はどれも満たしやすくなることでしょう。それに対して，どちらか一方は利益を得るが，もう一方は利益を得られない，もしくは搾取されるという状況では，利益を得られない側のモチベーションは下がるのも当然で，両者の信頼関係も激しく損なわれます。このような互恵性が十分に保証されないことで，知識の囲い込みなどの防衛的な行動も生じると考えられています。

　異質性と同質性については，知識獲得に関する第6章でも少し取り上げました。この2つは同軸で両極に位置づけられると誤解されがちですが，必ずしもそうではありません。対象にしているものが違う場合，異質性が高い一方で同質性が高いという状況が十分に生まれます。そして，知識移転が最も成功するのはそういう状況なのです。違いが存在するからこそ，相手に移転したい知識や移転してほしい知識ができます。一方で，相手と何の共通点もなければ，相手に関心を持ちにくいうえ，相手を理解することすらできません。つまり，異質性がないと知識移転の必要性を感じませんが，知識移転が成立するにはある程度の同質性が必要なのです。送り手と受け手に共通の経験やコンテクストが存在すると知識移転が促進しやすくなるのは，この2つを同時実現しうるからであると考えられるのです。

構造上の要因

受け手と送り手の間の構造上の要因も知識移転の成否には関係すると考えられています。たとえば，受け手と送り手の距離は，基本的には遠くより近くのほうが有利とされています。現代は，技術の発達により，電子メールやオンライン会議室などを活用すれば，地理的な距離はかつてと比較して大した制約にならなくなっています。それでも距離が近いほうが，コミュニケーションが容易にとれ，結果としてその頻度も高くなることが期待されます。

コミュニケーション頻度が高ければ，知識移転は進みやすくなると考えられています。学習頻度が高いほど知識獲得が容易になるのと同様に，接触頻度が高ければ，そうでない場合と比較して，両者がコンテクストを共有する程度は高まり，結びつきも強まります。すると，形式知の移転だけでなく，人やコンテクストを通じて行われる暗黙知の移転も行われやすくなると考えられるためです。つまり，距離の近さは，知識獲得だけでなく，知識移転にとっても基本的にはプラスの影響を及ぼすと考えられているのです。

もっとも，形式知の移転に関しては距離の近さはあまり関係ないとされています。テキストを読めば，読んだ者は地理的な制約を受けることなく，その形式知を容易に入手できることからもそれは明らかです。また，結びつきは強いほうが望ましいといっても，それが先に紹介した送り手と受け手の関係性に必要な3条件のうち，異質性を損なうほどになってしまえば，知識移転にとってはむしろ逆効果になることはいうまでもありません。

距離の近さ，結びつきの強さは，主にダイアドな関係における知識移転で注目される要素ですが，トライアドな関係，より大きなネットワークを考えるとむしろ，「ネットワークの密度（density）」と「中心性（centrality）」という要素がより重要になってきます。

まず，密度が高いほど，知識移転は容易になると考えられます。ここでは，満員電車をイメージするとわかりやすくなります。密度が高いと，人と人の距離は狭くなります。仮に離れた位置に2人の人物がいたとしても，満員電車内でその片方が倒れたとき，その人に隣接している人を通じてその影響がドミノ倒し的にもう一人の人物に及ぶことも皆無とはいえません。しかし，その反対

に，たとえ先の想定より両者の距離が近かったとしても，両者を取り巻く密度が十分に低く，多くの空隙が存在していれば，片方が倒れても，もう一方にまったく影響がないことは十分にありえます。伝染病の蔓延や暴動の拡大なども，これと同様の原理が働きます。密度が高いと，同じ刺激に対しても反応が強く，かつ加速度的に現れる傾向があるため，知識移転も進みやすくなると考えられるのです。

次に，中心性です。送り手・受け手とも，ネットワークの周辺部より中心部に位置するほど，効果的な知識移転を行いやすいと考えられています。中心には多くの有益な情報が集中します。そのため，量的にも質的にも，周辺部とは比較にならないほど有益な知識移転を実現しやすくなるのです。

7.5　知識移転は次のステップへの重要な架け橋

知識移転は，組織メンバー個人の学習をそのレベルで留めることなく，組織学習へと昇華させる非常に重要なステップです。ただし，送り手が受け手とみなす相手に伝達してそれで終わりというわけではありません。受け手が，移転された知識を送り手の意図通りに活用し，成果をあげるようになって初めて，知識移転という組織学習の第2フェーズの成功とみなせます。また，その知識を自らの手元に留め置くのではなく，リレーのバトンのように，今度は自分が送り手となって，新たな受け手へとその知識をつないでいくことも不可欠となります。第2章で確認したように，組織学習プロセスはサイクルを描き，知識や価値の流れが常に循環していることが大原則であるため，その流れを滞らせてしまうことは，学習活動の価値やそこから得られるはずの成果を大きく損なってしまうのです。

そのように知識をつないでいく相手は多ければ多いほど，また，普及のスピードが速ければ速いほど，組織の力となります。一度に一つ，もしくは一つの部署やチームに知識を移転するのも重要であることはいうまでもありませんが，一度に多数の受け手に移転できれば，コストの節約になるうえ，組織の知とし

ての正統性も得やすくなると考えられます。

実は，移転された知識の次のテーマは，いかに組織の知としての正統性を獲得するか，という点になります。というのも，組織内には，移転されるべき知識，もしくは送り手側がぜひとも組織中に広く移転したいと考えている知識が多種多様に存在しています。そして確かに，そのどれもが多かれ少なかれ，組織にとって役立つ知識や情報であると考えられます。一方，組織には限られた資源しかありません。つまり，仮にすべての知識や情報が正しく有益だったとしても，組織はそのすべてに資源配分をすることはできないのです。また，広く浅くであれば資源配分できるとしても，一定水準以上の資源配分をしないと効果が得られない事柄が存在する場合には，その水準を下回る資源配分をしても意味がありません。したがって，組織としてより大切なものに優先順位をつけて，それに応じた資源配分をすることがどうしても必要になります。

移転された知識はこうした状況の中，組織の知として正統性を得るべく，それ以外の多くの知識と互いに競争して勝ち抜いていくことを求められます。うまくいかなければ，せっかく移転した知識が淘汰されたり，組織の片隅で埃をかぶったりという不本意な結果に終わりかねません。では，どうすれば組織の知としての正統性を得ることができるのでしょうか。この点については，続く第8章で詳しくみていくことにします。

演 習 問 題

7.1 身近で知識移転が行われた場面や事例を探し出してみましょう。そのときの知識，送り手，受け手を明確にしたうえで，本章で解説した知識移転を成功させるときに必要とされる条件を，そうした事例ではどの程度満たしていたか，確認してみましょう。

7.2 反対に，知識移転がうまくいかなかった事例を複数思い出してみましょう。そして，それぞれ，うまくいかなかったのはどのような点が欠けていたためか，テキストの内容を参考に考察してみましょう。

第8章

第3フェーズ
：情報の解釈

　この章では，フーバーによる組織学習サイクルの第3のサブプロセスとされる「情報の解釈」について，理解しておくべき基礎知識を学びます。組織を情報解釈システムとして捉えて，その解釈に基づき組織学習プロセスが展開されることを理解します。情報解釈システム観が情報処理システム観とどのような違いを持つのか，その組織観の違いが組織学習プロセスの理解をどのように発展させたのかを正しく説明できることを目指します。

○KEY WORDS○
正統性，情報処理システム観，
情報解釈システム観，漏斗モデル，
センス・メイキング，解釈モード，
組織イデオロギーと組織アイデンティティ，
ダイバーシティ

8.1　組織の知識になるということ

　ある有益な知識があるとして，その知識が組織内でどのくらいの組織メンバーに共有されれば，「組織の知」になるのでしょうか。もちろん，その有益度や知識の種類によっても違うでしょうが，少なくとも 2，3 人で十分ということはないと考えられます。その程度に共有された知識であれば，組織内には無数に存在することでしょう。そのすべてを，組織学習と呼ぶことは仮に間違いでなかったとしても，やや抵抗があります。

　反対に，組織内の 9 割以上の組織メンバーに共有されていれば，それほど躊躇なく，組織の知として位置づけることができそうです。しかし，その割合がもう少し低く 7 割だった場合にはどうでしょう。さらには 6 割だったら？組織内で占める割合が低くなるにつれ，その判断が困難になることは容易に理解できるに違いありません。

　一方で，組織内での共有割合だけですべて決まるわけではありません。先に，2，3 人で共有されているだけの知識を組織学習と呼ぶことは抵抗があると述べましたが，実際にはそうしたケースは存在しています。経営トップなど圧倒的に強いパワーを誇る組織メンバーが，ある知識に対して組織の知として正統性を与えていれば，その知識はたとえ組織内での共有割合が 1% 未満だったとしても，組織の知として位置づけられることになるのです。つまり，移転された知識が組織学習の成果をもたらすうえで鍵となるのは，いかにして組織内で広く共有されるかという視点よりも，いかにすれば組織からの正統性が与えられるのかという視点であると考えられます。

　では，組織から正統性が与えられる知識や情報とはどのようなものなのでしょうか。真っ先に浮かぶのは，その組織にとって必要性が高い，もしくは意義があると評価・判断されるものです。業績向上に直結する知識や情報は，その保証がない知識や情報と比較すれば正統性が得やすくなるはずですし，組織目的や組織文化に適合するとみなされる知識や情報も，そうでない場合より正統性を得やすくなることが予想されます。

そうした評価・判断に影響を与えるのが，組織の情報解釈のあり方です。言い換えれば，情報解釈のあり方次第で，組織学習の成否や得られる学習成果の内容は大きく変わってくる可能性があるのです。そこで，第8章では，組織における情報解釈の仕組みを詳しく確認していくことにしましょう。

8.2　2種類の組織観

○ 情報処理システムという組織観

情報や環境との関係で組織を捉えるとき，組織を「情報処理システム」とする見方があります。私たちには限られた合理性しかないため，少しでも合理的な意思決定をするため，無数の情報の中から特定の情報のみに焦点をあて，それを自分にとって処理可能なレベルにまで単純化・細分化していることは，第4章の適応学習の項でも述べました。協働システムとしての組織は，そうした形を経て行われる情報処理を一つの目的として構築されていると考えられました。

この組織観には，一定の説得力がありました。同じ環境下にあっても，優れた意思決定をして成果をあげる組織とそうでない組織が存在する理由として，各組織の情報処理の巧拙に着目しえたからです。具体的には，適切な意思決定やマネジメントが可能になるレベルまで，情報の単純化・細分化ができているか，各組織にとっての情報処理の負荷を必要まで下げることができたか，組織が構築した情報処理の仕組みが環境に適合しているか，などの点が組織の成功と失敗を分けると捉えられました。

また，組織資源の配分の巧拙も検討対象とされました。組織が解決すべき問題には同じような構図のもと繰り返し発生するものもあれば，これまで未経験のもの，一見同じにみえるが過去のやり方がまったく通用しないものもあります。両者を明確に区別し，前者は可能な限りプログラム化・自動化することで，前者の情報処理の労力や時間を大きく節約できれば，その分，より重要性の高

い後者の問題解決に組織はより多くの組織資源を振り分けることができます。そうすれば，より高い成果につながる可能性が高まるため，優れた結果を出している組織は，単に情報処理がうまいだけでなく，そうした資源配分も上手な組織であると考えられたのです。

こうした情報処理システム観は，確かに，組織の意思決定の質やそれによってもたらされる組織成果の違いを説明しうる一つの優れた考え方でした。一方で，次第にその限界も指摘されるようになります。中でも中心的な批判は，加護野（2011）でも指摘されたように，情報システム観には組織の認識能力の役割やその影響力の大きさが十分には盛り込めていない，というものでした。

○ 組織の認識能力への注目

組織の認識能力とは，組織が環境や情報を意味づけする能力のことです。組織の存続・成長には，環境に適した情報処理を行うことが必須ですが，組織と環境とは，組織が環境から一方的に情報を与えられ，受動的にその対応に追われるだけの関係ではありません。また，環境からの情報はどの組織にとっても同じ意味を持つわけではありません。むしろ，各組織の目標や戦略，拠り所とする価値観次第でその意味づけは大きく変わります。ある組織には死活問題であり，万難を排して取り組むべき優先度の高い問題も，別の組織ではまったく関心を持たれないかもしれません。また，同じように重要だと思っても，そう捉えた理由は大きく異なることもよくあります。

こうした各組織での認識や意味づけの違いは，当然，組織の意思決定プロセス全般に大きな影響力を持ちます。図表 8.1 は，そのことを表現したベティス＝プラハラッド（R. A. Bettis & C. K. Prahalad, 1995）による漏斗（フィルター）モデルです。

まず，組織を取り巻く環境には雑多な情報があふれていますが，組織には限られた合理性しかないため，決してそのすべてを取り込むことはできません。そこで，組織は自らの戦略や価値観に適合する情報にのみ関心を向け，その「認知フィルター（cognitive filter）」を透過するものだけを，自らに必要な情報として認識します。フィルターの口が広いほうが狭いものより，対象とする

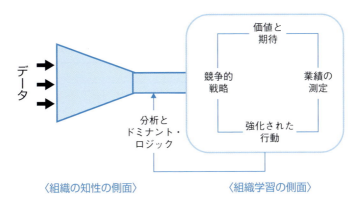

図表 8.1 情報解釈の漏斗モデル

〈組織の知性の側面〉　〈組織学習の側面〉

（出典） Bettis & Prahalad（1995）Figure 1

情報の範囲は広くなり，その量も多くなります。また，フィルターの網目が荒いほうが細かいものより，環境から組織内に取り込む情報の割合が高まります。つまり，このモデルでは，組織の情報処理の巧拙以前に，そもそも組織が環境に対して，どのようなフィルター，すなわち認知能力を持つのかが重要になることを示したのです。これは「組織の知性の側面」と呼ばれました。

　一方，無事に認知フィルターを通過して組織に取り込まれた情報も，情報処理システム観で想定する機械的な情報処理にそのまま回されるわけではありません。組織は長期にわたる事業経験を通じて，物事に対する独自の価値体系を発達させています。中でも，過去の成功を導いたことで今や組織の支配的な考え方となった組織の価値体系は「ドミナント・ロジック（dominant logic）」と呼ばれました。このロジックはかなりのバイアスを持ちますが，多くの場合，組織はその事実に注意を払わないまま，問題の定義づけや分析，意思決定を行い，問題解決行動の実行に移ります。得られた結果もそのバイアスに基づき，測定・評価します。この一連のサイクルは組織学習そのものであることから「組織学習の側面」と説明されましたが，この過程でもまた，組織の認知能力

図表 8.2　組織学習プロセスにおける解釈の位置づけ

（出典）　Daft & Weick（1984）Figure 1

が大きく影響していることがわかります。

　このように，組織における情報処理と意思決定は，組織の認知的側面と密接に関係することを比較的早い段階で明示した優れた研究が，ダフト＝ワイク（R. L. Daft & K. E. Weick, 1984）による論文です。そこでは，組織は情報処理システムというより，「情報解釈システム」であること，そのメカニズムは図表 8.2 のように描けると説明されました。

　このメカニズムの中核として位置づけられているのが，「解釈（interpretation）」です。解釈が組織学習プロセスの成果や方向性を決定づけると考えるためです。具体的には，組織は解釈に基づいて行動し，得られた成果は組織で「学習（learning）」されて，組織の解釈を修正したり強化したりします。一方で，こうした学習結果は次なる行動のための「探索（scanning）」活動にも影響を与えます。より具体的には，公式的・非公式的なデータ収集のあり方に影響を及ぼし，その結果もまた組織の解釈を修正する役割を果たします。こうしてさまざまな活動を通じて修正が重ねられた組織の解釈は，再び次の学習行動の基盤となっていくと考えられています。

　このように，組織学習をはじめとする組織の活動において，組織の解釈のあり方，すなわち認知能力は非常に重要な要素です。そのため，情報処理システム観に変わり，情報解釈システム観がより注目されるようになったのです。

○ 組織学習プロセスに関する2つの組織観の比較

　情報処理システム観と情報解釈システム観とでは，考え方や物事の捉え方に大きな違いがあります。ダフト゠フーバー（R. L. Daft & G. P. Huber, 1987）による整理をもとに，本書では図表8.3のように，組織学習プロセスに関する

図表8.3　組織学習に関する2つの見方の比較

情報処理システム観	相違点	情報解釈システム観
情報量，頻度，方向性，メッセージの物性的な特性など，一意的で客観的な存在	情報と組織の関係	組織目的や参加者の理解に左右される，多義的で曖昧な存在
・客観的な存在である環境からのデータ獲得とその合理的な分析を通じて，学習する。 ・学習は「理解が行動を導く」という形で行われる。	組織学習の仕方	・組織で共有された定義や共有解釈，仮定をもとに，曖昧な存在である環境に対する主体的な働きかけ（イナクトメント）を通じて学習する。 ・学習は，「行動が理解を導く」という形で行われる。
・高くない。まず言及されない。 ・組織の理解は，データ分析を通じて合理的に導かれ，誰にとっても同じ。 ・新しい行動は，その理解に基づいてトップの指示のもと行われる。	組織の理解の形成主体への関心	・非常に高い。重要。 ・組織の理解は，トップを含む組織メンバー間のディスカッションや対話，行動を通じたセンス・メイキングの結果である。 ・センス・メイキングに関わるメンバー次第で，その内容には違いが生じる。

（出典）　Daft & Huber（1987）Table 1 をもとに作成

両者の比較を行ってみました。

〈1〉 組織にとっての情報とは

　まず両者では組織からみた情報の捉え方が異なります。情報処理システム観では，情報量の多さや頻度，方向性，特性などの客観的な観察・測定が可能であり，どの組織からみても同じ情報が組織学習の対象となります。そのため，このシステム観における組織は，単なる受信機のようなものと捉えることができます。

　たとえば，環境からの信号に赤と白がある場合，最も頻度が高いのは赤で長音の信号であり，その反対に最も頻度が低いのは白で短音の信号であると組織が捉えたとします。その情報は事実であり，どの組織にとっても同じように理解されます。つまり，この情報そのものを否定したり別の解釈をしたりする余地はないわけです。

　それに対して，情報解釈システム観では客観的な事実より，情報を活用する個々の組織にとっての目的や意味，理解がより重要になります。そのため，先の例に倣えば，この場合の組織は「考える受信機」とでもいうものになります。たとえ最も頻度が高いのが赤で長音の信号だとしても，その組織目的上，赤より白の重要性が高く，かつ長音より短音のほうが早期の対応が必要なものと認識されている場合，事実としての受信頻度の多さは，この組織にとって何ら大きな意味を持ちません。むしろ頻度は最も少なくても，白で短音の信号にその関心の大半が向けられることが予想されます。同様に，組織の最大の関心事が長音か短音かに置かれており，色はどうでもよい場合，その組織の解釈は色の違いを無視した形で行われることでしょう。

　このように，情報解釈システムにおける情報とは，一義的・客観的に定まるものではなく，受け手の解釈や意味づけに大きく左右される曖昧で多義的な存在として位置づけられるのです。

〈2〉 どのように組織学習を行うか

　情報処理システム観のもとでの組織学習プロセスは，環境からのデータ獲得を出発点とします。客観的であり，ほかの解釈の余地がないデータを合理的に

分析することで，組織は環境に対する組織としての確固たる理解を形成します。そしてその理解に基づいて喚起された組織行動が期待通りの成果を収めれば，その理解は強化され，同じ行動や因果関係の理解が繰り返し採用されることになります。反対に，失敗すれば行動の見直しがなされ，より適切と考えられる行動に置き換えられます。その際には，思いつきというよりは，データ分析の結果に基づく合理的な修正が施されます。つまり，情報処理システム観では，「理解が行動を導く」形で組織学習が展開されていくのです。

　一方，情報解釈システム観のもとでは，前述のように，環境や情報は曖昧で多義的なものであるとの前提が存在します。そのため，各組織が物事に対してどのような解釈や意味づけをするか次第で，情報の重要度や優先度には違いが生じます。つまり，この場合の組織学習の出発点は，データ獲得そのものではなく，その前段階に当たる，「外部環境に対して組織メンバーで共有した組織としての解釈・仮説」ということになるのです。組織は，そうした仮説に基づいて，環境に主体的な働きかけを行います。これをワイク（K. E. Weick, 1979）は「イナクトメント（enactment）」と呼びました。組織の働きかけによって，環境と組織が相互作用を持つ中，組織に適合的・効果的ではない仮説は次々に淘汰されていきます。組織に保持されるのは，そうした淘汰を生き延びた一部のみと考えられているのです。

　要するに，情報解釈システム観では，組織学習の出発点となる仮説は文字通り仮説でしかありません。組織行動の確固たる基盤にはなりえないため，むしろ積極的に行動することで，曖昧だった組織の理解を徐々により明確なものに変えていくのです。いわば，「行動が理解を導く」形で組織学習が行われるとする立場が，情報解釈システム観なのです。

〈3〉 組織の理解は誰が作り出すのか

　組織の理解を作り出す主体に対しても，2つの組織観には大きな違いがあります。まず，情報処理システム観では，この問題への関心は低くほとんど言及されることはありません。組織の理解は客観的に観察可能なデータから合理的に引き出されたものなので，どの組織の誰からみても，情報処理の巧拙こそあれ，基本的には同じ結果に辿り着くべきものだからです。

ところが，情報解釈システム観では打って変わって，これは非常に重要なテーマとなります。組織学習の出発点となる仮説や意味づけは，どの組織の誰にとっても同じものということはなく，組織メンバー同士のディスカッションや対話，相互作用を通じて，徐々に形成・共有されるものと捉えるからです。こうした意味づけの過程を「意味形成」もしくは「センス・メイキング（sensemaking）」と呼びますが，センス・メイキングに参加したのが誰なのか，どのようにそのプロセスが運営されたのかによって，組織としての解釈の内容や方向性は大きく変わってしまうのです。

　組織のセンス・メイキングの主体としては，経営トップ集団（TMT：Top Management Team）を考えることが多いといえます。ただし，組織の規模や地理的な範囲が拡大すると，経営トップ集団だけでは主に物理上や能力上の限界から，的確な仮説を作り出すことが難しくなります。その結果，経営トップのみではなく，むしろ積極的にミドル・マネジメントの関与を求めることが増え，ミドルとトップの相互作用のあり方が問われるようになります。その傾向が極端に進行すると，実質的なセンス・メイキングを担うのは主にミドル・マネジメントで，経営トップ側は出来上がった解釈・意味づけに組織としての正統性を与えたうえで，組織に広くその徹底や浸透を図る「意味付与」，すなわち「センス・ギビング（sensegiving）」を担うというように，役割分担することも少なくありません。

8.3　組織学習の核となる解釈モード

○　メイヤーによる解釈モードの研究

　組織の解釈の違いは組織行動の違いを生みますが，それは個性のようなもので，決して単純な優劣を現すものではありません。それを具体的に示す例として，メイヤー（A. D. Meyer, 1982）によるサンフランシスコ周辺に位置する病院の事例研究を紹介します。

〈1〉 異常事態に対する各組織の解釈

この研究の分析対象になったのは，1975 年 5 月 1 日，サンフランシスコ周辺の病院で一斉に発生した，外科医たちによる 1 か月にわたるストライキという異常事態（jolts）と，その突発事態への各病院の対処・適応行動でした。当初研究対象とした 19 病院のうち，多くが適応に失敗しましたが，わずかながら成功したと捉えられる病院もありました。それが「Memorial」「Community」「General」の 3 病院でした。もちろん，この 3 病院もストライキから大なり小なり影響を受けました。しかし，なかなかその打撃から回復できない他の病院とは異なり，いずれも 3 週間以内に元の状態に回復できたのです。とはいえ，その適応方法は病院間で大きく異なっていました。その理由こそ，各組織の解釈の違いにあると考えられたのです。その違いを整理したのが，図表 8.4 です。

まず，各組織ではストライキという異常事態の捉え方が大きく異なっていました。Memorial 病院では，「困りもの」でした。この病院では比較的基本的な医療という狭い範囲に自らの事業を特化する分，外部の力を借りないで高品質の医療を提供する「自助努力」と，可能な限り無駄を省いた財務面での「効率性」を 2 大価値観として大切にしてきました。その両立を難しくしたのが，突如発生したストライキだったのです。効率のよい事業運営という点からは，ストライキに何も手を打たないのは財務的に大きな損失でした。しかし，その統制を図ろうとすれば，自助努力の維持に必要な，医師たちの組織コミットメントを大きく損ねる懸念がありました。そのため，病院にとってより重要なのはどちらなのかを選択せねばならないジレンマが，ストライキによって突きつけられたのです。

それに対して，Community 病院では同じ現象を「絶好の学習の機会」と捉えました。この病院は地域に密着し，積極的に外部と接点を持ちながら，既存の枠組みに囚われない革新的な医療サービスを提供するという価値観を重視していました。自律的で緩いネットワークを最大限に活用し，多少のコストや無駄は厭わず，先進的な医療技術の導入や，医療とは異なるものの隣り合わせの領域との融合など，さまざまな可能性を実験的かつ日常的に試みていたのです。その中で，ストライキもその延長線上で考えられました。病院では，構成員た

図表 8.4　解釈の違いが生む，行動や組織学習の違い

	Memorial 病院	Community 病院	General 病院
異常事態（Jolts）の捉え方（解釈）	ジレンマをもたらす困りもの	絶好の学習の好機	逸　脱
背景となるイデオロギー（組織としての価値観，物の見方）	・外部を頼らず，高品質の医療を提供する「自助努力」を重視。 ・無駄を極力省くことで実現する高い「効率性」を重視。	・革新的な医療サービスの可能性を探ることを重視。 ・外部環境と積極的に接点，自律的で緩いネットワークの柔軟な活用を重視。	・伝統と先進，バランスのとれた多角的な事業展開を重視。 ・部分の自律性を，分析に基づく資源配分や計画で統合することを重視。
戦略タイプ	防衛者	試掘者	分析者
異常事態（Jolts）への適応行動	・これまで蓄積した組織スラック，財務的余剰を最大限活用し，「嵐が過ぎるのを待つ」。 ・レイオフはしない。	・スタッフの大量のレイオフにより対応。 ・患者や診療範囲も抑制し，緊急時に限られた組織能力でどこまで対応できるか実験。	・一方の損失は他の部署の増加分で相殺。 ・人はレイオフではなく，資源の再配置で対応。
組織学習の内容	学習したことは，ほとんどない。	既存の価値観や進め方への疑問や見直しも喚起する，「高次学習」が実現。	計画に基づく実行と結果を得て微修正や改善を行う，「低次学習」が実現。

（出典）　Meyer（1982）Table 3 および安藤（2001）図表 2.4 をもとに作成

ちが突発的な事態にいかに器用に適応できるか観察するとともに，そうした事態への対応を練習できる絶好の機会としてストライキを捉え，対応のためのシナリオまで用意したのです。恐怖ではなく好奇心が前面に出た受け止め方がなされたというわけです。

　3つ目の General 病院ではストライキは「逸脱」と捉えられましたが，他の2つの組織のような特別な関心は払われませんでした。コンピュータによる分

析の結果，ストライキによる影響は確かにあるが，それは部分的なものに留まり，資源配分や財務上の工夫などで十分吸収可能であると判断されたからです。この病院は，外部環境に目を配った革新的な医療に挑戦する一方で，基本的な医療も行うバランスの良さ，多角的な事業展開を目指していました。事業部間の価値観には大きな違いも生じていましたが，組織として無理に統一を図ることはせず，資源配分と財務計画で統制すればよい，という方針を日頃からとっていました。したがって，この病院からすれば，ストライキの発生は確かに当初計画にはなかったものの，組織の許容範囲もしくは微修正の範囲内に収まるものだったのです。

〈2〉 解釈の違いによる組織行動や学習成果の違い

各病院のこうした解釈の違いは，それぞれの適応行動や戦略，学習内容を大きく左右しました。戦略論で有名なマイルズ＝スノー（R. E. Miles & C. C. Snow, 1978）の分類に従えば，Memorial 病院は「防衛者（Defender）」に当たるとメイヤーは判断しました。効率性を重視するこれまでの病院方針から組織には豊富な組織スラックや蓄財があったため，それをストライキによる損失に充てることで，レイオフもしないまま嵐が過ぎ去るのを待つ，という防衛的な行動を選択したからです。この病院では，組織が直面したジレンマのうち，財務面は諦める代わりに，組織メンバーのコミットメントを維持する方策に出ました。このような形で適応そのものは成功しましたが，組織として新たに学習したものとなると，ないに等しかったと分析されています。

Community 病院は「試掘者（Prospector）」と判断されました。この病院では用意したシナリオに従って，大量のレイオフ（一時解雇）でこの事態を乗り切りました。日頃から学習や挑戦のための費用を惜しみなく使っており財務的な余裕が乏しかったことが，レイオフを選択した最大の理由でしたが，それは大いなる学習機会となったとメイヤーは位置づけています。レイオフ後の限られた人員で緊急時にどこまで対応できるかを実験できたうえ，これを契機に病院の既存の価値観や認知構造の根本的な見直しをするという高次学習も行えたからです。なお，ストライキ終了後まもなく，Community 病院ではレイオフしたスタッフを復帰させています。

191

最後の General 病院は「分析者（Analyzer）」とされました。事前の分析通りに，冷静で淡々とした対処がなされたためです。ストライキによって影響を受けた部署の損失は他の部分の増加分で相殺し，人はレイオフでなく再配置で対応しました。分析に基づく適応行動が意図通りの結果をもたらしたことで，この病院も十分な学習成果を得ることができたと評価されました。もっとも，その内容は組織の既存の枠組みの範囲内でのものであり，改善の範疇に入るもの，すなわち低次学習に分類されるものだったと判断されました。

このように，ストライキに対する各組織の解釈の違いは，適応行動やその結果としての学習成果の違いを生む結果となりました。これら3病院の事例をみれば，組織の解釈という視点抜きでは適切に組織現象を語れないことは明らかといえます。一方，成立した組織学習のレベルこそ違っても，3病院はいずれも適応の成功例とされました。組織の解釈の違いが即，適応の成功失敗を決めるわけではないということです。

◯ ダフト＝ワイクによる4つの解釈モード

メイヤーの事例で明らかになった，解釈の違いと適応行動や学習内容の違いとの関係性は，どの程度一般化できるものなのでしょうか。この疑問に対して，前述のダフト＝ワイクは，他のさまざまな事例に対しても適用可能であることを理論的に示唆しています。

本来，解釈やその対象は無限に存在します。しかし，彼らは図表8.5のように，その中でも組織行動に大きな影響を与えると考えられる，環境との関係性に基づくもの2つを両軸とした4つのセルを提示しました。そして，4つのセルそれぞれに該当する組織の解釈傾向，すなわち「解釈モード（interpretation mode）」によって，その組織で選択されやすい組織行動や学習行動の説明が可能であると主張したのです。

2軸のうち縦軸は，「環境についての仮説（Assumptions about environment）」と呼ばれます。自らの組織を取り巻く環境を分析可能な対象と解釈するのか，分析不可能な対象と解釈するのかをみるものです。一方，横軸は，「組織の侵入性（Organizational intrusiveness）」です。これは，環境に対してその組織が

図表 8.5　ダフト=ワイクの組織の解釈モード

環境についての仮定	分析不可能	① **方向づけのない見方**	③ **イナクトメント**
		・情報は人を通じ，非公式なルートで情報収集を行う。噂などの根拠の乏しいものも多い。 ・何が起きたか知ることから始める「反応型」の組織行動。	・自ら実験的な働きかけをして環境に対する情報収集を行う。 ・そのサイクルを繰り返すことで，徐々に組織の共通認識を形成する「試掘者」型の行動。
	分析可能	② **状況適応的な見方**	④ **発 見**
		・既存のルーティンや規則，枠組みの範囲内で，環境の分析やデータ化を行う。 ・問題回避的な解決を行う「防衛者」型の組織行動が喚起。	・組織化された高度な専門知識やスキルを用いて，精緻な情報収集と分析を行う。
		受動的	能動的
		組織の侵入性	

（出典）　Daft & Weick（1984）Figure 1 および Figure 2 をもとに作成

受動的なのか能動的なのかをみるものです。両者を組み合わせると，以下のような4つの解釈モードができます。

① 方向づけのない見方（分析不可能×受動的）

環境は分析不可能な存在であり，組織は環境に受動的な立場であるという解釈の仕方は，「方向づけのない見方（undirected viewing）」の解釈モードと名づけられました。この解釈モードからみると，環境とは常に変動する不確実性に満ちたものであり，情報も多義的で曖昧なもので，組織は噂や虫の知らせ，人を通じた非公式の情報などに翻弄されて，行き当たりばったりの反応をしがちであると考えられています。

したがって，この解釈モードのもとでは組織学習も受動的な活動になりがちです。組織として反応すべき事象が起こると具体的な問題解決より，何が起こ

193

ったのかを知るために，まず組織の資源の大半を費やして後手に回った対応に終始する傾向があるとされています。こうした特徴から，ダフトらはこのモードを，先にも登場したマイルズ=スノーの分類を利用して，刺激に対して反応するだけの「反応者（Reactor）」型と説明しています。

② 状況適応的な見方（分析可能×受動的）

環境に対しては受動的でありながらも，環境そのものは分析可能だと解釈する場合，その組織は「状況適応的な見方（conditioned viewing）」の解釈モードを持つと説明されます。

そこでは組織ルーティンや既存の枠組み，規則が非常に重視されるため，そのプログラム化された公式的な手続きの範囲で環境の分析が試みられ，結果が組織内部にデータ化されます。問題解決行動は喚起されますが，好ましくない状況を回避することが中心であるため，マイルズ=スノーの分類でいえば「防衛者」型であると説明されました。先のメイヤーの研究では，Memorial 病院が防衛型に当たると指摘しており，両者の主張を合わせれば，Memorial 病院はこの「状況適応的な見方」の解釈モードという理解になります。

③ イナクティング（分析不可能×能動的）

環境に能動的である一方で，環境を分析不可能な存在とする解釈モードは，「イナクティング（enacting）」と呼ばれます。

この解釈モードのもとでは，コストや時間はかかりますが，試行錯誤や実験などを通じて自ら積極的に環境に働きかけ，分析不可能な環境を可能な限り理解しよう，自らにとって有用な情報を引き出そうと努力するという，「試掘者」型の戦略をとります。その積み重ねを通じて，組織の共通認識は形成されていきます。メイヤーは，Community 病院がこのタイプに該当すると説明しました。すなわち，高次学習を起こした Community 病院は「イナクティング」の解釈モードを持つと読み替えることができます。

④ 発見（分析可能×能動的）

環境を分析可能と捉え，かつ環境に能動的である組織は，「発見（discovering）」の解釈モードと理解されます。組織の公式的な仕組みを用いて外部環境を調査し，収集したデータを徹底的に分析することで意思決定を行います。

ただし，この解釈モードでのデータ探索は，イナクティングのようにその過程を通じて組織として何らかの共通認識や合意を形成していくものではありません。正しい解があることが前提で，それを組織化された高度に専門的な知識やスキルを活用して突き止めていく進め方となります。メイヤーはこれに該当するのが General 病院であるとしました。General 病院では低次学習が生じましたが，その解釈モードはダフト=ワイクの考え方を用いれば「発見」であったと理解できます。

○ 解釈モードは自由にマネジメントできるのか

ここで一つの疑問が浮かびます。組織の解釈モードが組織行動や学習成果をある程度決定づけるのであれば，組織が新しいことを始めようとしたり，これまでの方針や方向性を転換しようとしたりする際には，まず解釈モードを変えることが必要となりそうです。しかし，それはどの程度可能もしくは容易なのでしょうか。

その答えは，「確かに，新たな方向性のためには解釈モードを変えることが重要になる。一方で，それは不可能ではないが，かなり困難といえる」となります。図表 8.5 で解釈モードを決定づけた両軸である，環境をはじめとした物事への意味づけの仕方は，組織のより深いレベルに潜み，それゆえより変わりにくいと理解されているものに左右されているからです。それが図表 8.6 の関係図にも登場する「組織イデオロギー（organizational ideology）」や「組織アイデンティティ（organizational identity）」です。

〈1〉組織イデオロギー

組織イデオロギーとは，組織における物の見方や価値観を指します。メイヤーの事例で，各病院組織には組織運営において長年大切にしている価値観があり，それに基づいてストライキの意味づけがなされたことが示されました。実は，この組織イデオロギーと，ときにほぼ同義に用いられる用語は少なくあり

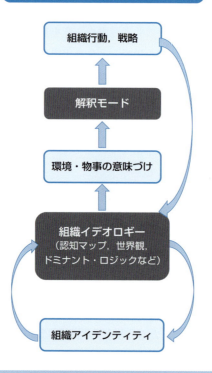

図表 8.6 解釈モードに関する関係図

ません。

　たとえば、先の漏斗モデルに登場した2つの用語、認知フィルターとドミナント・ロジックはいずれも大きく捉えれば、組織イデオロギーに該当します。また、これとほぼ同じ内容を説明するために、「世界観（worldview）」、「組織の認知構造（organizational cognitive structure）」、「認知マップ（cognitive map）」、「組織のメンタルモデル（organizational mental model）」などの表現を用いることもあります。これらのどれを用いるかは、各研究の内容や関心、理論的背景に応じて変わります。しかし、これらの用語に本質的な違いはなく、どれも組織における物の見方や価値観を指しています。

他に，より広い概念である「組織文化（organizational culture）」に置き換える形で組織イデオロギーの説明を行う場合もみかけます。メイヤーの事例でいえば，「Community 病院は，既存の枠組みに囚われない革新的な医療サービスを提供することを重視する組織文化」もしくは「挑戦や実験を好む組織文化」という表現も十分ありえるわけです。

〈2〉 組織アイデンティティ

一方の組織アイデンティティとは，その分野の著名な研究者であるアルバート＝ウェットン（S. Albert & D. A. Whetten, 1985）によれば，「私たちは何者か，私たちはどうあるべきかといった，組織による自分たちらしさについての自己認識のこと」です。

この組織アイデンティティは，組織イデオロギーに大きな影響を及ぼします。自分たちが何者で，どうあるべきかという自己認識が基盤にあるからこそ，組織は多種多様な情報が入り乱れる環境の中から，「自分たちらしさ」を実現・維持するうえで必要かつ適合的と判断する情報に関心を向けることができるからです。

こうした自分たちらしさは，組織のさまざまな場面を利用して明示的にも暗示的にも繰り返し伝承されていきます。経営理念やビジョン，クレドなどでの明文化，朝礼などでのそれらの復唱，組織の成功エピソードとしての武勇伝，その反対に組織にとって望ましくないふるまいをした者の末路に関する噂話など，その形式はまさに多様です。いずれの場合も必要に応じて多少の修正や追加，ときには誇張も入りながら，組織の重要な核を強化するとともに，過去と未来をつないでいくのです。組織における語り，デニング（S. Denning, 2007）がいう「ストーリーテリング（storytelling）」も，こうした役割を果たしてきたものの一つです。

〈3〉 組織の正統性を与えるもの

本章の冒頭で，組織の正統性を与えられる知識や情報はどのようなものかという問題提起をしました。業績向上に直結する知識，組織のより多くの人々に共有される知識など，さまざまなものが考えられますが，より本質的には，組

織の考える「自分らしさ」に適合することといえないでしょうか。

　考えてもみてください。たとえ大きな利益が出ることが明白でも，自分たちらしさに反するもの，その価値を著しく損なうものであれば，その知識に組織としての正統性を与えることを避けるのが真っ当な組織の対応です。反対に，不利益を被ることがわかっていても，自分たちらしさを維持するのに必要であれば，もちろん不利益の程度によるものの，その知識や情報に正統性を与えることも十分ありえることです。

　「自分たちらしさ」を構成する概念間の関係は，決して一方通行的なものではありません。組織イデオロギーは確かに組織アイデンティティから形成されますが，逆に組織イデオロギーに基づく行動や結果が，組織アイデンティティを再認識させる場合もあります。両者は双方向的で相互に影響を与え合う関係なのです。これは裏を返せば，自分たちらしさや組織の正統性は基本的に自己強化の方向に作用しやすいこと，それゆえ，変わりにくいということを意味します。そのため，それらを基盤として形成・共有される組織の解釈モードの変化や切り替えも，決して不可能ではないが難しいと捉えられるのです。

8.4　解釈のマネジメント

◯ 解釈の幅と柔軟性を高めるダイバーシティ

　解釈モードの切り替えはかなり困難と考えられますが，多くの組織がさまざまな工夫や努力をして，自ら望む方向に転換させようとしています。第5章で紹介したアンラーニングや高次学習のための組織的介入はその一つですが，組織の自助努力としてよくみられる試みが「ダイバーシティ（diversity）／多様性」を高めようとするものです。

〈1〉ダイバーシティで期待される効果
　組織メンバーは理論的には全員，同じ組織アイデンティティや組織イデオロ

ギーを基盤として活動しますが，当然ながら実際には全員が金太郎飴のように同じ物の見方や価値観を持つわけではありません。国籍や性別，年齢といった観察しやすい属性やこれまでの経験，性格に違いがあるように，メンバー間には物の見方や価値観の違いが多かれ少なかれ存在します。

その違いがあまりに大きければ組織崩壊にもつながりますが，うまく活用すれば，組織の解釈の幅が広がり，自分たちらしさに関して起こりがちな自己強化型ループと，その結果としての組織の解釈モードの硬直化を防止することも期待できると考えられています。たとえば，国内業務ばかりに従事してきた者だけで構成したチームに，豊富な海外経験を持った人物を入れれば，宗教上のタブーや各国特有の生活習慣から生じるニーズなど，これまでのメンバーでは思いもよらなかった視点の提供があるかもしれません。またベテランの男性社員のみで構成された会議に，多少経験は浅くても若者や女性など異質なメンバーを交えれば，新たな物の見方がもたらされる確率が高まり，その会議における解釈の幅が広がります。

つまり，ダイバーシティの実現は，意思決定プロセスの参加者をこれまでとは違うメンバーにすることで，センス・メイキングの際の解釈の幅を広げ，組織の方向性や質を変えることに役立つと考えられているのです。実際，トップ集団内の多様性を高めると，環境変化に応じた戦略の柔軟な方向転換が可能になった，集団としての革新性や挑戦性が高まったなど，組織業績へのプラスの影響が確認できたとする研究は多数存在します。

〈2〉横のダイバーシティと縦のダイバーシティ

ダイバーシティにも「横のダイバーシティ」と「縦のダイバーシティ」があります。組織の複数の階層をまたいで行われるセンス・メイキングの取り組みは後者に当たります。

優れた成果をあげている組織は，トップとミドル，さらにはトップとミドルとロワーが健全な形で相互作用していることが，多くの研究で指摘されています。たとえば，ミドルはその業務遂行上，経営トップと異なる情報に接することが多いうえ，トップとロワーの板挟み的な役割も負うため，経営トップとは異なる物の見方をする傾向があります。したがって，トップだけでは固定しが

8.4

解釈のマネジメント

ちな組織の解釈も，積極的にミドルの発想や解釈を取り入れることで，組織の解釈の幅を広げたり，解釈モードの固定化や硬直化を防げたりすると考えられるのです。

　組織のセンス・メイキングは基本的に，組織にとって影響力の大きい決定事項ほど，組織のトップを中心に行われます。そこに，ミドルをはじめとしてさまざまな階層の人々が参加することは，同一階層内で多様な人々が参加するよりも，組織の解釈の幅をより広げること，ひいては解釈モードを転換させることにも役立つと考えられます。横のダイバーシティももちろんですが，縦のダイバーシティに期待が集まる理由はそこにあるのです。

　もちろん，いくら形だけ縦横のダイバーシティを高めても，それを実質的に受容する体制が組織になければ，期待する成果は得られません。防衛的な思考の弊害について以前の章で解説したように，組織の主流派が異なる物の見方に対して頑強に抵抗すれば，それらはあっという間に淘汰されてしまいます。そうなれば，組織はダイバーシティを十分に活用できないため，解釈モードには何の変化も起こるはずがありません。

　もっとも，一度でも組織内でダイバーシティの高まりによる既存の解釈モードに対するゆらぎが経験されれば，これまでの解釈モードが決して唯一絶対的なものではなく，別に異なる解釈のあり方が存在しうると組織が知る絶好の機会になると捉えることもできます。このような経験を建設的な方向に結びつけていければ，長期的には解釈モードの変化も起こりうるかもしれません。

○ 介入・働きかけによる戦略的な方向転換

　ダイバーシティを通じた解釈モードの変換は時間を要するため，環境変化のスピードや内容，もしくは組織の解釈モードの硬直化次第では，より急進的な策が必要になる場合があります。その場合，第5章でも説明した外部者の視点を持つ人物による組織への介入が効果的と考えられます。内部者は既存の価値観に囚われているため，硬直化の事実をなかなか知覚できませんが，外部者はそこから自由であるため，問題に容易に気づけるのです。

　もっとも，外部者にも限界はあります。問題に気づき，適切な方向転換を行

おうとしても，それには内部事情に精通していること，組織に対する影響力を持つことが求められるからです。そのため，解釈モードの方向転換には，「インサイド・アウトサイダー（内部者の視点を持った外部者）」か「アウトサイド・インサイダー（外部者の視点を持った内部者）」のように，2つの相反する性質を持つ人物が必要と考えられています。彼らを通じて，現在の解釈モードの転換が不可避であることを組織内に知らしめ，そこから新たなビジョンやイデオロギー，自分たちらしさを再形成していくのです。

とはいえ，先ほどと同様に，こうした介入者の存在そのものをトップが快く思わない場合や，その助言や働きかけを受容する姿勢がなければ，解釈モードの転換は不可能です。あまりにもトップの態度が強硬な場合，より理解ある新たなトップに交代させることも一つの方法です。実際，経営トップが交代して初めて，組織の解釈モードの転換が実現することは珍しくありません。新たな経営トップは外部から招かれることもあれば，内部からの生え抜きで，これまでの方向性に疑問を感じてきた優秀な人物がなることもあります。

なお，組織介入によって解釈モードの転換を図る場合にも，組織メンバーの自発的な関与を引き出すようにするとともに，彼らが意味形成への自身の参加

コラム　ダイバーシティ・マネジメントの難しさ

ダイバーシティは確かに魅力的な取り組みです。しかし一方で，既存のものと異なる価値観や物の見方が強い不快感をもたらすことも少なくありません。また，多様であるがゆえに，なかなか一点に収束せず，異なる解釈を持つ人々やグループ同士の間で亀裂が生じ，その溝を最後まで埋めることができないこともあります。それらを克服できなければ，組織内の解釈の幅を広げるどころか，組織運営そのものに支障が生じてしまう恐れさえあるのです。たとえば，安藤ほか（2017）では，そうした困難に直面し，その解決を試みた事例を詳細に描いています。

つまり，ダイバーシティ・マネジメントを意図通りに進めたければ，そのメリットだけでなく，デメリットを正しく把握するとともに，それぞれの結果をもたらすメカニズムを理解する必要があるのです。期待する未来に辿り着くまでに，いくつも乗り越えるべきハードルがあることを事前に十分に認識・覚悟し，そのための忍耐力を持つこと，小さな成果を積み上げていくことがダイバーシティ・マネジメントの成功には求められています。

を肯定的に捉えられるよう工夫することが重要になります。具体的には，介入者やトップにより提示された解釈モードにはさまざまな解釈の余地を残すような多義性や曖昧さが残されていることが望ましいとされています。あまりにも具体的で一つの理解しかもたらさない内容であると，組織メンバーにはそれを拒否するか受容するか以外に道が残されていないと受け止められがちだからです。そのような状況では，組織メンバーは決して新たな解釈モードづくりに真剣に関与することはないでしょう。逆にいえば，この点を配慮するだけで，組織全体としての解釈モード転換の試みを加速させることも可能になると考えられます。

演習問題

8.1　情報処理システム観と情報解釈システム観の違いを整理し，図表8.3で取り上げられている項目以外にも違いがあるか，探してみましょう。

8.2　メイヤーが3つの病院の比較を行ったように，一見似通った組織が異なる組織行動をした背景に，組織の解釈の違いがある事例を具体的に探してみましょう。その際，解釈の違いが，特に組織学習に与えた影響について注目してみましょう。

第9章

第4フェーズ
：組織の記憶

　この章では，フーバーによる組織学習サイクルの第4のサブプロセスである「組織の記憶」を学ぶことで，組織学習プロセスを横断的に把握する仕上げをします。組織の記憶は個人の記憶とどう違うのか，記憶にはどのような種類があり，どのようにマネジメントすることが組織学習プロセス全体にとって望ましいと考えられるか，などの点への理解を深めます。また，その記憶が超短期的な現象となって現れる組織的な即興についても解説します。

○KEY WORDS○
宣言的記憶と手続き的記憶，
ダイナミック・ケイパビリティ，忘却曲線，
トランザクティブ・メモリー，ナレッジ・マネジメント，
SECI モデル，組織的な即興

9.1　知識を組織で蓄積・記憶する

　第9章ではいよいよ，一連の組織学習プロセスの最後を飾り，かつ他の3つのフェーズと密接な関係を持つという意味で重要性の高い，「組織の記憶」フェーズを取り上げます。

　組織における取り組みや経験を，重要度の高いことから低いことまで何でも記録しようとする企業と，一つひとつの取り組みには真摯に取り組みつつもその場限りで，記録すること自体にはあまり関心のない企業とがあったとき，どちらの企業が望ましいでしょうか。もちろん，こうした両極端の設定はとても現実的なものとはいえません。しかし，あえてどちらか選択しないといけないとしたら，私たちは前者を選ぶことが多いのではないでしょうか。それは，単に経験しただけで終わりにするより，経験をその後も活かせるよう記録することが望ましいと考えるからです。

　記録がなければ，以前同じような経験をしても仕事の経緯や注意点をまるで思い出せず，またゼロから試行錯誤しなければなりませんが，記録さえあれば，すぐに思い出せます。また，自分自身が経験していなくても，組織内の誰かが経験したことがきちんと記録・整理されていれば，それを参考にして迅速かつ的確な対応も可能になります。うまくいった方法は真似ればよいですし，失敗したことはその原因を組織の教訓としながら，同じ結果に陥らないよう回避すればよいのです。

　組織活動は基本的には継続的な性質を持ちます。組織が直面する出来事は多種多様で，まったく同じことは二度と起こらないといわれる一方で，知識獲得の章でも説明したように，過去の経験が活きる場面は頻繁に発生します。そのため，経験とそこから得られた学習内容を誰もが使えるデータベースに変えることができれば，それは組織独自の貴重な資産となりえます。

　もっとも，ただ機械的に何でも記録すればいいというものではありません。また，ここまで「記録」という言葉を用いてきましたが，記録することだけが組織の記憶を形作るわけではありません。記録ではない記憶にはいったいどの

ようなものがあり，そのメカニズムはどうなっているのでしょうか。より望ましい組織学習成果に結びつけるために把握しておくべき組織の記憶のメカニズムや注意点などについて，この章では詳しく取り上げていきます。

9.2 組織の記憶とは

○ 記憶を構成する3つの過程

組織の記憶について説明する前に，まず，ヒトの記憶をはじめとする一般的な意味での記憶の仕組みを確認しておきましょう。

ヒトの記憶そのものについての研究の歴史は古く，少なくとも今から100年以上前，ドイツの心理学者エビングハウス（H. Ebbinghaus）の研究に起源を見出せます。そこでは，記憶とは人々の過去の経験を一定の時間が経過した後も保持し，必要に応じて再現する活動であり，図表9.1 に示す大きく3つの過程で構成されると説明されました。

1つ目は，「符号化（encoding）」の過程です。記銘（memorization），またはコード化とも呼ばれる，経験もしくは見聞きした情報を覚え込む過程です。一般に，経験すればそれだけでもう自動的に私たちの頭の中にその経験が記憶されていくものと思われがちですが，外界から受け取る刺激や情報は膨大です。そのため，特別に注意や関心を向けなければその大半は通り過ぎていきます。記憶するためには，情報を符号化することが必要なのです。中には，明確に意

図表9.1 記憶の3過程

識しなくてもいつの間にか自然に覚えている情報もありますが，その場合でも，私たちは無意識のうちにその情報を符号化していると考えられます。

2つ目は，「保持（retention）」もしくは「貯蔵（storage）」の過程です。この過程は，符号化を経て自分の中に取り込んだ情報を保持し，失わないようにするものです。一般に「記憶」という言葉をきいてイメージするのは，この過程であることが多いのではないでしょうか。「あの人は記憶力がいい」というとき，その人物が記憶している情報が豊富か，特定の情報を保持している期間・年月が長いかのいずれか，もしくは双方を指します。その際，一定の容量を持った貯蔵庫というメタファーが存在していると考えられます。貯蔵庫の容量が大きければ，それだけ多くの情報を蓄積できます。また，容量が大きければ，容量が小さいためにすぐにあふれ出してしまう貯蔵庫と比較して，長期間にわたって情報を保持できるというわけです。

3つ目の過程は，「検索（retrieval）」です。これは，一度保持した情報を，必要に応じて記憶の貯蔵庫から取り出す過程のことです。一度覚えて保持したものはいつでも自由に取り出せると錯覚しがちです。しかし，実際にはそうではありません。かつて覚えた情報がどうあがいても思い出せないこと，直前まで覚えていたのに不意に「ど忘れ」してしまうことはよくあります。一方で，まったく必要や脈絡のないときに，その情報を唐突に思い出すことも，やはりよくあることです。検索の中には，覚えたものをそのまま再現する「再生」と，自ら再生はできないものの，みれば以前覚えたものかどうかわかるという「再認」があります。両者は明確に区別されており，再生よりは再認のほうが簡単とされていますが，そのいずれかができないと，たとえ情報を貯蔵していたとしても，記憶したとはいえない状態であると説明されます。

つまり，記憶というのは，覚え込むことだけを指すわけではないのです。適切な情報を取り込むことはもちろん，必要なときに必要な情報を意図通りに取り出し，活用することができて初めて意味を持つプロセスとして捉えられるのです。

○ 記 憶 の 種 類

　記憶はその性質に基づき，いくつかの分類が試みられています。以下で，その主なものを紹介します。

〈1〉短期記憶と長期記憶

　情報の保持期間の長さによって分類されるのが，短期記憶と長期記憶です。短期記憶とは，1分以内などのごく短い時間に限り保持される記憶を指し，長期記憶は短いもので数分，長いものでは何年にもわたるなど，比較的長く保持される記憶を指します。短期記憶と長期記憶に関する初期モデルとして有名なのは，図表9.2のように，それぞれの貯蔵庫を仮定して記憶の仕組みを説明しようとした，アトキンソンとシフリン（R. C. Atkinson & R. M. Shiffrin, 1971）による「多重貯蔵庫モデル」です。

　アトキンソンらによれば，まず外界からの情報は，視覚や聴覚，触覚などを経て感覚レジスタに保存され，その一部は短期記憶の貯蔵庫へと送られますが，それ以外はごく短い時間に消滅するとされます。短期記憶の例としてよく挙げられるのが，電話番号です。最近では，HPやスマートフォンの画面に掲載される電話番号をクリックするだけで電話をかけられますが，そうでない場合，まず相手先の電話番号をいったん覚えてから，その記憶を再現する形で電話をかけることになります。市外局番を除いた残りの電話番号は，比較的覚えやすいと考えられている7桁までの数字に収まり，そうでなくてもせいぜい8桁であるため，一時的に覚えるのはそれほど大変なことではありません。

　ところが，電話で話を終えた後，数分してから再度その電話番号を言ってみると，まるで答えられない状態になっていることは少なくありません。話を終えてから数分どころか，目的の相手が電話に出た瞬間，すなわち，目的を果たした瞬間には既にまったく思い出せないことさえあります。確かに記憶したはずなのに，その記憶が持続しないのです。

　それに対して，私たちは何年も前に起きた事柄でも，たった今起きたことのように明確に覚えていることがあります。たとえば，子供の頃に経験した出来事，同級生や友人・知人の名前，自分がこれまで携わってきた仕事やそれに関

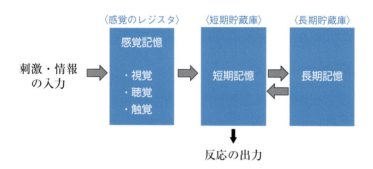

図表9.2 多重貯蔵庫モデル

（出典）Atkinson & Shiffrin（1971）をもとに作成

して得られた知識などは，比較的長期間にわたって保持されます。こうした記憶は，アトキンソンらのモデルでは，短期記憶の貯蔵庫からより保持期間の長い貯蔵庫に送られた情報と考えられ，これを長期記憶と呼びます。長期記憶になるのは，短期記憶の中でも，何度もリハーサル（復唱）されたり，特別な注意を向けられたものであると捉えられています。

こうした記憶の二分法は，発表当時，大きな影響力を持ちました。しかし現在は短期記憶に代わり，「ワーキング・メモリ（作動記憶）」という概念がより説明力があり適切であると考えられるようになってきました。ワーキング・メモリとは，作業をするために情報を一時的に記憶する機能のことです。短期記憶の概念ではただ貯蔵する機能のみが想定されましたが，実際は単に保持するだけでなく，その情報に意味づけしたり，変形したりするなどの能動的な処理が行われます。たとえば，私たちは他人の話を聞きながら，その内容への質問を考えることもあれば，以前聞いた話と関連づけることもあります。このワーキング・メモリが高い人ほど効率的に仕事ができ，訓練によってその能力は向上可能と考えられています。

〈2〉 宣言的記憶と手続き的記憶

　個人の記憶はともかく，組織の記憶に限れば主な議論の対象になるのは，長期記憶であるといってよいでしょう。その長期記憶にも，性質の違いによる区別がなされています。大別すると，「宣言的記憶（declarative memory）」と「手続き的記憶（procedural memory）」の2種類です。

　宣言的記憶とは，意識的に想起され，一般化したり客観的に表現したりするのが比較的容易な記憶を指します。たとえば，「昨日の朝は，会社で若手の勉強会があったため，自分も参加した」という記憶は，時間的・空間的に特定でき，他者に客観的に説明することが可能です。また，勉強会で取り上げたトピックスは何で，どのような内容だったのかなどの記憶も一般的な知識であり，これも宣言的記憶に入ります。第7章で解説した形式知の多くは，宣言的記憶となるでしょう。

　カナダ人心理学者のタルヴィング（E. Tulving, 1972）は，上記の例のうち，前者を個人的に経験したエピソードであるため「エピソード記憶」と名づけ，後者の「意味記憶」と区別して扱うことを提唱しました。意味記憶とは，これまで学習した単語や概念，見聞きして知識として知っている身の回りのもの，社会一般的な事象についての記憶のことです。

　次に，手続き的記憶とは，体験の反復や練習などを通じて習得された身体的・認知的な記憶と説明されます。よくあがる例は，自転車の乗り方，泳ぎ方などの技能に関する記憶です。こうした技能は何年ブランクがあろうとも，再開してみると身体が覚えていることを実感するものです。もっとも，記憶内容を他者に説明しようとしても困難を極めたり，説明だけでは他者がその記憶を受け継げなかったりという性質を持ちます。したがって，暗黙知と手続き的記憶は関係が深いと捉えられるでしょう。

　手続き的記憶は，宣言的記憶と比較すると，劣化しにくいだけでなく，想起・検索の反応が早いと考えられています。その一方，より深く埋め込まれているため，新たな事態に直面すると，宣言的記憶と比較して劇的に反応が遅くなるという特徴も持つとされています。新たな状況のもとでは，これまでの手続き的記憶が使えず，宣言的記憶から情報の検索・活用ができるよう，いったん切り替える必要があると考えられているためです。記憶に関する研究者たちによる

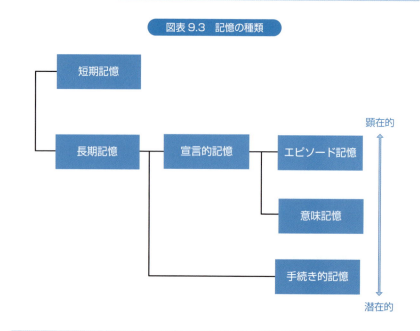

図表 9.3 記憶の種類

主張の関係性を整理したのが，図表 9.3 です。

〈3〉回顧記憶，展望記憶，メタ記憶

　ここまで説明した記憶はいずれも過去の経験に関する記憶であり，それをさかのぼって思い出すことから，「回顧記憶（retrospective memory）」と呼ばれます。それに対して，未来の出来事に関して覚えることも一種の記憶と位置づけられています。たとえば，今晩ある人物に電話をしなければならない，翌月にアポイントメントがあり，何時にどこで待ち合わせであるなど覚えておかなければならない今後の予定が，それに該当します。これらの記憶は，「展望記憶（prospective memory）」と名づけられています。

　このほか，記憶の記憶と呼ばれる「メタ記憶」というものも想定されています。私たちは，何か課題を提示されたとき，その問題に実際に答える前から自分がそれに答えられるか判断できるとされています。あるジャンルのクイズを

出されたとき，問題をきくまでもなく，自分がそのジャンルに詳しいか疎いかくらいはすぐに認識できるものです。同様に，新たな仕事を振られたとき，まだ着手前でも，自分の現在の能力や知識からこなせそうか明らかに無理そうかも，ある程度見当がつきます。このように自分が何を知っていて，何を知らないのかに関する知識に対する記憶を，メタ記憶と呼ぶのです。

　メタ記憶には，覚えたことを忘れやすい，時間はかかるが一度覚えたら忘れにくいなど，自分の記憶に関する特性に関する知識も入ります。また，一般的にどうすれば記憶に残りやすくなるのか，そのうえで自分の場合はどうなのか，などの知識も，メタ記憶に入るものとして位置づけられています。

◯　組織の記憶の特徴

　組織の記憶は，こうした個人の記憶と基本的には同じ仕組みを持つものの，組織記憶に特有の異なる点もあります。以下では，主な違い3つを紹介しましょう。

〈1〉記憶の過程への複数の人間の関与

　1つ目は，組織の記憶の場合，前述した記憶の3つの過程の主体者が同じとは限らないという点です。個人の記憶では，間違いなく，符号化から検索まで一貫して1人の人間が行います。しかし，組織の記憶では必ずしもそうではありません。むしろ，組織の規模が大きくなるほど，符号化した人物と貯蔵された情報を検索する人物が異なることのほうが多いと考えられます。

　たとえば，営業担当者が符号化し貯蔵した製品やサービスに関する顧客ニーズを，開発担当者が検索することはよくあることです。また，このような場所的・空間的に違う利用だけでなく，時間的に違う利用もなされます。何十年も前に貯蔵された情報を，最近入社したばかりの新人が検索するといった状況は，それに該当します。情報の蓄積や活用に多くの人が関わる組織ならではの特徴です。

〈2〉 宣言的記憶への転換の重要性

　2つ目は，だからこそ長期記憶のうち，手続き的記憶よりも宣言的記憶づくりに組織の多くのエネルギーが注がれる傾向があるという点です。組織ではマニュアルや標準作業手続き（SOP：standard operating procedure）書，議事録など多くの情報が文書化され，記録として残されます。また，必ずしも文書化されなかったとしても，組織メンバーに明示的に共有されている意思決定の仕組みや，組織の誰がみても明確な制度設計，組織構造なども，組織の宣言的記憶の一つとして機能します。

　もちろん，手続き的記憶も組織にとって重要な記憶であることは間違いありません。ただ，手続き的記憶は潜在性が高い記憶です。手続き的記憶の対象となった情報や知識は，獲得・記憶した個人のもとに留まりがちで，そのままでは他者が利用するのは非常に困難です。また，前述したように，手続き的記憶は既知のことにはすばやく対応できても，未知の経験，新たな事態には急に反応が鈍くなり，結果として組織としての行動や意思決定のスピードが大幅に低下します。組織を取り巻く環境が変化し，常に新たな対応を迫られる中，それでは困ってしまいます。

　これらの理由から，組織は組織メンバー個人に属する手続き的記憶を可能な限り，組織で共有しうる宣言的記憶に転換し，保有する知識や情報の利用可能性を向上させようとするのです。そして，こうした転換や，その際に行われる付加価値の創造や向上に長けている組織こそが，より効果的な組織学習を実現できるとともに，その結果としての高い組織成果をあげることができると考えられているのです。

　ゾロ=ウィンター（M. Zollo & S. G. Winter, 2002）が提唱した「ダイナミック・ケイパビリティ（dynamic capabilities）」という概念も，この考え方に通じると受け止められます。彼らは直接，記憶という表現を用いませんが，図表9.4のように組織ルーティンを「運営上のルーティン（operating routines）」と「ダイナミック・ケイパビリティ」の2種類に分け，それらと組織の記憶フェーズを含む組織学習メカニズムとの関係を捉えようとしました。ダイナミック・ケイパビリティとは，組織の通常業務遂行のために活用される運営上のルーティンを「体系的に創出・修正する，集合的で学習された安定的なパターン」

> **図表9.4　ダイナミック・ケイパビリティ**
>
> 〈学習メカニズム〉
>
> ・経験の蓄積（知識獲得フェーズに該当）
> ・知識の明確化（移転・解釈フェーズに該当）
> ・知識の符号化（組織記憶フェーズに該当）
>
> ↓
>
> ダイナミック・ケイパビリティ
>
> ↓
>
> 運営上のルーティンの進化

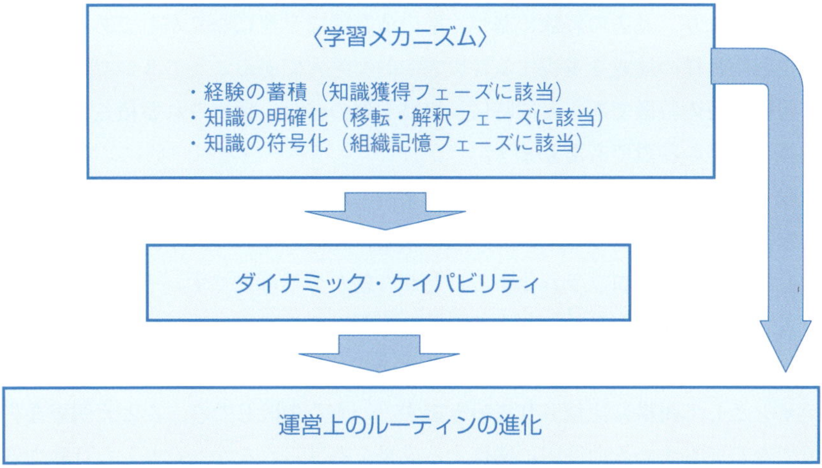

（出典）　Zollo & Winter（2002）の Figure 1 に筆者補足（括弧部分）

のことと説明されます。

　手続き的記憶を宣言的記憶に転換し，組織が利用可能な組織ルーティンへと創出する能力は，まさにダイナミック・ケイパビリティに該当すると考えられます。もちろん，ダイナミック・ケイパビリティにおいては，既に組織の宣言的記憶として活用されているものの修正も含むため，両者は完全に同一ではありません。しかし，組織の記憶にとって，宣言的記憶への転換が必要なこと，その能力の高さが組織の成果を左右する点に関しては，認識が一致しています。加えて，彼らは，その事象の経験の頻度が低い場合やこれまでのものとの異質性が高い場合，行動と成果との因果関係の曖昧性が高い場合に特に，ダイナミック・ケイパビリティがもたらす効果が高まると説明しています。

〈3〉組織のバイアスの強化

　3つ目の点は，組織の記憶は個人の記憶と比較して，組織的なバイアスが強

化される傾向があることです。組織学習論に関する有名なレビュー論文を著したレヴィット＝マーチ（B. Levitt & J. G. March, 1988）は，組織学習の3つの特性を指摘しました。組織学習が組織ルーティンを基盤にして行われること，将来の予測より，過去の経験に基づく歴史依存的な学習になりがちであること，設定した目標の達成を重視する目標志向的な学習であることの3つです。これは組織学習の特徴であると同時に，組織学習の結果，獲得され蓄積されていく組織の記憶の特徴でもあります。

　限られた合理性しか持たない組織メンバーが最小のコストで，少しでも合理的な意思決定をしようとすれば，既に頻繁に経験しており，予測可能な事柄に対しては行動をプログラム化することが有効かつ不可欠です。そして，プログラム化された行動が目的通り成功を重ねると，その歴史は次の学習活動の基盤となって学習の方向性を左右するだけでなく，「成功の法則」という組織ルーティンとして組織に記憶されていきます。一方，失敗したり，たとえ明確な失敗でなくても求める期間内に期待する成果をあげられなかったりした行動や意思決定は，自然に淘汰されていきます。

　いわば，組織ルーティンには，エコロジー（生態学）的なメカニズムが色濃く働いているのです。この点が，友達や家族との思い出などのように，特に目覚ましい成果がなくても何らかの感情の琴線に触れた情報や知識は保持される，個人の記憶と大きく異なるところです。組織学習プロセスの理解には，こうした組織の記憶に関する特性の把握が不可欠なのです。

9.3　組織の記憶に関する難しさ

　組織の記憶は，蓄積された情報や知識を組織メンバー同士がうまく活用できれば，次の組織学習プロセス全体へのプラスの効果が期待できる重要なフェーズです。しかし，個人の記憶とは異なる特性を持つ組織の記憶のマネジメントは，独特の難しさがあります。ここでは，フーバー（J. P. Huber, 1991）による3点の指摘を確認しておきます。

◯ 損なわれる記憶

〈1〉陳腐化や自然的な忘却

　個人の記憶と同様に，組織の記憶もさまざまな形で損なわれていきます。せっかく記憶したことが時間の経過とともに妥当性を欠いたり，時代遅れになったりすることはよくあります。殊に，技術的なノウハウ，顧客のニーズや好み，世の中のトレンドや価値観などは，次々に移り変わります。それに気づかず，陳腐化した記憶を拠り所として組織学習プロセスを展開しても，努力するほど不適切な学習成果しか得られず，むしろ逆効果になることは，第4章の学習曲線のジレンマで取り上げた通りです。

　また，記憶内容そのものは劣化していなくても，損なわれることが少なくありません。たとえば，自然発生的な要素が強い「忘却（forgetting）」という現象があります。エビングハウスによる忘却曲線はその現象に対する研究の原点として有名です。

　忘却曲線とは，組織ではなく，個人を対象にしたものですが，相互に関連を持たない無意味な文字の組み合わせをいったん記憶した後，数分から数日の間隔をおいて再び記憶し直したとき，記憶に要した時間を計測することで，もともとの学習効果がどれだけ残っているかをグラフ化したものです。エビングハウスが自ら覚えて再生するという形で測定されました。一定の期間に忘却した量や記憶量を直接測るのではなく，再記憶化に要した時間をもともとの時間と比較することで，その差分を学習の節約と捉えました。したがって，節約率は，節約された時間（回数）／最初に要した時間（回数）という式で表されます。

　図表 9.5 から明らかなように，わずか1時間で節約率は 50% を切り，急速に忘却が進むことがわかります。もっとも，その後は緩やかなカーブを描き，1日後でも 31 日後でも大きな違いがないことも確認できます。その後，盛んに行われた他の研究者による多くの実験でも，数値やカーブの違いはあれども基本的には同様の結果が得られ，個人の記憶は覚え込んだ直後から急速に失われることがわかっています。その理由としては，使わないと忘れるという「不使用説」もあれば，それ以前や以後に覚えたことと干渉し合うことで損なわれるとする「干渉説」など，さまざまなものが挙げられていますが，まだ十分に

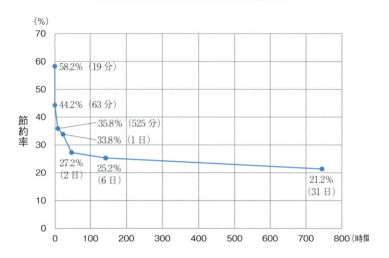

図表9.5　エビングハウスの忘却曲線

（出典）Ebbinghaus（1885）および篠原（1998）表9.1 をもとに作成

解明されているとはいえません。また，この忘却曲線の結果から，一度目より二度目，二度目より三度目と，回を重ねるほうが，覚え直しが容易になるうえ，学習効果も高まると考えられるようになりました。

　個人ではなく，組織としての忘却に関しては，たとえばベイリー（C. D. Bailey, 1989）による部品の組立作業の再現実験の研究があり，同様の考察結果に至っています。それに加え，この研究では忘却率は覚えてから再生するまでの経過時間の長さだけでなく，それまでの学習量と関係があると考えられること，また，一般には関係があると思われがちな学習率，すなわち学習速度が速いか遅いかという点と，忘却率とは有意な関係性が見出せなかったことが明らかにされています。

〈2〉人の入れ替わりによる損失

　組織の記憶を損なう，より大きな原因として注目されているのは，人事異動

や人の離転職といった人の入れ替わりです。組織は基本的に業績や運営に問題がない限り，比較的長期にわたる存続が可能ですが，組織メンバー個人となると，そうはいきません。死去したり退職したりと組織を離脱することは大いにありえることです。

その場合，メンバーが個人的に保持していた記憶は組織から失われ，必要が生じても他のメンバーがもはや検索できない状態に陥ります。組織としてはそうした予測可能な事態によるマイナスの影響を最小限に抑えるために，事前に，個人の手続き的記憶を組織の宣言的記憶へ転換しようとします。しかしながら，完全な転換は不可能で，その過程で零れ落ちた記憶は，永遠に組織から失われることになるのです。

これは人事異動でも同様です。人事異動では，その人物が組織から完全に退出するわけではなく，単に別の部署に移るだけなので，組織全体で保持する記憶量には変化がないはずです。しかし，特に手続き的記憶は，特定の状況や人間関係に粘着しています。そのため，人事異動で状況が変化すると，これまでのようにはその記憶すべてを活用できなくなるのです。それは人事異動した当人はもちろん，その人物が異動前にいた職場や，その人物を新たに迎える異動先の職場でも同じです。結果的に，たとえ一時的にしろ，組織としての意思決定や行動の効率は落ちることになるのです。

ラオ=アルゴーティー（R. D. Rao & L. Argote, 2006）の実験結果は，この考えを裏付けるものです。彼らは，互いの役割が明確になっている構造化の高いチームと，少なくとも当初はそれが明確でない構造化の低いチームを複数用意しました。そのうえで，それぞれのチームをさらに2つに分け，5回の試行の間中，メンバーの入れ替わりがないチームと，試行のたびに1人ずつメンバーを入れ替えるチームを作り，この4タイプのチームの業績を比較しました。その結果が，図表9.6です。

人の入れ替わりがないチームは試行を重ねるたびに業績が向上していきますが，入れ替わりのあるチームは，構造化の違いに関係なく伸び悩みます。なお，入れ替わりの際に新たに投入されるメンバーは，チームで行う作業についてまったく白紙の状態ではなく，先に作業を行っている他のメンバーと同水準になるよう，事前に十分なトレーニングが施された状態にありました。それにもか

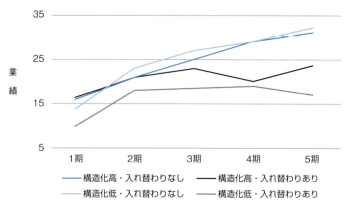

（出典） Rao & Argote（2006）Figure 2

かわらず，こうした違いが生じた原因として，ラオらは人の入れ替わりが組織の記憶を損なうためと考察しています。

◯ 組織の発展可能性を狭める記憶

　組織の記憶には，過去に業績に貢献した組織ルーティンが中心になるというバイアスが，個人の場合以上に強く働くことは先に述べました。確かに，それは効率的な組織運営を可能にしますが，こうしたバイアスが積み重なると，組織は「有能さの罠」や慣性に囚われ，組織としての柔軟性を損なう危機に直面します。

　第6章で取り上げたように，一般に組織が嫌う失敗経験にこそ，将来の成功につながる種や教訓が眠っていることは少なくありません。また，その時点では歯牙にもかけなかった情報や知識が後に，組織の存続・発展を左右するイノベーションを生み出すこともあります。しかし，そうした情報は組織のフィルターに耐えにくいため，貯蔵の対象になりにくいのです。そして，貯蔵されな

い以上，後日いくら検索しても取り出すことも活用することもできません。つまり，組織は本来利用できたかもしれない機会を，みすみす逃すわけです。バイアスがまったくない組織はありえませんが，あまりにも強いと組織の発展可能性は狭まってしまいます。

　ハース=ハンセン（M. R. Haas & M. T. Hansen, 2005）は，組織の記憶の典型例である，経営や業務に関する過去のノウハウを再利用することが，組織やそれを利用する組織メンバーの価値を下げるという衝撃的な研究成果を発表しています。新たなプロジェクトを入札するために，コンサルタントが社内のデータベースを活用したり，同僚にアドバイスを求めたりするなど，過去のノウハウを積極的に利用した場合の結果を分析したところ，予想に反する結果が得られました。過去のノウハウを利用した者ほど，入札に敗れていたのです。特に，経験が浅いメンバーよりベテランになるほど，その傾向が色濃く現れていました。なぜなのか。その理由を彼らは，過去のノウハウに頼ることで，入札に勝利するために不可欠な独自性や斬新性が失われるからではないかと指摘しています。

　組織の記憶は確かに組織にとって頼れる独自のデータベースであり，次なる組織行動や意思決定の基盤となります。組織の記憶があってこそ，イノベーションの芽を大きく育てられる側面もあります。しかしながら，イノベーションの種をみつけるときには，使い慣れたデータベースから距離を置いたり，逆転の発想を持ったりすることが必要なのです。これまで本書内では，イノベーションを起こすうえで必要なこととして，異なる学習曲線に移る，既存の価値の否定をする，などの議論を紹介してきました。いずれも同じ現象に対する問題意識を表したものですが，組織の記憶のバイアスが強いと，バイアスによって覆い隠される別の可能性に対する感度を下げるため，という説明の仕方もできる，というわけです。

○ 検索できない記憶

　仮に，これまで言及してきた問題が一切生じず，必要とする知識が十分に組織内に貯蔵されていたとしても，必要なときにそれを検索できなければ，やは

り大きな問題です。

　特に，組織が大規模であると，組織のどこかに，もしくは誰かが貯蔵していても，そのこと自体知らなかったり，知っていてもその所在にまったく見当がつかなかったりすることがありえます。おおよその貯蔵場所がわかっても，その情報にアクセスする方法や手段がわからない場合もあります。取り出せないということは，活用できないということです。結果として，組織の記憶としては，機能不全を起こしていることになります。

　それに対し，組織メンバー個人の記憶が限られ，偏ったものだったとしても，互いに，組織内の「誰」が「何」を知っているか，すなわち，「Who knows what」を把握していれば，組織の記憶効率は飛躍的に高まり，組織が貯蔵する情報の量や質以上に，業績にプラスに働くことが明らかにされています。必要なときに必要な情報に的確かつ迅速にアクセスできるということは，効果的な取り出しや活用が可能になることを意味するからです。

　「Who knows what」に関する組織の記憶は，1986 年，ハーバード大学のウェグナー（D. Wegner）により，「トランザクティブ・メモリー（transactive memory）」として提唱され，その後，多くの研究者の関心を集めることになりました。トランザクティブ・メモリーのレベルは 3 つの要素で決定されると考えられています。1 つ目は専門性に基づく役割分化が組織メンバー間で進んでいる程度です。誰が何を知っているかが重要になるのは，すべてのメンバーが同じ情報・知識を持っているときよりも，それぞれ異なる情報・知識を持っている場合だからです。

　そして 2 つ目は，互いの能力に対する信頼性の程度です。これは各組織メンバーの専門性の高さと言い換えてもよいでしょう。たとえ組織メンバー同士が互いに異なる情報・知識を持っていたとしても，その質や信憑性に疑いがあれば安心して活用できません。同様に，それぞれの専門性が低い場合には，皆が同じ情報を持っている場合と実質的に変わらないと考えられます。なお，この場合の信頼性は純粋に能力に関するものであって，人格もしくは好悪などの個人的な感情が絡む信頼性ではありません。その点は，第 7 章の知識移転の条件とまったく同じです。

　3 つ目は組織内での調整の程度です。どの組織にも，有益な人脈を広く有す

る者，情報通と呼ばれる者はいるものです。しかし，そうした人々が組織内に
ごくわずかしか存在しない場合，組織的に何も調整しなければ，彼ら個人に競
争優位性が生まれても，組織全体の記憶の効率化にはほとんど貢献しません。
また，組織内のセクショナリズムが強い場合も，他の部署やそこに所属してい
るメンバーのやっていることがまったくわからないことはよくあります。これ
らの場合，組織全体としてのトランザクティブ・メモリーは大きく損なわれて
いると考えられます。大切なのは，組織内の誰もが必要に応じて，組織に貯蔵
された知識をいつでも自由に取り出せ，柔軟に活用し合えることです。そのた
めには，意識的かつ組織的な調整が必要不可欠になるのです。

9.4　記憶のマネジメント

◯ IT 技術を活用したナレッジ・マネジメント

〈1〉ナレッジ・マネジメントの狙い

　組織の記憶ならではの難しさはあっても，「できる」組織ほど，その問題を
克服・改善するためのさまざまな工夫をしています。代表的な例が，「ナレッ
ジ・マネジメント（knowledge management）」です。

　ナレッジ・マネジメントとは，組織学習プロセスを通じて得られた情報や知
識を，現場が最大限に活用できるよう，実践レベルに落とし込もうとする考え
方です。より具体的には，「最新の情報技術などの手段を用いて，組織の中に
散在する知識の共有化を図り，その必要性や目的に応じて，すべての組織メン
バーがいつでも自由に知識を移転・再利用できる組織コンテクストや仕組みを
作り上げること」などと説明されます。

　前述のように，組織メンバーが獲得した情報や知識は，意識しなければ容易
に損なわれます。そこで，主に情報技術を用いることで，それらの情報や知識
の損失や消失を可能な限り防ごうというのです。最新の情報技術を活用すれば，
人間や組織の能力をはるかに超えた膨大な情報を蓄えることができます。すべ

ての組織メンバーがその情報システムを用いて各々の持つ情報や知識の貯蔵に協力すれば，組織全体として保有する情報の分野・専門的な偏りもある程度緩和することができます。

　もっとも，ただため込むだけでは，物にあふれ，何がどこにあるか認識できなくなった散らかった部屋と同じで，肝心の検索・取り出しができません。そのため，求める情報の所在が容易にわかるよう初めから貯蔵の仕方を工夫する必要があります。インデックスやディレクトリーツリーを的確に設計するのはもちろん，貯蔵した情報の有益度や潜在可能性を互いに評価し合うなど，最初から検索し取り出すことを大前提とした貯蔵方法を心がけることが大切になるのです。

〈2〉SECI モデル

　なお，上記のような説明をすると，ナレッジ・マネジメントは結局，組織の記憶を効率的に活用することばかり追求する発想にみえるかもしれません。しかし本来は，効率性よりもその先にある創造性の向上を目指した考え方であることを，改めて強調しておく必要があるでしょう。

　組織が効果的に必要な情報を取り出すのは何のためなのか。その知識自体の洗練化や改善を図ることももちろん目的の一つです。しかし，むしろそうした既存の知識を基盤とした異なる視点の導入や疑問の提示を通じて，組織の飛躍的な成長につながる新たな知識獲得を目指すことにあるのです。言い換えれば，ナレッジ・マネジメントとは低次学習だけでなく，高次学習の実現をも目指した考え方なのです。そうした視点が欠けていると，使い勝手のよいデータベースとしてのみ組織の記憶を位置づけがちとなり，まさに前節でハースらが指摘したような問題に悩まされることになります。

　実際，野中=竹内（I. Nonaka & H. Takeuchi, 1995）による知識創造理論では，図表 9.7 に掲載した SECI（セキ）モデルを用いてそうした考え方を明確に打ち出しています。海外で英語で発表されたこの理論は，日本人による理論としては珍しく，国内だけでなく海外でも高く評価されています。

　SECI モデルの考え方を簡単に説明すると，まず組織メンバー個人が他者と直接経験を共有することで暗黙知を共有する「共同化（Socialization）」が組織

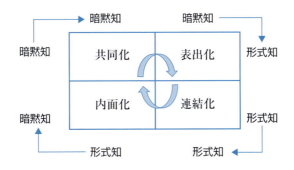

図表 9.7 野中=竹内（1995）による SECI モデル

（出典）Nonaka & Takeuchi（1995），邦訳 p. 93，図 3.2 をもとに作成

学習の出発点となります。そして，共同化された暗黙知は，組織メンバー同士の対話や思索を通じて形式知へと変換されたうえで潜在的な知から顕在的な知へと「表出化（Externalization）」されます。その後，組織内に広く共有されて既存の形式知と組み合わさります。これを「連結化（Combination）」と呼びます。組織メンバーは連結化され組織で体系化された形式知を活用する中で新たな暗黙知を獲得していきます。こうして「内面化（Internalization）」された知識は，新たな組織学習の基盤となり，再び共同化へとつながるとされます。SECI モデルという名称は，それぞれのプロセスの英語表記のイニシャルをつなげたもので，「堰」を切るという表現とかけたものです。

　野中らの著書では，松下電器（現パナソニック）のホームベーカリーの開発事例が SECI モデルの説明として用いられます。「美味しいパン」という抽象的で感覚的なものを掴むために，開発チームのメンバーは美味しさで高い評判のパン屋に修業に入ります。その店のシェフも先輩職人も腕はありますが，その暗黙知を言葉にして懇切丁寧に教えてくれるわけではありません。そこで，開発チームのメンバーはシェフたちの背中をみて試行錯誤しながら，「パンの美味しさ」の感覚を盗みとっていきます。これが共同化です。その後，社に持ち帰りますが，暗黙知のままでは製品化できません。設計情報に落とし込める

よう，水分の量，小麦粉の練り具合など自らの感覚を定量化・形式知化していきます。これが表出化です。こうした設計情報を具体的な製品化するためには，多くの事業部と協力し合わなければなりません。この事例では，開発を担当した電化調理事業部はもともと3つの異なる事業部を統合してできたものだったため，各事業部の技術，具体的には炊飯器のマイコン技術，電熱器の温度制御技術，回転機のモーター技術を駆使し，協力して開発にあたることで，単純な総和を越えた高いレベルでの組織学習を喚起し，その結果としてまったく新たな製品開発を可能にしました。これが連結化と内面化です。こうして市場に送り出された製品には消費者などからの声が寄せられます。しかし，それは再び感覚的なもののため，開発チームが的確に把握するうえではまた共同化が必要になるというのです。

このモデルでは形式知と暗黙知で一連のサイクルが説明されますが，手続き的記憶と宣言的記憶に変えても説明は可能です。共同化から表出化は，個人の手続き的記憶を組織の宣言的記憶に変換するプロセスです。表出化から内面化では改善や洗練化が進むことから，主に低次学習が生じます。また，内面化から表出化では，宣言的記憶をもとにした学習活動を通じて新たな手続き的記憶が獲得されていきます。そこでは既存の枠組みからの飛躍や脱却が起きやすいため，高次学習の実現が期待されるプロセスと考えられるのです。

◯ トランザクティブ・メモリーの鍛錬

組織の記憶に関する問題の克服には，トランザクティブ・メモリーを鍛えることも効果的です。トランザクティブ・メモリーは，もともと恋人同士や家族，仲良しグループなど，長時間を共に過ごし，互いを知り合う関係ならば，自然に形成されるものとされます。仲良しグループでの共同作業では，グループ内で特に打ち合わせをしなくても，互いの得意分野や苦手分野を漠然と認識し合い，役割分担や困ったときに相談すべき相手，自分が手を貸すべき相手が自然にわかるものです。その関係を強制的に歪めると，トランザクティブ・メモリーは容易に損なわれ，期待する機能を発揮できなくなります。人事異動による組織記憶の損失はその典型的な例です。

トランザクティブ・メモリーの鍛錬には，3つの構成要素をそれぞれ強化する必要があります。まず，一人ひとりの専門性を高め，専門性に対する高い信頼関係を元に役割分化を推し進めます。そのうえで，望まない副産物として生じがちなセクショナリズムを回避できるよう，コミュニケーションのあり方を工夫します。誰がどのような専門性を持つのか，現在どのような状況にあるのかを，組織内に意識的に知らしめる仕組み，共有する仕組みづくりも不可欠となります。公開型の成果発表会や「この指とまれ」方式（コラム参照）のプロジェクトの立ち上げ，業務プロセスや組織資源，そして現在抱えている顕在・潜在双方の問題の「見える化」などは，自然に組織のトランザクティブ・メモリーを高める有益な方法と考えられます。

ほかには，トランザクティブ・メモリーが長期的な関係の中で強化されることに着目して，意識的に同じメンバーで何度も協働経験をさせること，特に互いに顔を突き合わせての，フェイス・トゥ・フェイスのコミュニケーションは効果的と考えられています。頻繁な小集団活動や短いサイクルで小さなプロジェクトを何度も回したり，研修としてのロール・プレイングや避難訓練などの実際の場面を具体的に想定したトレーニングを実施したりという形がありえます。

コラム 「この指とまれ」方式のプロジェクト

「この指とまれ」方式のプロジェクトとは，何らかの企画を持つ人物がプロジェクト・リーダーとしてプロジェクトを立ち上げ，それを広く告知することで，その内容に関心があり，また自分が貢献できる，もしくはその内容を学びたいと思う組織メンバーが応募してくるものです。

どちらも，組織内のどこにどのような専門性を持った人々がいるのかを共有することに役立ちます。また，そうしたプロジェクトが存在すると，プロジェクト・リーダーとなったり，そのプロジェクトのメンバーとして指名されたり他のメンバーから喜んで受け入れられるようになりたいと考えて，組織メンバー同士が切磋琢磨するという効果もあります。その意味では，取り立てて高い専門性がない組織メンバーには厳しい制度ともいえます。

こうした方式を取り入れている企業として，国内で有名だったのは前川製作所ですが，他にも国内外の多くの企業が実践しています。

9.5 「組織的な即興」への昇華

○ 組織的な即興とは

　組織の記憶が十分に期待する効果を発揮できるようになると，短期的・長期的な成果だけでなく，それよりさらにタイムスパンの短い，超短期的・瞬発的な成果も期待できると考えられています。単に記憶したことを取り出すというレベルではなく，記憶の中から瞬時に必要な断片を取り出し，それらの化学反応からまったく新しいものを創り上げるという，高次学習に当たる組織学習を実現しやすくなるのです。これを「組織的な即興」と呼びます。

　組織的な即興は，「計画と実行の時間的乖離が極端といえるほど非常に短く，自発的かつ歴史的に脈絡のある方法で，目的とする物事を直感的に新たな方法で達成しようと試みる，自発的で創造的なプロセス」と定義されます。先に綿密に練られた計画や思考があり，それに基づく確実な実行というより，デザインや実行をしながら考えるという発想に立っている点が，既存の組織原理とは大きく異なります。かつてこうした組織行動は，「計画の失敗」もしくは「行き当たりばったり」と，厳しい非難にさらされました。しかし，既存の組織原理の綻びや限界が目立つようになってきた近年，その評価は大きく変化したのです。

　変化のはじまりは，ジャズの舞台で繰り広げられる即興が際立って高い創造性と即時性を同時に実現していると，経営学者たちに再認識されたことでした。ジャズの演奏家は，交替で全体の演奏をリードする役割を担う際，必ずしも楽譜通りに演奏するのではなく，毎回リズムやコードを変えた独自の演奏に挑戦すること，それにより実現する創造性の高さをプロとしての誇りにしていました。そして，リード役以外のメンバーは，創造性や挑戦意欲あふれる演奏がいかに独特であっても，自分の演奏がそれに調和できることにやはり誇りを抱いていました。観客もその予想のつかなさを楽しみにし，期待し，場を共有していました。

つまり，事前に十分に練られた計画に基づかないにもかかわらず，プロが互いに競い合いながら，自分の能力を最大限に引き出すことで，その場で求められる対応を瞬時に判断して行動に移すことができ，その結果，平凡に終わるときもある一方で，天井知らずに独創的・創造的な演奏が生まれる場合も少なくないという事実を，経営学者たちは目の当たりにしたのです。従来の経営学から見ればまったく異なるこの発想が，予想のつかない環境変化に翻弄されている組織の運営に何らかの問題解決のヒントを与えるのではないかということから，即興は注目を集めることになりました。

○ 組織の記憶と組織的な即興の関係

　計画を十分に立てることは重要です。しかし同時に，何らかの予想外の出来事は常に発生するという前提でいたほうが現実的です。緊急性の高い医療現場や火災現場などは，組織的な即興の事例としてよく挙げられるものです。

　医療関係者や消防にあたる署員・チームは日頃から専門性を高め，問題解決に向けた徹底した訓練を受けています。それでも，いざ直面する現実には教科書通りでないものが少なくありません。医療現場であれば，救急搬送の患者の症状が初めて体験するものだった，開腹手術をしたら予想外に病巣が広がっていたなどの事態は，必ずしも珍しいことではありません。火災現場でも，目的地までの道が細く入り組んでいたり，工事中で通行止めだったりと日頃とは異なる状況のために到着に予想以上の時間がかかった，火事の程度が予想をはるかに超えていたなどの事態はありえます。その際，予想外だと慌てふためき，なすすべもなく立ち尽くしていては話になりません。瞬時の判断で協働し，最善を尽くして問題解決に当たる必要があります。

　そのためには，常日頃からトランザクティブ・メモリーを強化する努力が欠かせません。また，たとえメンバー間に多様性や見解の相違が存在しても，それを数や力で押し切るのではなく，可能な限りコンセンサスを形成して物事の解決にあたることが必要だと考えられています。よい即興は，高い専門性を持つ人々による，多様な知識やスキル，価値観を基盤として引き出されるからです。

組織的即興の研究者モアマン=マイナー（C. Moorman & A. S. Miner, 1998）も，組織的な即興のレベルは，保有する組織の記憶から大きな影響を受けると論じています。手続き的記憶が多いほど，デザインと行動との時間的乖離が極端に短くなり，瞬時の判断に基づく行動が増え，即興のスピードが高まります。ただし，その際に出現する行動は過去の行動との一貫性が高いため，新規性や独創性は低いものになりがちです。

　一方，宣言的記憶が多いほど，組織的な即興から生み出される行動の創造性や新規性は高まる傾向があります。宣言的記憶には，これまで組織が構築してきた原理を利用して，まだ十分構造化されていない状況に新たな発見を加えたり意味づけを行ったりする力があるためです。それは組織が保有するレパートリーを盛んに検索することで可能になっています。したがって，宣言的記憶に基づく即興のスピードは，手続き的記憶に基づく即興と比較すれば，ゆっくりしたものになりがちです。

　手続き的記憶と宣言的記憶は補完的な関係にあるため，双方をバランスよく組み合わせることで，組織としての一貫性を保ちつつ，即時性と創造性に優れた組織的な即興を生み出すことが可能になります。また，組織的な即興は実は組織の手続き的記憶と宣言的記憶に変化をもたらす実験とも位置づけられています。即興に要する時間の短さから何度も学習サイクルを回すことができるうえ，通常の組織学習プロセスではリスクが高くて躊躇するような逸脱も積極的に試すことができるからです。こうして組織的な即興のレベルが高まれば，高次学習の実現確率も高まります。結果として，組織能力も高まると考えられるのです。

演 習 問 題

9.1　組織の記憶フェーズは組織学習プロセス全体にとってなぜ重要と考えられるのでしょうか。組織学習プロセスを構成する他の3つのフェーズ（知識獲得フェーズ，情報移転フェーズ，情報解釈フェーズ）に対して，それぞれどのような影響を及ぼしうるのか，比較・整理してみましょう。

9.2　組織的な即興の実例を，本書で挙げた例のほかにいくつか探し出してみましょう。そして，それらの即興が実現することで，通常の組織学習プロセスに則っていたら可能にはならなかった，どのような成果が得られたか，それぞれについてまとめてみましょう。

第 **IV** 部

組織学習論のこれから

第 10 章　組織学習論のこれから

第 10 章

組織学習論のこれから

　本書の最終章であるこの章では，組織学習論の過去から現在に至る流れを再確認するとともに，今後の組織学習論の展開をうかがわせる萌芽的な兆しを紹介することを通じて，断片的ではなく，1つのまとまった大きな潮流としての組織学習論を感じ取ることを目指します。また，それを元に，組織学習論の迎えうる未来について自由に思いをめぐらせてみます。

○*KEY WORDS*○
基礎研究と応用研究，トリプル・ループ学習，
成長の限界，サステナビリティ，従来型コラボレーション，
ストレッチ・コラボレーション，
U理論，プレゼンシング

10.1　組織学習論を「魚の目」で捉える

　本書では，組織学習論の基礎を理解するため，物事の本質を正しく読み解くうえで必要とされる3つの視点，「鳥の目，虫の目，魚の目」からの総合的な解説を試みてきました。まず，第3章から第5章で構成される第Ⅱ部では，主に「鳥の目」から組織学習メカニズムの全体像の把握に努め，第6章から第9章で構成される第Ⅲ部では，主に「虫の目」から4つのサブプロセスそれぞれの特徴や重要な論点を紹介しました。

　最終章である第10章では，残る「魚の目」から，これまで発展してきた組織学習論が今後どのような方向に進むのか，もしくは目指すべきなのか考えていきます。なお，魚の目を再度説明しておけば，トレンドなどの世の中の流れを過去から未来につながる時間軸で捉えることをいいます。マグロなどの大型回遊魚がすばやく広大な距離を移動することで異なる海洋間を横断的に把握する姿をイメージして使われるようになった表現です。

　もちろん，不確実性の高い将来を限られた能力や合理性しかもたない私たちが正確に予測できるものではありません。しかし，未来は単独で存在するのではなく，過去や現在があって出現するものです。未来がその延長線上にあるか否かはさておき，過去から未来をそれぞれ切断して捉えるのでなく，一つの長い時間軸に基づく大きな潮流と捉えることで初めてみえてくる何かがあるはずです。

　現段階で既に，今後の組織学習論の方向性をうかがわせるような，いくつかの萌芽的な兆しは確認されています。それが実際に未来の本流となるのか，結局は傍流を構成するだけなのか，あるいは一時的な勢いしかもたない泡沫的な存在にすぎずに終わるのかは，まったくわかりません。とはいえ，本章ではそれらの議論や研究の一部を紹介することで，組織学習論の今後についての自由なイマジネーションを楽しむ一助にしたいと考えます。

10.2 過去から現在へ

○ 研究対象の拡大と深化

〈1〉 範 囲 の 拡 大

　ここで改めて本書で取り上げた組織学習に関する代表的な研究を振り返ってみると，組織学習論はもともと学習曲線のような個人の特性やスキルがどのように向上するかという，非常に限られた狭い研究関心から始まっていました。個人から組織へと研究対象が変わっても，少なくとも当初は，一部品や一製品の不良品率の改善や生産コストの減少などを目指した，ごく限られた物事に対する学習活動とその効果が議論されることに変わりありませんでした。

　ところが，研究が進むにつれ，次第にカバーする議論の範囲は拡大していきます。まず，個人の成果からチーム全体の生産性へ，チームや部門の生産性から組織全体の業績へとその焦点は広がり，まさに「組織」学習と捉えるべきものになりました。そして言葉としては同じ「組織」でも，当初は一事業所しかない単体の組織が研究の大半を占めていたのが，次第に複数の事業所を持つ組織へ，そのうち，グローバルに事業展開する企業や複数の子会社を持つグループ企業へと，その規模は急速な拡大を遂げていくのです。

　当然それに伴い，議論対象とする組織学習プロセスに関わる組織は一つの組織で完結するものでなく，複数の組織を巻き込むものが多くなっていきます。そして，取引相手や提携相手など複数の組織が関係する組織学習や，組織体を緩やかにつなぐ人的ネットワーク，知的コミュニティ，地域コミュニティにおける組織学習のように，非常に広範囲に及ぶものが頻繁に登場するようになりました。

　こうした研究対象の範囲の変化は単に，経営学や経営組織論，戦略論の研究対象の広がりや社会の発展と連動しているだけであると受け止められるかもしれません。実際，そうした側面はあります。第1章で述べたように，学習はもともと，個人や組織の活動に根づいた，その存続や成長を志向するうえで不可

欠なものです。それぞれの組織がより効果的なマーケティングや戦略，優れた製品開発，組織イノベーション，人材育成などの組織運営を行おうとするならば，組織によるそれに関する学習はどうしても必要になります。そして，そうした学習活動からより多くの効果を得ることを期待するならば，学習活動を漫然と進めるだけでなく，組織学習プロセスのメカニズムを正しく把握・理解し，それを踏まえた実践や活用がますます重要になってくるのです。

つまり，マーケティングや戦略論，人材育成といった経営学に関する応用研究の範囲が広がれば，それに伴って基礎研究と位置づけられる組織学習論の研究範囲も自然に拡大していくというわけです。

〈2〉 レベルの深化

一方で，組織学習論の研究対象の変化は広がりだけに認められるものではありません。その深さにも変化が生じています。

当初，研究対象となっていたのは，比較的操作可能で，かつ具体的なもの，客観的に把握しやすいものでした。しかし，次第にそうした表層的な現象に留まらず，それらを本質的に改善するのに必要な組織行動のあり方といった，より深いレベルの組織条件や仕組みに目が向けられるようになりました。一つひとつ生じてくる問題に対してもぐら叩きのような対応を繰り返していても，きりがないうえ，それぞれの問題には実は共通する原因があるかもしれません。もしそうであれば，根底に横たわる共通原因を探り出し，その問題解決を図れば，一つの行動でより多くの問題解決が可能になります。このような考えから，より深いレベルでの組織学習研究が行われるようになったのです。

特に，先に述べたように研究対象の範囲が拡大してくると，問題が複雑に絡み合い，関与する部門間の調整が一層必要不可欠になっていきました。当初は，問題となった物事を単純化，もしくは細分化するという形でそうした事態に対処しようとしていましたが，相互依存関係にある要素間を恣意的に分断し，取り扱うことの限界が次第に頻繁に指摘されるようになっていきます。結果として，それが組織をシステムとしてより大きな視点から捉える必要性の議論へとつながっていったわけですが，この場合の大きな視点とは，単なる範囲の拡大とは異なり，より深いレベルに潜り込んだうえでの視野の広がりを意味しまし

た。

　また，行動や制度をいくら改善しても，それらの基盤となっている組織価値や組織文化が変化しないことには，真の意味での問題解決が不可能という別のアプローチも登場します。それもまた，研究の焦点を深いレベルに潜行させるものとして位置づけられました。低次学習の重要性は変わらないものの，より組織にとってインパクトの大きい高次学習の実現を強く求める姿勢や傾向が目立ってきたのです。

　その動きはさらに，その状態の実現に資すると考えられた「学習する組織」や「対話」，それを通じた「内省」の概念の登場などを促進しました。自身の内面や当然視していた組織の価値観や慣習，ルールと深く静かに向かい合い，それを同様に心開いた他者とオープンに語り合うことで，表面的な現象に踊らされることなく真因に辿り着けると考えられたためです。

　個別具体的な議論から全体的でより抽象性の高い議論へ移り行くこうした組織学習論の変化を，実学というよりは哲学や宗教などの色が強い方向に変質しつつあると捉える研究者もいます。

○ 第3レベルの組織学習

　組織学習論はさらなる広がりや深化を志向していく可能性があります。たとえば，アメリカの経営学者ニールセン（R. P. Nielsen, 1996）と，その学生セオ（M.-G. Seo, 2003）は，図表10.1のように，シングル・ループ学習（低次学習）とダブル・ループ学習（高次学習）に次ぐ，第3レベルの組織学習の必要性を提唱しました。この第3レベルの組織学習を，彼らは「トリプル・ループ学習」と名づけました。

　組織がシングル・ループ学習から抜け出し，ダブル・ループ学習を実現するには，組織システムをO-ⅠシステムからO-Ⅱシステムに転換させるのが大事であり，そのためには専門家などによる組織的介入が効果的であると，アージリスらは述べていました。ところが，ニールセンらは，それだけでは決して根本的な解決につながらないと考えたのです。その理由は，一見ダブル・ループ学習が実現したとみられる事例も，その実態は専門的な介入者を含む組織内

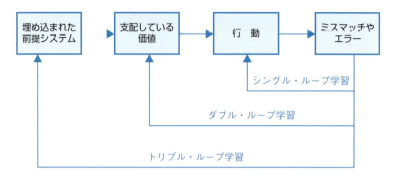

図表10.1　ニールセンによる第3の組織学習フレームワーク

(出典)　Neilsen（1996）p. 36 および Seo（2003）Figure 1

外で力を持つ一部のグループの主張や圧力に，より力を持たないその他のグループが屈しただけであることが少なくないと解釈されたためです。外部から観察すれば，組織内部のダイナミクスや力関係に変化が生じ，組織が正統性を与える価値が入れ替わったのは明らかだったとしても，その内実が組織内の主役と脇役が入れ替わっただけのことだったら，そして，優位的な立場を獲得した側がそうでない相手に圧力をかけて従わせるという組織のポリティックス（政争）の構図に何ら変わりがないとしたら，それは高次学習の実現ともてはやすべきものなのか，彼らは疑問を抱いたのです。

　加えて，より広い社会経済システムの観点で捉えると，アージリスらの議論の限界がより鮮明になると彼らは主張しました。たとえばある組織が努力の末にダブル・ループ学習を実現し，その結果獲得した新たな価値前提に基づく意思決定や組織行動を行おうとしても，それを取引相手や顧客が理解・受容しないときには，どうすべきなのでしょうか。自らの学習結果に絶対の自信を持つ場合，そうした葛藤の解決策として，相手にも変化を促す，その相手と次第に距離をとり，新たにより価値観の近い相手を求めるなどが考えられます。しかし，自分自身にそれほど自信がない場合や，相手への依存度が高い場合には，

たとえ不本意でも短期的な生き残りのために，自らを曲げる道を選択せざるを
えない可能性が高まります。

　実際，ニールセンらは，1986 年に起きたスペースシャトル，チャレンジャー
号の爆発事故は，ロケットメーカーと NASA とのそうした組織間ポリティッ
クスの負の結果として引き起こされたと指摘しました（コラム参照）。もし
NASA の行動が衆人に監視され，そうした圧力・ごり押しは決してあってはな
らないとの共有理解が，企業論理とはまったく異なる論理や価値観を持つ人々
をも含む社会全体に形成されていれば，事故を回避できたかもしれません。そ
のような状況であれば，ロケットメーカーは，NASA の顔色をうかがって技術
者の進言を無視するという愚行を犯さずに済み，NASA も予想される批判を承
知であえて自分の利を主張することをしなかった可能性があったと考えられる
のです。

コラム　チャレンジャー号の爆発事故

　チャレンジャー号の爆発事故とは，1986 年 1 月 28 日にアメリカのスペースシ
ャトル，チャレンジャー号が打ち上げからわずか 73 秒後に空中分解し，7 名の
乗組員すべてが死亡した，近年の最悪事故の一つと語り継がれているものです。

　直接の原因は，固体燃料補助ロケットの密閉用の O リングが発進時に破損し
たことでした。しかし，ロケットメーカーであるモートン=サイオコール社の技
術責任者たちが，早くからこうした技術的な不備を指摘していたうえ，寒波の到
来により当日の異常な低温が打ち上げに及ぼす危険性も警告していた中，度重な
る打ち上げ延期により，これ以上の莫大なコストの発生を許容できなかった
NASA の幹部がその警告を無視し，打ち上げを強行したことが真の原因であった
とされています。

　その際には，NASA から発注先であるサイオコール社へのさまざまな組織的な
圧力も確認されており，政治的な理由から正しい判断が歪められ，誤った意思決
定がまかり通った事例としても認識されています。もし，ニールセンらのいうト
リプル・ループ学習が喚起されていたら，組織内の政治を乗り越えた正しい意思
決定が可能になり，事故は起きなかったかもしれません。多くの教訓を含むこの
事例は，組織学習に限らず，組織倫理やコミュニケーション不全，安全工学など
さまざまな観点から，頻繁に取り上げられています。

これまでみてきたように，組織の基本原理・価値前提を転換するのは，それだけでも大仕事です。しかし，組織が単独で存在しているわけではない以上，より強い組織からの圧力や社会経済システム全体からの圧力があるとき，一組織の価値転換など容易に圧し潰される非常に脆弱な存在にすぎません。そのため，真に問題解決を図ろうとする場合，その組織が埋め込まれている社会経済システムの価値前提の転換こそが不可欠だとの主張が展開されたのです。すなわち，彼らは，ダブル・ループ学習とトリプル・ループ学習の違いは，一組織の境界を越えて存在している組織間，社会経済システムの力関係まで，物事を包括的に捉えて考えているかどうかであり，これからの時代にはトリプル・ループ学習の必要性がますます高まっていくと考えたのでした。

○ 『成長の限界』とサステナビリティ

実際，誕生当初と比較すると組織学習論の研究対象は拡大していますが，それでも依然として，主な当事者のみで問題解決を探ろうとする傾向があります。しかし，そのような形での解は所詮，部分最適です。真に解決を図るためには，一見当事者でない組織や人々も包括した全体最適を目指す必要があります。先のトリプル・ループ学習の議論も，こうした問題意識から生まれたと捉えられますが，その発想自体は決して新しいものではありません。古くは，世界中で翻訳され，1972 年の出版直後から各国で大きな反響を呼んだ名著『成長の限界』も，同様の問題意識に基づいた議論と受け止められます。

『成長の限界－ローマ・クラブ「人類の危機」レポート－』とは，未来の地球システムや人類の将来に対する強い懸念や問題意識に基づき結成された国際民間組織ローマ・クラブが，MIT（マサチューセッツ工科大学）のデニス・メドウズ（D. H. Meadows）およびドネラ・メドウズ（D. L. Meadows）らの研究チームに委託してまとめた研究報告書です。あるシステムを構成する要素はすべて相互依存関係を持つというシステム観から，システム・ダイナミクスの手法により，人類が将来直面しうる危機をより世界規模で捉え，その全体像を描き出すことが目的とされました。その結果は，衝撃的なものでした。地下資源や食糧などの資源は有限性や増産の限界がある一方，世界人口は幾何級数的

に増加し，その傾向が続けばそれほど遠くない将来，さまざまな資源は枯渇し地球上の成長は限界に達する，との見通しが示されたのです。

この警告は，「だからこそ，各国は自らの利益だけや短期的な衝動やそれに基づく政争に明け暮れるのではなく，より広い全世界的な視点からこれまでの価値の転換を図らねばならない」といった提言へとつながっていきました。当事者だけでできる問題解決には限界があります。今は自分に関係がないと思うことでも，また自分が短期的には損をすると思うことでも，長期的な世の中全体のことを考えれば協力しあうことや社会経済システムのレベルから価値転換を図ることこそが必要になるというわけです。

幸い，現状はこの報告書が予言したような惨状にはまだ陥っていません。それは，この報告書が描き出す悲劇的な未来に驚いた先進諸国を中心とする各国が，決して十分ではないにしろ，これまでそれぞれが拠って立っていた社会経済システムの価値の見直しを図る努力を費やしたためと考えられます。もっとも，警告された状況は依然として楽観視できるようなものでなく，限界に向かう速度を遅らせているのがせいぜいであると説明されます。つまり，一度取り組めばそれで終わりというものではないのです。実際，こうしたサステナビリティ（持続可能性）を追求する取り組みは継続しています。2015 年 9 月の国連サミットにおいて全会一致で採択された，2016 年から 2030 年までの国際目標 SDGs（Sustainable Development Goals）は，その典型です。

10.3　トリプル・ループ学習のために

○ 敵との協働の仕方を学ぶ

では，ニールセンらのいうトリプル・ループ学習を実現するためには，どうしたらよいのでしょうか。彼らは，トリプル・ループ学習の実現に至るまでに，大きく 3 つの障害，感情的な障害，政治的な障害，果たすべき管理統制が立ちふさがると指摘したうえで，それぞれの障害の克服方法を提案しています。具

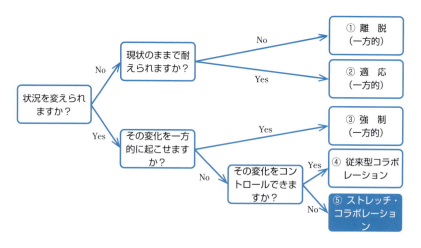

図表 10.2 問題の複合する状況への5つの対処法

（出典） Kahane（2017），邦訳書 p.91 の図を横向きに修正したうえ，番号を付記

体的には，組織にポジティブな雰囲気を醸成する，反対勢力に対してテコ入れをする，外部の正統性を持ち込む，というものです。しかし，その効果については十分には検証されていません。

それに対して，自らの数多くの実践経験に基づいて，より現実的なアプローチからその解決方法を提唱しているのが，組織学習協会の一員で，組織コンサルタントのカヘン（A. Kahane, 2017）です。彼は，問題が複合する状態にあるときの解決方法は，図表 10.2 で図示するように5つあると説明します。そのうち，初めの3つ，①離脱，②適応，③強制は，トリプル・ループ学習の議論でも登場していました。しかし，力関係で強いのが自分か相手かという違いこそあれ，いずれにしても一方が他方に力を行使することによる解決法です。少なくとも行使される側にとっては，ポリティックスの結果やむなく従うだけであり，トリプル・ループ学習どころかダブル・ループ学習ですらない可能性があります。

そこで，これまでの考え方を超えるものとして，その役割が期待されたのが，④従来型コラボレーションです。従来型コラボレーションとは，自分たちだけでは成し遂げられない重要な問題を，他者，特に自分とは異なる物の見方や経験を持つ人々との協働によって実現しようとするものです。一方的でなく多方向的な意見交換や合意に基づく協働と位置づけられるため，最善でかつ最も建設的・創造的な解決方法とされました。

しかし，カヘンは次第にその限界に直面します。従来型コラボレーションがうまくいかないケースが多かったためです。環境や状況の複雑性が増し，かつてのようなヒエラルキーが崩れたうえ，一層の多様化・個性化が進むと，その状況で何かを成し遂げるには，共感できる相手や好ましい相手よりむしろ，反対者や敵対者，自分にとって信頼できない相手と協力する必要の方が多くなることが理由のようでした。好ましくない相手とのコラボレーションは，参加者の考え方や利害が著しく異なるため，従来型コラボレーションが前提とする，一つの正しい答えに向けて参加者同士が対話するということがそもそも不可能だったのです。互いにとっての真実が厳然と存在し，価値観も調和どころか敵対していたため，何が問題かという合意を形成するのも困難なことでした。こうした困難さは決して珍しいことではありません。たとえば，第8章で取り上げたダイバーシティ・マネジメントも，こうした点が多様性から期待するような効果を引き出すうえでの大きなハードルとなっていました。

そこで，この現状を踏まえてカヘンが提唱したのが，従来型コラボレーションと一線を画す⑤ストレッチ・コラボレーションでした。ストレッチ・コラボレーションとは，状況をコントロールし相手との間に合意を形成するという誘惑を手放し，合意がないまま共に前進するスタイルのコラボレーションと定義されました。具体的には，対立とつながりを許容し，他人の行動を変えようとせず自分にできることのみを探り，まず自分の行動を変えてみることを指しています。

どのような相手ともわかり合え，共通の目標や合意形成ができるというのは所詮幻想であり，その幻想を捨てて，ときに相容れることが不可能な敵対する参加者同士との協働をいかに実現していくのかという視点を持つこの考え方は，トリプル・ループ学習を追求するうえでは一つの参考になるのではないでしょ

うか。

◯ U理論の考え方

トリプル・ループ学習の実現には，カヘンの考えを構築する基盤となった「U理論」も参考になる可能性があります。

U理論とは，MITのシャーマー（C. O. Scharmer, 2007）が提唱した理論で，従来のような過去からの学習とはまったく異なる，「出現する未来からの学習」によって，過去の延長線上にない変容やイノベーションが可能になるという考え方です。理論の名称は，その考え方を図示すると図表10.3のようにUの字で表現できることに由来します。本書第4章で取り上げたU字カーブの学習曲線とは，名前も似ているうえUの字を描く点も同じですが，まったく異なる概念ですので混同しないよう注意してください。

U理論は，7つのステップと4つのレベルから描かれます。まず，この理論

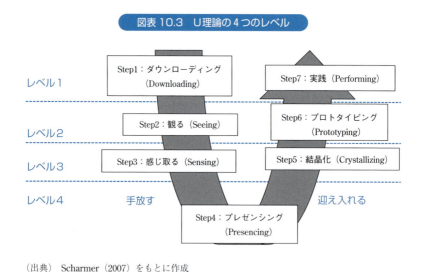

（出典）Scharmer（2007）をもとに作成

では，過去の経験や既存の枠組みに自分の意見や思考が囚われることを第1ステップ（ダウンローディング）にある，と捉えます。その人物が，ただひたすらに目の前の事象や自分自身を観察することでUの谷を下っていくと，次第に自分の外側の世界とつながり始め，最終的にはエゴや本当に重要なもの以外に囚われた自分を手放すよう求められるに至ります。

それを可能にしたとき，その人物は，第4ステップ「プレゼンシング」に到達できます。プレゼンシングとは，未来が出現しようとしている瞬間と定義される，最も深いレベルと説明されます。この段階に至ると，それまでいかに頭で考えていた未来があったとしても，それとは無関係に突如，これまで想定していなかった未来が現れてくる，というのです。そして，この出現した未来のもと，その状況下での新たな自分を迎い入れ学習することで，利害関係がある他者や異なる価値観を持つ他者とも，個人という小さな枠を超えて，システム全体として求められている大きな価値転換のために協力しあえるようになると説明されます。プレゼンシングは，スポーツや芸術，創業経営者などで卓越した業績をあげた人に非常によくみられる特徴として概念化されたものです。彼らは，計画し実行するだけでなく，どこかに引き寄せられるような直感を頼りに意思決定することで，その卓越した業績をあげるに至ったことが少なくないことが注目されてのことでした。

プレゼンシングにおける直感やインスピレーションは，おそらくこれまでに蓄積された経験の種類や量が，あるレベルの閾値を超えたことと関係しているでしょう。いわば，第6章6.2で言及した量子力学的な跳躍経験や一皮むけた体験にも通じるものであり，その結果として解釈モードの転換が起きているのであると考えられます。U理論では，何かはわからないが惹かれるそうした直感に対して，1人もしくは複数の人々が実際に手足を動かし，心で感じ取りながら少しずつ形を与えていくことを，「Uの谷を上る」と表現します。こうした予定調和ではない，当事者同士がすべてのエゴを手放した結果としてたどりつく解釈モードの転換は，第9章の組織的な即興にかなり近いものと理解することができます。

このU理論の議論では，一連の過程を辿るうち，なぜそれが必要だったのかということや，なぜそれをすることになったのかなどを，参加者は後から明

確に理解するようになると説明されています。そして，そのとき，イノベーションは現実化しているとされます。こうした考え方は主に人々の体験談から導かれており，科学的な実証という点では不十分であることは否めません。しかし，科学的な実証や統計的なエビデンスがあってこそ理論として成立しうるという発想自体が，前時代的なものといわれればそうなのかもしれません。

10.4　組織学習論にとっての出現する未来

　本章では，組織学習論がこれから進みうる方向性の一つとして，互いに好ましくない相手，価値観が決して相容れない相手とも，そうした違いやパワー関係を乗り越えて，より大きなシステムの全体最適を目指すという議論が今後ますます活発化するという可能性を紹介しました。

　しかしながら当然，まったく違う方向性もありえます。むしろ本書で紹介してきたような一つひとつのトピックを再検証しそれをより深く掘り下げるといった，これまでの延長線上に位置づけられる方向性の価値が改めて見直される可能性も十分に考えられます。実際，失敗や稀な経験からの効果的な組織学習のあり方，両利きの経営のマネジメント，国際的なパートナーシップやM&Aからの競争優位性を目指した組織間学習，サプライ・チェーンに関する組織学習，コラボレーションなどは，登場当初から現在まで依然として組織にとって必要性が高く，それゆえ関心も高いテーマです。加えて，組織学習を論じる際には欠かせないリーダーシップと組織学習の関連を探る研究も，根強い人気を誇っています。

　また，最初にも紹介したように，誰が学習するのか，何をもって組織学習の成立とみなすのかという，ごく基本的な議論にもまだ十分なコンセンサスが得られていないことから，いよいよこの問題の解決を目指すという方向性もあって良いのかもしれません。あるいは，企業家精神を持った，もしくは優れた才能を持っているものの旧来の組織原理と衝突しがちな個人が，期待する組織学習を実現するために，いかにすれば組織の抑圧に負けずにその能力を最大限に

発揮できるのかなどのテーマも，これからの世の中では大いに求められるものとなるのかもしれません。

　このほか，組織学習に関する研究対象として，最近ニーズが高まり増加傾向にあるものとしては，MBA 教育や学校教育の現場や，ヘルスケア業界，介護・医療業界，行政に関するものもあります。反対に，かつて急増した IT 業界や IT 技術に関する組織学習研究は最近落ち着きをみせており，まさに世の中の業界のトレンドを反映しているところがあるといえます。

　組織学習論が今後どのような方向に進展するのか，あるいは，むしろ人々の関心を失い衰退の方向に向かうのかは，現時点では知る由もありません。しかし，「魚の目」という言葉でイメージするように，将来にわたる世の中の流れを可能な限り広く見据えたうえで，一つひとつの組織現象に真摯に向き合っていくことで，現時点では予想もつかなかった扉が次々に開き，それが組織学習論にとっての「出現する未来」となるのではないでしょうか。

演 習 問 題

　10.1　組織学習論はこれからどのような未来に向かっていくと，あなたは思いますか。過去から現在を踏まえて，もしくは，むしろ将来的な世の中の必要性や方向性を考えて，自由に思い描いてみましょう。

　10.2　本書全体を一つのきっかけとして，あなたがより深く探求してみたいと感じたトピックスやサブプロセスが何かみつかったでしょうか。その場合には，その探求を助けるような実例を探し出すとともに，関連する先行研究のリーディング・リストを作成してみましょう。

文 献 案 内

　本書の最初でも述べた通り，組織学習に関する論文は数多い一方で，本書で取り上げた組織学習論における重要なトピックスやキーワードを体系的かつ網羅的にまとめた書籍をみつけることは，現在のところ，いまだ困難な状態です。しかしながら，この分野に関する学習を深めたいと考える人々にお薦めできる，部分的に深く掘り下げられた和書や，必ずしも組織学習論ではないものの，組織学習論と密接な関係を持つテーマを扱った翻訳書は数多く存在します。ここではそのうち，比較的新しく，入手しやすいもの何点かを抜粋して紹介しておきます（刊行年順に掲載）。

〈1．各章の主な参考文献に掲載した和書〉

　各章の参考文献に掲載した和書および翻訳書は，組織学習論全体を広くカバーするものではありませんが，各章に登場するそれぞれのトピックスを深く掘り下げたものです。関心を持ったトピックスを扱ったものから読み始めれば，十分，組織学習論の世界に足を踏み入れる第一歩として役立つことでしょう。

〈2．本書の参考文献には入っていないが，組織学習論と密接な関係を持ち，理解の一助になりうると考えられるもの〉

① 学習全般に関する和書
- 佐伯　胖（1985）『「学び」の構造』東洋館出版社
- 福島真人（2018）『学習の生態学』東京大学出版会

② 組織学習論および組織学習の周辺分野に関する翻訳書（記載年は，原著でなく日本語への翻訳書の出版年）
- ジーン・レイヴ＆エティエンヌ・ウェンガー（1993）『状況に埋め込まれた学習──正統的周辺参加』産業図書（佐伯胖訳，福島真人解説）
- デービット・A. ガービン（2002）『アクション・ラーニング』ダイヤモンド社（沢

崎冬日訳）

- エティエンヌ・ウェンガー，リチャード・マクダーモット＆ウィリアム・M. スナイダー（2002）『コミュニティ・オブ・プラクティス——ナレッジ社会の新たな知識形態の実践』翔泳社（野村恭彦監修，野中郁次郎解説，櫻井祐子訳）
- ヘンリー・チェスブロウ＆ウィム・ヴァンハーベク（2008）『オープン・イノベーション——組織を超えたネットワークが成長を加速する』英治出版（PRTM 監修，長尾高弘訳）
- クレイトン・クリステンセン（2011）『イノベーションのジレンマ　増補改訂版——技術革新が巨大企業を滅ぼすとき』翔泳社（玉田俊平太監修，伊豆原弓訳）
- エイミー・C. エドモンドソン（2014）『チームが機能するとはどういうことか——「学習力」と「実行力」を高める実践アプローチ』英治出版（野津智子訳）
- クリス・アージリス（2016）『組織の罠——人間行動の現実』文眞堂（河野昭三監訳）
- チャールズ・A. オライリー＆マイケル・L. タッシュマン（2019）『両利きの経営——「二兎を追う」戦略が未来を切り拓く』東洋経済新報社（入山章栄監訳・解説，冨山和彦解説，渡辺典子訳）

〈3．英語の論文集——選定された組織学習論文から直接その全体像を感じたい方向け〉

- Cohen, M. D. & L. S. Sproll (Eds.) (1996) *Organizational Learning.* Thousand Oaks, California: Sage.
- Easterby-Smith, M. & J. Burgoyne & L. Araujo (Eds.) (1999) *Organizational Learning and the Learning Organization: Developments in Theory and Practice.* London: Sage.
- Easterby-Smith, M. & M. A. Lyles (Eds.) (2011) *Handbook of Organizational Learning & Knowledge Management*, 2nd edition. West Sussex: Wiley.
- Dierkes, M., A. B. Antal, J. Child & I. Nonaka (Eds.) (2003) *Handbook of Organizational Learning and Knowledge.* Oxford, Tokyo: Oxford University Press.

参 考 文 献

第1章

Fiol, C. Marlene & Marjorie A. Lyles（1985）"Organizational learning," *Academy of Management Review*, 10(4), 803-813.

Huber, George P.（1991）"Organizational learning: The contributing processes and the literatures," *Organization Science*, 2, 88-115.

Senge, Peter M.（1990）*The Fifth Discipline: The Art & Practice of the Learning Organization*. New York: Currency/Doubleday.（守部信之訳（1995）『最強組織の法則——新時代のチームワークとは何か』徳間書店；改訂版　枝廣淳子・小田理一郎・中小路佳代子訳（2011）『学習する組織——システム思考で未来を創造する』英治出版）

Shrivastava, Paul & Susan Schneider（1984）"Organizational frames of reference," *Human Relations*, 37(10), 795-809.

安藤史江（2001）『組織学習と組織内地図』白桃書房

実森正子・中島定彦（2000）『学習の心理——行動のメカニズムを探る』サイエンス社

山内光哉・春木豊（2001）『グラフィック学習心理学——行動と認知』サイエンス社

第2章

Crossan, Mary M., Henry W. Lane, Roderick E. White（1999）"An organizational learning framework: From intuition to institution," *Academy of Management Review*, 24(3), 522-537.

Hedberg, Bo L. T., Paul C. Nystrom & William H. Stubuck（1976）"Camping on seesaws: Prescriptions for a self-designing organization," *Administrative Science Quarterly*, 21, 41-65.

Huber, George P.（1991）"Organizational learning: The contributing processes and the literatures," *Organization Science*, 2, 88-115.

Kim, Daniel H.（1993）"The link between individual and organizational learning," *Sloan Management Review*, Fall, 37-50.

Kolb, D. A.（1984）*Experiential Learning: Experiences as the Source of Learning and Development*. New Jersey: Prentice-Hall.

Lewin, Kurt（1951）*Field Theory in Social Science*. Harper & Row.（猪股佐登留訳（1962）『社会科学における場の理論』誠信書房）

March, James G. & Johan P. Olsen（1976）*Ambiguity and Choice in Organizations*. Universitetsforlaget, Bergen, Norway.（遠田雄志・アリソン・ユング訳（1986）『組織におけるあいまいさと決定』有斐閣）

第3章

Argote, Linda（1993）"Group and organizational learning curves: Individual, system and environmental components," *British Journal of Social Psychology*, 32(3), 31-51.

Baum, Joel A. C. & Paul Ingram (1998) "Survival-enhancing learning in the Manhattan hotel industry, 1898-1980," *Management Science*, 44(7), 996-1016.

Conley, Patrick (1970) "Experience curves as a planning tool," *IEEE Spectrum*, 7(6), 63-68.

Ebbinghaus, Hermann (1885) *Memory: A Contribution to Experimental Psychology*. Translated by Henry A Ruger & Clara E. Bussenius and with an introduction by Ernest Hilgard, 1964. New York: Dover. (宇津木保・望月衛訳(1978)『記憶について――実験心理学への貢献』誠信書房)

Greenberg, L. (1970) "Measurement of the work-accident experience in the American prtroleum industry," *American Society of Safety Engineers*, 15(2), 11-13.

Hirsch, Werner Z. (1952) "Manufacturing progress function," *Review of Economics and Statistics*, 34(2), 143-155.

Hirsch, Werner Z. (1956) "Firm progress ratios," *Econometrica*, 24(2), 136-143.

Hollander, Samuel (1965) *The Source of Increased Efficiency: A Study of DuPont Rayon Plants*. Cambridge, Massachusetts: MIT Press.

Peterson, Joseph (1917) "Experiments in ball-tossing: The significance of learning curves," *Journal of Experimental Psychology*, 2(3), 178-224.

Pisano, Gary P., Richard M. J. Bohmer & Amy C. Edmondson (2001) "Organizational differences in rates of learning, Evidence fron the adoption of minimally invasive cardiac surgery," *Management Science*, 47(6), 752-768.

Skinner, Burrhus F. (1948) " "Superstition" in the pigeon," *Journal of Experimental Psychology*, 38 (2), 168-172.

Thorndike, Edward L. (1898) "Animal intelligence: An experimental study of the associative processes in animals," *Psychological Review: Series of Monograph Supplements*, 2(8), 1-109.

Thorndike, Edward L. (1911) *Animal Intelligence, experimental studies*. New York: Macmillan.

Wright, Theodore P. (1936) "Factors affecting the cost of airplanes," *Journal of the Aeronautical Sciences*, 3(4), 122-128.

Yelle, Louis E. (1979) "The learning curve: Historical review and comprehensive survey," *Decision Science*, 10, 302-328.

高橋伸夫 (2001)「学習曲線の基礎」『経済学論集』第 66 巻（第 4 号）, 2-23.

第 4 章

Abernathy, William J. & Kenneth Wayne (1974) "Limits of the learning curve," *Harvard Business Review*, 52(5), 109-119.

Adler, Paul S. & Kim B. Clark (1991) "Behind the learning curve: A sketch of the learning process," *Management Science*, 37(3), 267-281.

Barnett, William P. & Morten T. Hansen (1996) "The red queen in organizational evolution," *Strategic Management Journal*, 17, 139-157.

Barnett, William P. & Elizabeth G. Pontikes (2005) "The red queen: History-dependent competition among organizations," *Research in Organizational Behavior*, 26, 351-371.

Barnett, William P. & Elizabeth G. Pontikes (2008) "The red queen, success bias, and organizational inertia," *Management Science*, 54(7), 1237-1251.

Barnett, William P. & Olav Sorenson (2002) "The red queen in organizational creation and development," *Industrial and Corporate Change*, 11(2), 289-325.

Carroll, Lewis (1871) *Through the Looking-Glass and what Alice found there.* London, Macmillan. (脇明子訳 (2000)『鏡の国のアリス』岩波少年文庫)

Levinthal, Daniel A. & James G. March (1981) "A model of adaptive organizational search," *Journal of Economic Behavior and Organization*, 2, 307-333.

Levinthal, Daniel A. & James G. March (1993) "The myopia of learning," *Strategic Management Journal*, 14, Winter, 95-112.

Levinthal, Daniel A. & Hart E. Posen (2007) "Myopia of selection: Does organizational adaptation limit the efficacy of population selection?" *Administrative Science Quarterly*, 52, 586-620.

Levitt, Barbara & James G. March (1988) "Organizational learning," *Annual Review of Sociology*, 14, 319-340.

Van Valen, Leigh M. (1973) "A new evolutionary law," *Evolutionary Theory*, 1, 1-30.

稲水伸行 (2013)「経営組織のコンピューター・シミュレーション」組織学会編『組織論レビュ ーII――外部環境と経営組織』白桃書房, 179-226.

高瀬武典 (1991)「組織学習と組織生態学」『組織科学』第25巻 (第1号), 58-66.

高橋伸夫 (1998)「組織ルーチンと組織内エコロジー」『組織科学』第32巻 (第2号), 54-77.

第5章

Argyris, Chris (1982) "The executive mind and double-loop learning," *Organizational Dynamics*, Autumn, 5-22.

Argyris, Chris & Donald A. Schön (1978) *Organizational Learning: A Theory of Action Perspective.* Reading, Massachusetts: Addison-Wesley.

Benner, Mary J. & Michael L. Tushman (2003) "Exploitation, exploration, and process management: The productivity dilemma revisited," *Academy of Management Review*, 28(2), 238-256.

Fang, Christina, Jeho Lee & Melissa A. Schilling (2010) "Balancing exploration and exploitation through structural design: The isolation of subgroups and organizational learning," *Organization Science*, 21(3), 625-642.

Fiol, C. Marlene & Marjorie A. Lyles (1985) "Organizational learning," *Academy of Management Review*, 10(4), 803-813.

Hedberg, Bo (1981) "How organizations learn and unlearn," in Nystrom, P. C. & Starbuck, W. H. (Eds.), *Handbook of Organizational Design*, Vol. 1. Oxford, New York: Oxford University Press, 3-27.

Lant, Theresa K. & Stephen J. Mezias (1992) "An organizational learning model of convergence and reorientation," *Organization Science*, 3(1), 47-71.

Lapre, Michael A., Amit Shankar Mukherjee & Luk N. Van Wassenhove (2000) "Behind the learning curve: Linking learning activities to waste reduction," *Management Science*, 46(5), 597-611.

March, James G. (1991) "Exploration and exploitation in organizational learning," *Organization Science*, 2(1), 71-87.

Nystrom, Paul C. & William H. Starbuck (1984) "To avoid organizational crises, unlearn," *Organizational Dynamics*, Spring, 53-65.

Peters, Thomas J. & Robert H. Waterman (1982) *In Search of Excellence.* New York: HarperCollins.

Tushman, Michael L. & Elaine Romanelli (1985) "Organizational evolution: A metamorphosis model of convergence and reorientation," In Cummings, L. L. & Barry M. Staw (Eds.), *Research in Organizational Behavior*, Vol. 7. Greenwich, Conneticut: JAI Press, 171-222.

Watts, Duncan J. (1999) "Networks, dynamics, and the small-world phenomenon," *American Journal of Sociology*, 105(2), 493-527.

Weick, Karl E. (1976) "Educational organizations as loosely coupled systems," *Administrative Science Quarterly*, 21(1), 1-19.

Weick, Karl E. & Robert E. Quinn (1999) "Organizational change and development," *Annual Review of Psychology*, 50(1), 361-386.

安藤史江・上野正樹 (2013)「両利きの経営を可能にする組織学習メカニズム──焼津水産化学工業株式会社の事例から」『赤門マネジメント・レビュー』12(6), 429-456.

第6章

Argote, Linda, Sara L. Beckman & Dennis Epple (1990) "The persistence and transfer of learning in industrial setteings," *Management Science*, 36, 140-154.

Bandura, Albert (1965) "Influence of models' reinforcement contingencies on the acquisition of imitative responses," *Journal of Personality and Social Psychology*, 1(6), 589-595.

Bandura, Albert (1977) *Social Learning Theory.* New Jersey: Prentice-Hall. (原野広太郎監訳 (1979)『社会的学習理論──人間理解と教育の基礎』金子書房)

Baum, Joel A. C., Stan Xiao Li & John M. Usher (2000) "Making the next move: How experiential and vicarious learning shape the locations of chains' acquisitions," *Administrative Science Quarterly*, 45, 766-801.

Bingham, Christopher B. & Jason P. Davis (2012) "Learning sequences: Their existence, effect, and evolution," *Academy of Management Journal*, 55(3), 611-641.

Cohen, Wesley M. & Daniel A. Levinthal (1990) "Absorptive capacity: A new perspective on learning and innovation," *Administrative Science Quarterly*, 35, 128-152.

Darr, Eric D., Linda Argote & Dennis Epple (1995) "The acquisition, transfer, and depreciation of knowledge in service organizations: Productivity in franchises," *Management Science*, 41(11), 1750-1762.

Edmondson, Amy C. (2011) "Strategy for learning from failure," *Harvard Business Review*, Apr. (編集部訳 (2011)「失敗に学ぶ経営」『DIAMOND ハーバード・ビジネス・レビュー』, 10-22.)

Kim, June-Young, Ji-Yab (Jay) Kim & Anne S. Miner (2009) "Organizational learning from extreme performance experience: The impact of success and recovery experience," *Organization Science*, 20(6), 958-978.

Kolb, D. A. (1984) *Experiential Learning: Experiences as the Source of Learning and Development.* New Jersey: Prentice-Hall.

Lewin, Kurt (1951) *Field Theory in Social Science.* New York: Harper & Row. (猪股佐登留訳 (1962)『社会科学における場の理論』誠信書房)

McCall, Morgan W., Jr., M. M. Lombardo & A. M. Morrison (1988) *The Lessons of Experience*, Lexington, Massachusetts: Lexington Books.

Schilling, Melissa A., Patricia Vidal, Robert E. Ployhart & Alexandre Marangoni (2003) "Learning by doing something else: Variation, relatedness, and the learning curve," *Management Science*, 49(1), 39-56.

井上達彦（2012）『模倣の経営学——偉大なる会社はマネから生まれる』日経 BP 社

金井壽宏（2002）『仕事で「一皮むける」——関経連「一皮むけた経験」に学ぶ』光文社新書

畑村洋太郎（2005）『失敗学のすすめ』講談社文庫

松尾睦（2006）『経験からの学習——プロフェッショナルへの成長プロセス』同文舘出版

松尾睦（2011）『職場が生きる人が育つ「経験学習」入門』ダイヤモンド社

第 7 章

Argote, Linda & Paul Ingram（2000）"Knowledge transfer: A basis for competitive advantage in firms," *Organizational Behavior and Human Decision Processes*, 82, 150-169.

Barney, Jay B.（1991）"Firm resources and sustained competitive advantage," *Journal of Management*, 17(1), 99-120.

Polanyi, M.（1966）*The Tacit Dimension*. London: Routledge.（『暗黙知の次元——言語から非言語へ』佐藤敬三訳（1980）. 紀伊國屋書店；高橋勇夫訳（2003）. ちくま学芸文庫）

Reagans, Ray & Bill McEvily（2003）"Network structure and knowledge transfer: The effects of cohesion and range," *Administrative Science Quarterly*, 48(2), 240-267.

Rogers, Everett M.（1983）*The Diffusion of Innovation*. New York: Free Press（三藤利雄訳（2009）『イノベーションの普及』翔泳社）

Szulanski, Gabriel（1996）"Exploring internal stickiness: Impediments to the transfer of best practice within the firm," *Strategic Management Journal*, 17, Winter Special Issue, 27-43.

Szulanski, Gabriel（2000）"The process of knowledge transfer: A diachronic analysis of stickiness," *Organizational Behavior and Human Decision Processes*, 82(1), 9-27.

von Hippel, Eric（1994）"Sticky Information"and the locus of problem solving: Implications for innovation," *Management Science*, 40(4), 429-439.

Wernerfelt, B.（1984）"A resource based view of the firm," *Strategic Management Journal*, 5(2), 171-180.

Zander, Udo & Bruce Kogut（1995）"Knowledge and the speed of the transfer and imitation of organizational capabilities: An empirical test," *Organization Science*, 6(1), 76-92.

原田勉（1999）『知識転換の経営学』東洋経済新報社

第 8 章

Albert, Stuart & Whetten, David A.（1985）"Organizational identity," *Research in Organizational Behavior*, Vol. 7, 263-295.

Bettis, Richard A. & C. K. Prahalad（1995）"The dominant logic: Retrospective and extension," *Strategic Management Journal*, 16, 5-14.

Daft, Richard L. & George P. Huber（1987）"How organizations learn: A communication framework," *Research in the Sociology of Organizations*, 5, 1-36.

Daft, Richard L. & Karl E. Weick（1984）"Toward a model of organizations as interpretation systems," *Academy of Management Review*, 9, 284-295.

Denning, Stephen（2007）*The Secret Language of Leadership: How Leaders Inspire Action Through Narrative*. California: Jossey-Bass, John Wiley & Sons.（高橋正泰・高井俊次監訳（2012）『ス

トーリーテリングのリーダーシップ——組織の中の自発性をどう引き出すか』白桃書房）

Gioia, Dennis A. & Kumar Chittipeddi（1991）"Sensemaking and sensegiving in strategic change initation," *Strategic Management Journal*, 12（6）, 433-448.

Meyer, Alan D.（1982）"Adapting to environmental jolts," *Administrative Science Quarterly*, 27, 515-537.

Miles, Raymond E. & Charles C. Snow（1978）*Organizational Strategy, Structure and Process.* New York: McGraw-Hill.

Weick, Karl E.（1979）*The Social Psychology of Organizing. Second Edition.* Reading, Massachusetts: Addison-Wesley. McGrow-Hill.（遠田雄志訳（1997）『組織化の社会心理学 第二版』文眞堂）

安藤史江（2001）『組織学習と組織内地図』白桃書房

安藤史江・浅井秀明・伊藤秀仁・杉原浩志・浦倫彰（2017）『組織変革のレバレッジ——困難 を跳躍に変えるメカニズム』白桃書房

加護野忠男（2011）『新装版 組織認識論——企業における創造と革新の研究』千倉書房（初 版発行 1988 年）

佐藤秀典（2009）「我々は何者でありたいと願うのか：ダイナミックな組織アイデンティティ の理解に向けて——経営学輪講 Dutton and Dukerich（1991）」『赤門マネジメント・レビュ ー』8（1）, 19-28.

第9章

Atkinson, Richard C. & Richard M. Shiffrin（1971）"The control of short-term memory," *Scientific American*, 225（2）, 82-91.

Bailey, Charles D.（1989）"Forgetting and the learning curve: A laboratory study," *Management Science*, 35（3）, 340-352.

Ebbinghaus, Hermann（1885）Über das Gedächtnis.（宇津木保訳・望月衛閲（1978）『記憶につ いて——実験心理学への貢献』誠信書房）

Haas, Martine R. & Morten T. Hansen（2005）"When using knowledge can hurt performance: The value of organizational capabilities in a management consulting company," *Strategic Management Journal*, 26, 1-24.

Hatch, Mary J.（1997）"Jazzing up the theory of organizational improvisation," *Advances in Strategic Management*, 14, 181-191.

Huber, George P.（1991）"Organizational learning: The contributing processes and the literatures," *Organization Science*, 2, 88-115.

Levitt, Barbara & March, James G.（1988）"Organizational learning," *Annual Review of Sociology*, 14, 319-340.

Moorman, Christine & Anne S. Miner（1998）"Organizational improvisation and organizational memory," *Academy of Management Review*, 23（4）, 698-723.

Nonaka, Ikujiro & Hirotaka Takeuchi（1995）*The Knowledge-Creating Company: How Japanese Companies Create the Dynamics of Innovation.* New York: Oxford University Press.（梅本勝 博訳（1996）『知識創造企業』東洋経済新報社）

Rao, Rukmini D. & Linda Argote（2006）"Organizational learning and forgetting: The effects of turnover and structure," *European Management Review*, 3, 77-85.

Tulving, Endel（1972）"Episodic and semantic memory," in E. Tulving & W. Donaldson（Eds.）*Organization of Memory*. Academic Press, New York & London, 381-402.

Wegner, Daniel M.（1986）"Transactive memory: A Contemporary analysis of the group mind," in B. Mullen & G. R. Goethals（Eds.）*Theories of Group Behavior*, New York: Springer-Verlag, 185-208.

Zollo, Maurizio & Sidney G. Winter（2002）"Deliberate learning and the evolution of dynamic capabilities," *Organization Science*, 13（3）, 339-351.

篠原彰一（2008）『学習心理学への招待──学習・記憶のしくみを探る』サイエンス社

第 10 章

Kahane, Adam M.（2017）*Collaborating with the Enemy: How to Work with People You Don't Agree with or Like or Trust*. California: Berrett-Koehler Publishers.（小田理一郎監訳・東出顕子訳（2017）『敵とのコラボレーション──賛同できない人，好きではない人，信頼できない人と協働する方法』英治出版）

Mahler, Julianne G. with Maureen Hogan Casamayou（2009）*Organizational Learning at NASA: The Challenger and Columbia Accidents*. Washington D. C.: Georgetown University Press.

Meadows, Donella H., Dennis L. Meadows, Jørgen Randers & William W. Behrens Ⅲ（1972）*The Limits to Growth: A Report for THE CLUB OF ROME'S Project on the Predicament of Mankind*. New York: Universe Books.（大来佐武郎監訳（1972）『成長の限界──ローマ・クラブ「人類の危機」レポート』ダイヤモンド社）

Nielsen, Richard P.（1996）*The Politics of Ethics: Methods for Acting, Learning, and sometimes Fighting, with Others in Addressing Ethics Problems in Organizational Life*. New York: Oxford University Press.

Seo, Myeong-Gu（2003）"Overcoming emotional barriers, political obstacles, and control imperatives in the action-science approach to individual and organizational learning," *Academy of Management Learning and Education*, 2（1）, 7-21.

Scharmer, C. Otto（2007）*Theory U: Leading from the Future as it Emerges*. California: Berret-Koehler.（中土井僚・由佐美加子訳（2010）『U 理論──過去や偏見にとらわれず，本当に必要な「変化」を生み出す技術』英治出版）

索　引

人名索引

アージリス（Argyris, C.）　*105, 110, 115*

アトキンソン（Atkinson, R. C.）　*207*

アドラー（Adler, P. S.）　*92, 105*

アバナシー（Abernathy, W. J.）　*81*

アルゴーティー（Argote, L.）　*75, 139, 217*

アルバート（Albert, S.）　*197*

イェール（Yelle, L. E.）　*73*

井上達彦　*138*

イングラム（Ingram, P.）　*77*

ヴァン・ヴァレン（Van Valen, L. M.）　*95, 96*

ウィンター（Winter, S. G.）　*212*

ウェグナー（Wegner, D. M.）　*220*

ウェットン（Whetten, D. A.）　*197*

ウォーターマン（Waterman, R. H.）　*124*

エドモンドソン（Edmondson, A. C.）　*145*

エビングハウス（Ebbinghaus, H.）　*57, 205, 215*

オールセン（Olsen, J. P.）　*36, 45, 48, 111*

加護野忠男　*182*

金井壽宏　*133*

カヘン（Kahane, A. M.）　*242*

キム（Kim, D. H.）　*36, 48, 131, 148*

クラーク（Clark, K. B.）　*92*

グリーンバーグ（Greenberg, L.）　*66*

クロッサン（Crossan, M. M.）　*40*

コーエン（Cohen, W. M.）　*150*

コーンレイ（Conley, P.）　*69*

コルブ（Kolb, D. A.）　*38, 131*

シフリン（Shiffrin, R. M.）　*207*

シャーマー（Scharmer, C. O.）　*244*

ショーン（Schön, D. A.）　*105, 110, 115*

シリング（Schilling, M. A.）　*143*

スキナー（Skinner, B. F.）　*59*

スターバック（Stubuck, W. H.）　*33, 112*

スノー（Snow, C. C.）　*191, 194*

スランスキー（Szulanski, G.）　*156*

セオ（Seo, M.-G.）　*237*

センゲ（Senge, P. M.）　*21*

ソーンダイク（Thorndike, E. L.）　*57*

ゾロ（Zollo, M.）　*212*

ダール（Darr, E. D.）　*142*

高橋伸夫　*69*

竹内弘高　*223*

タッシュマン（Tushman, M. L.）　*122*

ダフト（Daft, R. L.）　*184, 185, 192, 194*

タルヴィング（Tulving, E.）　*209*

デニング（Denning, S.）　*197*

ニールセン（Nielsen, R. P.）　*237*

ニストローム（Nystrom, P. C.）　*33, 112*

野中郁次郎　*223*

ハーシュ（Hirsch, W. Z.）　*67*

ハース（Haas, M. R.）　*219, 223*

バーニー（Barney, J. B.）　*155*

バーネット（Barnett, W. P.）　*94, 96, 98*

バウム（Baum, J. A. C.）　*77, 146*

畑村洋太郎　*144*

ハンセン（Hansen, M. T.）　*98, 219*

バンデューラ（Bandura, A.）　*135, 137*

ピーターズ（Perers, T. J.）　*124*

ピーターソン（Peterson, J.）　*59*

ピサノ（Pisano, G. P.） *74*
ビンガム（Bingham, C. B.） *147*
ファイオール（Fiol, C. M.） *19, 106*
ファン（Fang, C.） *123*
フーバー（Huber, G. P.） *19, 34, 130, 185, 214*
フォン・ヒッペル（von Hippel, E.） *165*
プラハラッド（Prahalad, C. K.） *182*
ベイリー（Bailey, C. D.） *216*
ベティス（Bettis, R. A.） *182*
ヘドバーグ（Hedberg, Bo L. T.） *33, 111*
ベナー（Benner, M. J.） *122*
ポーゼン（Posen, H. E.） *100*
ホランダー（Hollander, S.） *66, 70*
ポランニー（Polanyi, M.） *163*
ホワイト（White, R. E.） *40*

マーチ（March, J. G.） *36, 45, 48, 84, 86, 111, 119, 120, 214*
マイナー（Miner, A. S.） *228*
マイルズ（Miles, R. E.） *191, 194*

松尾睦 *133*
マッコール（McCall, M. W. Jr.） *133*
メイヤー（Meyer, A. D.） *188, 194, 197*
メジアス（Mezias, S. J.） *121*
メドウズ（Meadows, D. H.） *240*
メドウズ（Meadows, D. L.） *240*
モアマン（Moorman, C.） *228*

ライト（Wright, T. P.） *63, 71*
ライルズ（Lyles, M. A.） *19, 106*
ラオ（Rao, R. D.） *217*
ラント（Lant, T. K.） *121*
レイン（Lane, H. W.） *40*
レヴィット（Levitt, B.） *84, 214*
レヴィン（Lewin, K.） *33, 132*
レヴィンタール（Levinthal, D. A.） *86, 88, 100, 150*

ワーナーフェルト（Wernerfelt, B.） *155*
ワイク（Weick, K. E.） *124, 184, 187, 192*
ワイン（Wayne, K.） *81*

事項索引

あ　行

曖昧さ *202*
曖昧さのもとでの学習 *48*
アウトサイド・インサイダー *201*
赤の女王理論 *95, 98, 139*
安定から不安定 *32*
安定性 *86, 106*
暗黙知 *163*
アンラーニング（棄却） *111, 113, 116, 130*

異質性 *142, 143, 174*
一次学習 *105*
移転先 *159*
移転元 *159*
イナクティング *194*
イナクトメント *185, 187*
イノベーション *83, 218, 244*

イベントフルネス *166*
意味記憶 *209*
意味形成 *188*
意味付与 *184, 188*
インサイド・アウトサイダー *201*

受け手 *159*
運営上のルーティン *212*

エピソード記憶 *209*

応用研究 *236*
置き換える *113*
送り手 *159*

か　行

回顧記憶 *210*

解釈　*34, 40, 181, 184*
　——の幅　*199*
解釈モード　*192*
改善　*31, 106, 119, 192*
限られた合理性　*150*
学習　*113, 184*
学習曲線　*57, 60, 107, 119, 150*
　——の限界　*81, 83*
　——のジレンマ　*215*
学習サイクル・モデル　*111*
　キムによる——　*37*
　マーチ=オールセンによる——　*36*
学習主体　*11, 130*
　——の移り変わり　*38*
学習する組織　*21*
学習のジレンマ　*49, 88, 143*
学習の対象　*17*
学習のための学習　*118*
学習のベキ（冪）法則　*63*
学習の連続性　*148*
学習率　*65, 67, 71, 74, 75*
過剰適応　*130*
活用　*119*
過当競争　*101*
関係性　*14*
観察学習　*135*
間接学習　*164*
間接経験　*134*
完全な組織学習サイクル　*45, 49*
関連性　*143*

機会主義的学習　*48*
基礎研究　*236*
吸収能力　*90, 150*
急進的な変化　*31*
共同化　*223*
近視眼　*49, 88, 101*

具体的な経験　*131*

経営トップ集団　*188*
経験学習サイクル　*38*

経験学習理論　*131*
経験曲線　*69*
経験の役割　*131*
形式知　*163, 209*
検索　*206*

高次学習　*107, 120, 146, 191, 194, 223, 224,*
　　226, 237
構造的な慣性　*97*
行動の変化　*18*
互恵性　*174*
個人学習　*11*
個人と組織の相互作用　*15*
個体群　*96*

さ　行

再学習　*113*
再生　*206*
再認　*206*
魚の目　*24, 234*
作動記憶　*208*
サブプロセス　*34, 38, 130, 234*

ジグザグ型　*62*
試掘者　*191, 194*
試行錯誤学習　*134, 148*
自己刺激的　*99*
自浄機能　*92*
システム　*15, 76*
実験的な学習　*134, 148*
実行　*157*
失敗経験　*144*
資本集約型　*74, 92*
柔軟性　*83, 94, 218*
従来型コラボレーション　*243*
熟練化された無能　*115*
状況適応的な見方　*194*
状況的な学習　*48*
情報解釈システム　*184*
情報処理システム　*181*
情報の粘着性　*165, 168*

261

情報の分配・移転　*34*
使用理論　*115*
真因　*237*
深化　*236*
シングル・ループ学習　*105, 116*
進歩　*80*
信奉理論　*115*
進歩率　*64, 67*
心理的安全　*118, 145*

捨て去る　*113*
ストレッチ・コラボレーション　*243*

成果指標　*70*
成功バイアス　*112*
正統性　*180*
制度化　*40*
正反応　*70*
宣言的記憶　*209*
潜在的な行動変化　*21*
漸進的な変化　*31*
センス・ギビング　*188*
センス・メイキング　*188, 199*
全体最適　*90*
選択・淘汰　*96*
専門化　*86*

組織アイデンティティ　*195, 197*
組織イデオロギー　*195*
組織学習の側面　*183*
組織学習の定義　*10*
組織学習の目的　*21*
組織学習論　*4*
組織生態学　*96*
組織的介入　*118, 198, 237*
組織的な即興　*226*
組織としての正統性　*35*
組織の記憶　*34, 204*
組織の侵入性　*192*
組織の知性の側面　*183*
組織の認識能力　*182*
組織文化　*197*

組織ルーティン　*29, 84, 91, 107, 111, 218*
即興的な学習　*134*

た　行

ダイアド　*159*
対数線形モデル　*65, 71*
ダイナミクス　*99*
ダイナミック・ケイパビリティ　*212*
ダイバーシティ　*198, 201*
　──・マネジメント　*243*
代理学習　*135*
ダウンローディング　*244*
多義性　*202*
多重貯蔵庫モデル　*207*
種まき型　*148*
ダブル・ループ学習　*105, 116*
多様性　*94, 198*
誰が何を知っているか（Who knows what）
　76
短期記憶　*207*
探索（開発）　*99, 119, 146, 156, 184*
単純化　*86*
単独型　*148*
断片的な学習　*48, 50*

逐次的なバランス　*121*
知識移転　*154, 156*
知識創造理論　*223*
知識の獲得　*34, 130, 132*
知識の変化　*17*
知識の変形　*132*
抽象的な概念化　*131*
中心性　*175*
中断された均衡モデル　*121*
長期記憶　*207*
直接学習　*164*
直接経験　*134*
貯蔵　*206*

低次学習　*106, 119, 192, 195, 224, 237*
適応　*80, 96, 191*

適応学習　*84, 106*
手続き的記憶　*209*
展望記憶　*210*

統合　*40, 159*
洞察・直観　*40*
同時実現　*122*
同質性　*174*
同時的なバランス　*122*
淘汰　*80, 96, 187*
　──の近視眼　*100*
導入　*156*
ドミナント・ロジック　*183, 196*
トライアド　*159*
トランザクティブ・メモリー　*220*
トランスフォーマー　*172*
鳥の目　*24, 130*
トリプル・ループ学習　*237, 239*
トレード・オフ　*119, 121*

な 行

内省的な観察　*131*
内面化　*223*
ナレッジ・マネジメント　*221*

二次学習　*105*
二重構造　*122*
認知の変化　*18*
認知フィルター　*182, 196*

ネットワークの密度　*175*

能動的な実験　*131*

は 行

ハインリッヒの法則　*144*
場所的な近視眼　*89*
80％曲線　*65*
発見　*194*
ばらつき　*67, 84*

反応者　*194*

必要性や意義　*6*
表出化　*223*
非連続的なプロセス　*133*

不完全な組織学習サイクル　*44, 49, 111*
符号化　*205*
双子の概念　*119*
部分最適　*90*
プラトー状態　*62*
プレゼンシング　*245*
分析者　*192*

ベスト・プラクティス　*156*
変異　*96*
変革　*31*
変容　*244*

防衛者　*191, 194*
傍観者的学習　*46*
忘却　*113, 215*
　──曲線　*215*
方向づけのない見方　*193*
保持　*96, 206*
ポリティックス　*238*
本格移行　*158*
翻訳者　*172*

ま 行

魅力　*8*

虫の目　*24, 86, 130*

迷信的学習　*47, 139*
メタ記憶　*210*

モデリング学習　*135*
モデルⅠ　*116*
　──の使用理論　*117*
モデルⅡ　*116, 118*

模倣学習　*135, 137*
　完全な──　*137*
　不完全な──　*137*

や 行

役割制約的な学習　*45*

有能さの罠　*84, 89, 112, 218*

4I フレームワーク　*40*

ら 行

リソース・ベースド・ヴュー　*155*
両利きの経営　*122*

類似性　*143*
累積生産量　*70*
ルーティンの変化　*19*

レディネス　*150*
レビュー論文　*19, 214*

連結化　*223*

労働集約型　*74, 92*
漏斗（フィルター）モデル　*182, 196*

わ 行

ワーキング・メモリ　*208*

欧 字

O-Ⅰシステム　*116, 237*
O-Ⅱシステム　*118, 237*
RBV　*155*
SECI（セキ）モデル　*223*
S字型の学習曲線　*61*
TMT　*188*
U字カーブ　*77, 78*
U理論　*244*
VRIO　*155*
learning by doing　*84*
win-lose ゲーム　*117*

著者紹介

安藤　史江（あんどう　ふみえ）

1999 年　東京大学大学院経済学研究科博士課程単位取得退学
　　　　　博士（経済学）（東京大学より，2000 年に学位取得）
1999 年　南山大学経営学部経営学科専任講師
2002 年より 1 年間　米マサチューセッツ工科大学スローンスクールにて
　　　　　客員研究員
2003 年　南山大学経営学部助教授，同大学院ビジネス研究科准教授，教授を経て
現　　在　南山大学経営学部教授

主要著書・論文

『組織学習と組織内地図』（単著，白桃書房，2001 年）

『コア・テキスト人的資源管理』（単著，新世社，2008 年）

『組織変革のレバレッジ－困難が跳躍に変わるメカニズム－』（編著，白桃書房，
　2017 年）

『ベーシックプラス 経営組織』（編著，中央経済社，2019 年）

「組織学習と組織内地図の形成」（「組織科学」Vol. 32，No. 1，1998 年）（第 15 回組
　織学会学会賞「高宮賞」受賞：論文部門）

「組織はどのようにアンラーニングするのか？－社会福祉法人 X 会にみる，段階的
　な組織アンラーニング－」（「組織科学」Vol. 44，No. 3，2011 年，杉原浩志と共著）

「両利きの経営を可能にする組織学習メカニズム－焼津水産化学工業株式会社の事
　例から－」（「赤門マネジメント・レビュー」Vol. 12，No. 6，2013 年，上野正樹
　と共著）

「ケア責任を負った女性の就業継続・育成のための組織マネジメント」（2017 年）（公
　益社団法人全日本能率連盟，第 69 回全国能率大会　経済産業省経済産業政策局
　長賞受賞）

ライブラリ 経営学コア・テキスト=5

コア・テキスト組織学習

2019 年 12 月 10 日Ⓒ	初 版 発 行
2022 年 10 月 25 日	初版第 3 刷発行

著 者 安 藤 史 江	発行者 森 平 敏 孝
	印刷者 加 藤 文 男
	製本者 小 西 惠 介

【発行】　　　　　　　株式会社　新世社
〒151-0051　東京都渋谷区千駄ヶ谷 1 丁目 3 番 25 号
編集☎(03)5474-8818(代)　　　サイエンスビル

【発売】　　　　　　　株式会社　サイエンス社
〒151-0051　東京都渋谷区千駄ヶ谷 1 丁目 3 番 25 号
営業☎(03)5474-8500(代)　　　振替 00170-7-2387
FAX☎(03)5474-8900

印刷 加藤文明社　　　　　　製本 ブックアート
《検印省略》

サイエンス社・新世社のホームページのご案内
https://www.saiensu.co.jp
ご意見・ご要望は
shin@saiensu.co.jp まで。

本書の内容を無断で複写複製することは，著作者および出版者の権利を侵害することがありますので，その場合にはあらかじめ小社あて許諾をお求めください。

ISBN978-4-88384-302-2
PRINTED IN JAPAN

ライブラリ 経営学コア・テキスト 3

コア・テキスト
マクロ組織論

山田耕嗣・佐藤秀典 共著
A5判／336頁／本体2,900円（税抜き）

現代社会では，さまざまな人や企業がネットワーク的につながり，一つのシステムとして組織的な活動を行っている。本書は，こうしたマクロ・レベルでの多様な主体間のつながり方や組織化のメカニズムについて分析を行う経営組織論の一分野「マクロ組織論」を概説した入門テキストである。マクロ組織論にかかわる現実のトピックを紹介した「現象編」とそれを読み解く「理論編」の二部構成により，初学者が具体的イメージをもって各テーマが学べるよう配慮されている。

【主要目次】

システムとしての組織／組織デザイン概論／サプライヤー・システム／技術と組織／クラスター／多国籍企業／標準化／組織不祥事／コンティンジェンシー理論／資源依存理論／コンフリクトとパワー／取引コスト理論／組織エコロジー論／新制度派組織論／組織のネットワーク理論／組織アイデンティティ

発行　新世社　　　発売　サイエンス社

ライブラリ 経営学コア・テキスト 4

コア・テキスト
ミクロ組織論

藤田英樹 著
A5判／296頁／本体2,800円（税抜き）

本書は，組織論の主要３分野の一つ，ミクロ組織論の成り立ちや基本となる理論について分かりやすく解説した入門書である。とくにその源流である動機づけ理論の解説に重点をおき，人々の「やる気」を引き出し，幸せに働くことのヒントを探る。組織論に初めて触れる大学生や社会人の方の自習用にも最適の一冊となっている。

【主要目次】

ミクロ組織論の誕生／意思決定／組織的意思決定とゴミ箱モデル／科学的管理法から人間関係論へ／人間資源アプローチの登場／期待理論①／期待理論②／欲求説／動機づけ衛生理論／内発的動機づけ／達成動機づけ／達成動機づけの課題選択シミュレーション

発行　新世社　　　　発売　サイエンス社

ライブラリ 経営学コア・テキスト 6

コア・テキスト
人的資源管理

安藤史江 著
A5判／264頁／本体2,800円（税抜き）

本書は「人的資源管理」を初めて学ぶ方を対象に平易に解説された入門書である。人的資源管理にまつわる諸制度が企業と従業員双方の幸せを実現できるものかどうかを検討し，その効果は人による運営次第であると問題提起することを主な目的としている。従来の日本企業の人的資源管理のあり方，その近年における変化等を考察しながら，章末の演習問題ではより発展的に学習を進めることができる。

【主要目次】
企業経営における人的資源管理の役割／採用管理／評価体系と報酬／配置・異動・昇進／人材育成およびキャリア開発／労働時間と就業環境／退職管理／これからを拓く人的資源管理

発行　新世社　　発売　サイエンス社